2026학년도 대학수학능력시험 대비 파이널 언매 모의고사 1-12회

국어 영역

성명		수험 번호		−	

- ○ 문제지의 해당란에 성명과 수험 번호를 정확히 쓰시오.
- ○ 답안지의 필적 확인란에 다음의 문구를 정자로 기재하시오.

다시 보아도, 언제 보아도 너

- ○ 답안지의 해당란에 성명과 수험 번호를 쓰고, 또 수험 번호와 답을 정확히 표시하시오.
- ○ 문항에 따라 배점이 다릅니다. 3점 문항에만 점수가 표시되어 있습니다. 점수 표시가 없는 문항은 모두 2점입니다.

※ 시험이 시작되기 전까지 표지를 넘기지 마시오.

전형태 모의고사

제1교시

〔35～36〕 다음 글을 읽고 물음에 답하시오.

　합성어는 실질적 의미를 나타내는 어근끼리 결합해 형성된 단어로, 비음화, 유음화, 된소리되기 등 현대 국어의 일반적인 음운 변동 현상을 표기에 반영하지 않고 어근의 원형을 밝혀 적는다. 그런데 합성어의 어근 경계에서만 나타나는 음운 변동의 표기 반영 여부는 단어의 합성 양상에 따라 달라진다.

　[A] 합성어의 어근 경계에서 나타나는 음운 변동에는 다음과 같은 것들이 있다. 첫째, ㉠ 'ㅅ[ㄷ]' 첨가는 '냇가(내+가)'와 같은 합성어에서 앞 어근이 모음으로 끝날 때 어근 사이에 'ㅅ[ㄷ]'이 첨가되는 현상이다. 'ㅅ[ㄷ]'이 첨가될 수 없는 환경에서는 뒤 어근의 첫소리가 된소리로 바뀌기도 하는데, 이는 'ㅅ[ㄷ]'이 잠재적으로 첨가되었다가 음운 환경에 의해 탈락한 것으로 해석할 수 있다. 둘째, ㉡ 'ㄴ' 첨가는 '솜이불(솜+이불)'과 같이 뒤 어근이 모음 'ㅣ'나 반모음 'j'로 시작할 때 어근 사이에 'ㄴ'이 첨가되는 현상이다. 'ㅅ[ㄷ]' 첨가와 'ㄴ' 첨가는 '깻잎(깨+잎)'의 예처럼 함께 나타나기도 한다. 셋째, ㉢ 'ㄹ' 탈락은 '부나비(불+나비)'와 같은 합성어에서 'ㄴ, ㅅ, ㅈ' 앞에 놓인 어근의 끝소리 'ㄹ'이 탈락하는 현상이다. 넷째, ㉣ 'ㅂ' 첨가는 '좁쌀(조+쌀)'과 같은 합성어에서 어근 사이에 'ㅂ'이 첨가되는 현상이며, 다섯째, ㉤ 'ㅎ' 첨가는 '머리카락(머리+가락)'과 같은 합성어에서 어근 사이에 'ㅎ'이 첨가되는 현상이다. 'ㅂ' 첨가와 'ㅎ' 첨가는 각각 'ㅂ'계 합용 병서의 첫소리 'ㅂ'과 'ㅎ' 종성 체언의 끝소리 'ㅎ'이 역사적으로 소실되었다가 단어 합성 과정에서 복원된 것으로 볼 수 있다.

　위의 음운 변동 중 'ㄴ' 첨가를 제외한 것들은 음운 변동의 결과를 표기에 반영한다. 현대 국어에서는 일반적으로 일어나지 않는 음운 변동이기 때문이다. 이와 비슷하게 '드러나다(들다+나다)'와 같은 합성어는 어근을 밝히지 않고 발음대로 표기하는데, 이는 합성어의 의미에서 어근의 의미를 추론하기 어렵기 때문이다. 이처럼 합성어의 표기는 음운상의 변화나 의미상의 변화를 반영하여 이루어진다.

35. 윗글을 이해한 내용으로 적절한 것은?

① '콧날'은 '깻잎'과 마찬가지로 'ㅅ[ㄷ]' 첨가와 'ㄴ' 첨가가 함께 나타난 예이다.
② '뒤끝'은 어근 사이에 'ㅅ[ㄷ]'이 잠재적으로 첨가되었다가 음운 환경에 의해 탈락한 예이다.
③ 단어의 형성은 음운론적인 현상이 아니므로, 합성어에서 음운 변동이 일어나는 데 영향을 미치지 않는다.
④ 특정 단어의 소리가 역사적인 변화를 거친다면, 그 단어를 포함하는 합성어에도 반드시 똑같은 변화가 일어난다.
⑤ '들다'와 '내다'라는 어근의 의미를 추론할 수 있는 합성어는 '들어내다'로, 그렇지 않은 합성어는 '드러내다'로 적는다.

36. 다음은 학생이 '음운 변동'을 중심으로 [A]를 요약한 것이다. ㉠～㉤에 대해 이해한 내용으로 적절하지 <u>않은</u> 것은?

음운 변동	활용 사례
㉠	내 + 가 → 냇가　[된소리되기에도 영향]
㉡	솜 + 이불 → 솜이불
㉢	불 + 나비 → 부나비
㉣	조 + 쌀 → 좁쌀
㉤	머리 + 가락 → 머리카락

① '촛불'은 ㉠이 그대로 일어난 사례로, '손등'은 ㉠이 잠재적으로 일어난 사례로 추가할 수 있군.
② '눈요기'와 '나뭇잎'은 모두 ㉠과 ㉡이 함께 일어난 사례로 추가할 수 있군.
③ 'ㄹ'이 탈락했다는 점은 공통적이지만, '녹슨 (칼)'은 '겨우내'와 달리 ㉢의 사례로 추가할 수 없군.
④ '햇곡식'과 달리 '햅쌀'은 ㉣의 사례로 추가할 수 있으므로, '쌀'의 과거 초성은 'ㅂ'계 합용 병서였겠군.
⑤ '수탉'이나 '수캐'처럼 '수'와 동물을 뜻하는 어근이 결합한 합성어는 모두 ㉤의 사례로 추가할 수 있으므로, '수'는 과거에 'ㅎ' 종성 체언이었겠군.

37. <학습 활동>을 수행한 결과로 적절하지 <u>않은</u> 것은? [3점]

─────── <학습 활동> ───────

선생님 : 오늘은 지난 시간에 공부한 내용을 바탕으로 문장을 분석하는 활동을 해 보겠어요. 제시 문장에서 다음의 ㉠～㉢이 실현되었는지를 분석해 봅시다.

　㉠ 관형어로 기능하는 안긴문장
　㉡ 발화시가 사건시에 앞서는 문장
　㉢ 부사어를 필수 성분으로 요구하는 서술어

	제시 문장	수행 결과
①	엊저녁 비가 본격적으로 내리기 전에 빨래를 걷어야 했다.	㉠은 실현되었지만 ㉡은 실현되지 않았다.
②	친구가 실수로 나를 밀치는 바람에 나는 빙판 위에서 고꾸라졌다.	㉠은 실현되었지만 ㉢은 실현되지 않았다.
③	유심히 살펴보니 그녀는 한동안 마음의 상처에서 벗어나지 못하겠다.	㉡은 실현되었지만 ㉠은 실현되지 않았다.
④	이번에 좋은 성적을 거둔 사람은 구단의 주전으로 뽑힐 것이다.	㉡은 실현되었지만 ㉢은 실현되지 않았다.
⑤	여름에는 방과 후에 친구들과 개울가로 달려가기 일쑤였다.	㉢은 실현되었지만 ㉠은 실현되지 않았다.

38. <보기>의 ㉠, ㉡의 예로 적절하지 <u>않은</u> 것은?

< 보 기 >

다음 두 문장에 쓰인 '위'와 같이 구체적 공간을 나타내는 단어는 그 의미가 추상화되어, 시간의 선후나 관계에서의 위치 등을 나타내는 주변적 의미를 획득하기도 한다.

(가) 그녀는 언덕 위에 올라 마을을 내려다보았다.
(나) 그분은 나보다 나이는 어리지만 항렬로는 위이다.

(가)의 '위'는 '사물의 중간 부분보다 더 높은 쪽'이라는 뜻으로, 구체적인 공간을 나타낸다는 점에서 ㉠ <u>중심적 의미로 쓰인 경우</u>에 해당한다. 반면, (나)의 '위'는 '등급에서 어떠한 것보다 더 높은 쪽'이라는 뜻으로, 관계에서의 위치를 나타낸다는 점에서 ㉡ <u>주변적 의미로 쓰인 경우</u>에 해당한다.

① ㉠ : 차창 <u>밖</u>으로 보이는 하늘은 구름 한 점 없이 맑았다.
② ㉠ : 부모님이 맞벌이하셨기에 나는 할머니 <u>밑</u>에서 자랐다.
③ ㉡ : 국민은 국가의 보호 <u>아래</u>에서 안전할 권리가 있다.
④ ㉡ : 회사에서 일어난 일은 회사 <u>안</u>에서 처리해야 합니다.
⑤ ㉡ : <u>뒤</u>를 돌아본다고 해서 과거의 일이 달라지지는 않는다.

39. 다음은 중세 국어 음절 구조에 대한 수업의 일부이다. ㉠~㉣에 대한 설명으로 적절한 것은?

선생님 : 중세 국어는 음절의 초성, 중성, 종성을 이루는 음운의 종류나 개수가 현대 국어와 많은 차이를 보여요. 가령, 중세 국어에서는 음절 초성에 둘 이상의 자음이 올 수 있었고, 현대 국어의 종성 'ㅇ'에 해당하는 'ㆁ(옛이응)'이 초성에 올 수 있었죠. 중성에서는 'ㅈ, ㅊ' 뒤에 'ㅑ, ㅕ, ㅛ, ㅠ'와 같은 상향 이중모음이 발음되기도 하였습니다. 종성에서는 자음 'ㅅ'이 독자적인 음가를 지니고 실현되기도 하였죠. 지금까지 배운 내용으로 <자료>에서 ㉠~㉣에 넣을 중세 국어 형태를 찾아볼까요?

중세 국어의 음절 구조	예시
초성에 둘 이상의 자음이 올 수 있음.	㉠
초성에 'ㆁ(옛이응)'이 올 수 있음.	㉡
초성 'ㅈ, ㅊ' 뒤에 상향 이중모음이 올 수 있음.	㉢
종성에서 'ㅅ'이 발음되었음.	㉣

<자료>

듧뻬 죠히 향쵸 첫가슴 흐그에 뭿보오리

① ㉠에 들어갈 형태는 '듧뻬', '첫가슴'이다.
② ㉡에 들어갈 형태는 '흐그에'뿐이다.
③ ㉢에 들어갈 형태는 '죠히', '향쵸'이다.
④ ㉣에 들어갈 형태는 '첫가슴', '뭿보오리'뿐이다.
⑤ ㉡과 ㉣에 공통으로 들어갈 형태는 '첫가슴'이다.

〔40~43〕 (가)는 환경 동아리 학생들의 누리 소통망 대화이고, (나)는 환경 동아리 카페의 게시글이다. 물음에 답하시오.

(가)

(나)

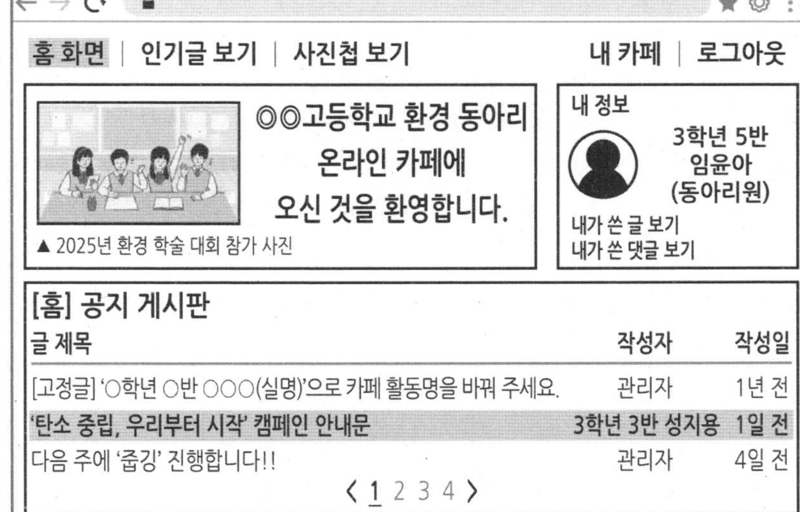

[홈] 공지 게시판

글 제목	작성자	작성일
[고정글] 'ㅇ학년 ㅇ반 ㅇㅇㅇ(실명)'으로 카페 활동명을 바꿔 주세요.	관리자	1년 전
'탄소 중립, 우리부터 시작' 캠페인 안내문	3학년 3반 성지용	1일 전
다음 주에 '줍깅' 진행합니다!!	관리자	4일 전

〈 1 2 3 4 〉

'탄소 중립, 우리부터 시작' 캠페인 안내문   3학년 3반 성지용   쪽지 보내기

　안녕하세요, 학생 여러분. ㉠우리 모두가 기다려 온 방학이 곧 시작됩니다. 이번 방학에도 환경부가 주최하는 탄소 중립 캠페인이 개최됩니다. ㉡이에 여러분께 캠페인을 안내하니, 많은 관심과 참여 부탁드립니다.

● '탄소 중립, 우리부터 시작' 캠페인이란?
　환경부가 매년 주최하는 캠페인으로, ㉢탄소 배출량을 줄이는 탄소 중립 활동을 잘 실천한 학생들에게 상금과 상장을 수여하는 행사입니다.
　○ 기간: 2025.07.XX ~ 07.XX
　○ 최다 포인트 적립자 5명, '실천일기' 우수작 당선자 5명 선정
　※ 실천 내용은 캠페인 종료일 24시 이전까지 제출되어야 인정됩니다.

● 참여 방법은?
　㉣'탄소 중립 앱'에 제시된 활동을 실천할 때마다 포인트를 얻을 수 있습니다.

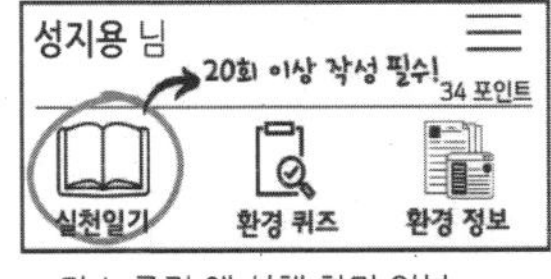

　• 실천일기: 탄소 중립 실천 활동 사진을 소감과 함께 업로드하면 포인트 2배 적립!
　• 환경 퀴즈: 매일 바뀌는 환경 퀴즈를 풀면 포인트 적립!
　• 환경 정보: 환경 관련 최신 뉴스를 읽으면 포인트 적립!

　작년 캠페인에는 재작년보다 약 2배나 많은 학생이 참여했다고 합니다. 캠페인에 참가했던 한 학생은 "일상에서도 탄소 중립을 실천할 수 있는 여러 방법이 있다는 걸 알게 됐어요."라며 큰 만족감을 보였습니다. ㉤우리 학교의 학생들도 이번 방학에 탄소 중립 캠페인을 통해 잊을 수 없는 소중한 경험을 하길 바랍니다.

작성자에 의해 댓글.작성이 제한된 글입니다.　　인쇄하기　공유하기

---

40. (가)에 드러난 의사소통 방식에 대한 이해로 가장 적절한 것은?

① '지용'은 지난 회의의 내용을 요약하고, 오늘 회의의 내용과 진행 순서를 안내하였다.

② '다희'는 기사 링크를 전송하여, 자신의 발언 내용을 확인할 수 있는 자료를 제시하였다.

③ '대영'은 이모티콘을 사용하여, 자신의 의견이 받아들여지지 않은 것에 대한 감정을 표출하였다.

④ '윤아'와 '대영'은 모두 다른 대화 참여자가 공유한 자료를 읽고, 그 자료 내용의 진위를 확인하였다.

⑤ '다희'와 '윤아'는 모두 누리 소통망의 답장 기능을 활용하여, 지난 대화 내용 중 잘못된 부분을 수정하였다.

---

41. (나)에 대한 설명으로 적절하지 <u>않은</u> 것은?

① 카페를 대표하는 사진과 간략한 설명을 화면 상단에 노출하는 기능이 제공되고 있다.

② 카페 사용자들이 특정 게시글의 작성자와 일대일로 소통할 수 있는 기능이 제공되고 있다.

③ 관리자가 카페에서 활동하는 다른 사용자들의 이름을 수정할 수 있도록 하는 기능이 제공되고 있다.

④ 원활한 카페 운영을 위해 작성일에 상관없이 특정 게시글을 게시판 상단에 고정하는 기능이 제공되고 있다.

⑤ 게시물의 작성자가 자신의 게시글에 다른 사용자들이 댓글을 작성하지 못하도록 설정하는 기능이 제공되고 있다.

---

42. ㉠~㉤에 대한 설명으로 가장 적절한 것은?

① ㉠ : 명사구 '우리 모두'를 사용하여, 방학을 기다리는 주체에 동아리원들도 포함된다는 점을 드러내었다.

② ㉡ : 연결 어미 '-니'를 사용하여, 학생들의 건의로 해당 안내문을 작성하게 되었음을 드러내었다.

③ ㉢ : 접속 조사 '과'를 사용하여, 모든 캠페인 참가자에게 두 가지 보상이 주어짐을 드러내었다.

④ ㉣ : 보조사 '마다'를 사용하여, 제시된 활동들을 실천할 때 얻는 포인트가 기기 다름을 드러내었다.

⑤ ㉤ : 동사 '바라다'를 사용하여, 작년처럼 많은 학생이 캠페인에 참여했으면 좋겠다는 마음을 드러내었다.

---

43. (가)의 대화 내용을 바탕으로 (나)를 이해한 내용으로 적절하지 <u>않은</u> 것은? [3점]

① '대영'과 '다희'의 대화를 반영하여, 캠페인이 진행되는 기간을 제시하면서 기호를 사용해 활동 내용 제출 종료 시각을 강조하였다.

② '다희'와 '지용'의 대화를 반영하여, 앱에 제시된 활동을 실천하는 방법과 활동별로 적립되는 포인트 수치를 각각 구체적으로 언급하였다.

③ '윤아'와 '대영'의 대화를 반영하여, 앱의 실행 화면을 일부만 제시하면서 캠페인 참가를 위해 충족해야 하는 필수 활동 내용을 안내하였다.

④ '다희'와 '윤아'의 대화를 반영하여, 재작년 캠페인과 작년 캠페인의 참가자 수를 비교하여 캠페인의 참가 규모가 커지고 있다는 사실을 부각하였다.

⑤ '윤아'와 '지용'의 대화를 반영하여, 실제로 캠페인에 참가했던 학생의 인터뷰 내용을 인용하면서 캠페인의 효과를 강조하여 학생들의 참여를 유도하였다.

[44~45] 다음은 온라인 실시간 방송이다. 물음에 답하시오.

호박: 안녕하세요. '호기심 박사, 호박이의 세상 읽기' 시간입니다. 벌써 200명이 넘는 분들이 방송을 시청하고 계시네요. 오늘도 여러분과 실시간 대화창으로 소통하면서 방송 진행하겠습니다. 그럼 ○○대학교 교육학과의 신□□ 교수님 만나 보겠습니다. 오늘은 어떤 이야기를 준비하셨나요?

교수: 오늘은 '생성형 AI와 청소년'이라는 주제로 의견을 나눠 보고자 합니다. 호박 님은 생성형 AI를 사용하시나요?

호박: 방송 대본을 쓸 때나 자료를 찾을 때 가끔 사용합니다. 아직은 불완전해서 조금 불편하기는 하지만요.

〔A〕
태양 저는 호박 님 방송을 즐겨 보는 고등학생입니다. '생성형 AI와 청소년'이라니, 제가 요즘 관심이 많았던 주제예요! 바로 '좋아요' 눌렀습니다!
나무 저도 호박 님처럼 과제를 할 때 생성형 AI를 가끔 사용하는데, 사실과 전혀 다른 정보를 줄 때가 있어요. 그 정보로 발표를 준비했다가 수업에서 창피를 당한 적도 있어요.

호박: 태양 님, '좋아요' 감사합니다. 지금 방송 보고 계신 다른 분들도 방송이 재밌으시다면 화면 하단에 있는 하트 버튼을 꼭 눌러 주세요. 앗! 나무 님, 저도 나무 님과 비슷한 경험을 한 적이 있답니다. 교수님, 시청자분들의 반응만 봐도 생성형 AI가 정말 많이 사용되고 있는 것 같은데, 청소년도 그런가요?

교수: 네, 청소년도 예외는 아닙니다. 중고등학생 중 67.9%가 생성형 AI를 사용한 경험이 있다는 연구 결과가 있어요.

〔B〕
홍차 저도 기사에서 그 연구 결과 보았어요. 요즘 청소년들은 어릴 때부터 스마트 기기를 사용해서 생성형 AI 같은 신기술에 거부감이 없다는 내용도 있더라고요.

호박: 홍차 님, 기사에 그런 내용도 있었군요. 흥미롭습니다. 교수님께서는 청소년이 생성형 AI를 일상적으로 사용하는 것이 위험하다고 보시는 건가요?

교수: 청소년은 자신이 겪는 심리적 문제를 생성형 AI를 통해 해결하려는 경향이 강합니다. 제가 미리 보내드린 자료를 호박 님께서 그래프로 만들어 주셨는데요. 화면을 보시면, 생성형 AI와 대화하면서 감정까지 교류할 수 있다고 생각하는 10대가 38%에 달합니다.

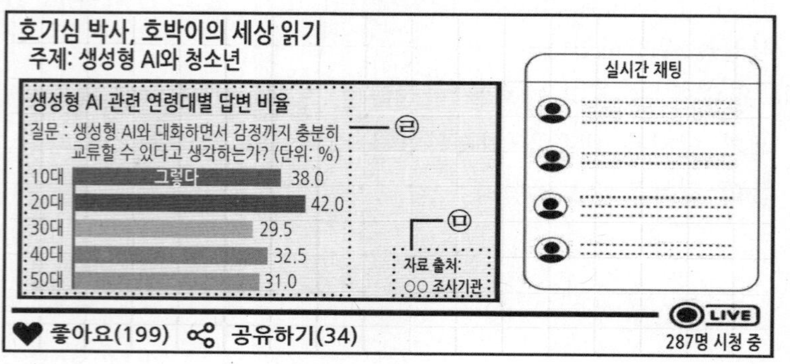

〔C〕
바위 자료에 따르면 같은 질문에 '그렇다'라고 답한 20대가 10대 청소년보다 많은 것 아닌가요? 왜 청소년만 문제라고 하시는 건가요?
산길 생성형 AI를 바라보는 청소년의 시각에 관해 몰랐던 것들을 알게 되네요. 저도 청소년인데, 다른 친구들에게 이 방송을 꼭 보라고 추천해야겠어요.

교수: 청소년기는 인격 형성에 매우 중요한 시기입니다. 청소년만 문제라는 것이 아니라, 청소년기의 생성형 AI 사용에는 더 주의가 필요하다는 것입니다.

호박: 오늘 방송은 여기까지입니다. 교수님 그리고 시청해 주신 여러분 감사합니다.

44. ㉠~㉤에 대한 설명으로 적절하지 <u>않은</u> 것은?

① ㉠을 통해 방송 주제를 확인할 수 있도록 함으로써 방송 중간에 유입된 시청자를 배려하였다.

② ㉡을 통해 시청자들이 방송에 참여할 수 있도록 함으로써 방송에서 전달되는 정보의 구성을 다양화하였다.

③ ㉢을 통해 방송에 대한 반응을 표출할 수 있도록 함으로써 시청자의 만족도를 확인하였다.

④ ㉣을 통해 특정 내용을 그래프 형태로 도식화함으로써 해당 내용에 대한 시청자들의 이해를 도왔다.

⑤ ㉤을 통해 정보의 출처를 확인할 수 있도록 함으로써 방송 주제에 관한 추가 정보를 얻는 방법을 안내하였다.

45. [A]~[C]에서 알 수 있는 시청자들의 반응에 대한 설명으로 적절하지 <u>않은</u> 것은?

① [A]: '태양'은 생성형 AI를 향한 보편적 관심이 높아진 상황을 언급하며, 주제 선정의 적절성을 평가하였다.

② [A]: '나무'는 자신이 직접 겪은 일을 언급하며, 진행자가 생성형 AI를 사용하며 느낀 불편함에 공감하였다.

③ [B]: '홍차'는 출연자가 제시한 정보와 관련된 경험을 언급하며, 출연자가 설명하지 않은 내용을 제시하였다.

④ [C]: '바위'는 방송에 제시된 자료를 해석하며, 출연자가 문제를 청소년에 한정하는 것에 대한 의문을 제기하였다.

⑤ [C]: '산길'은 방송을 통해 새롭게 알게 된 사실이 있음을 밝히며, 방송이 청소년들에게 유익하다고 판단하였다.

제1교시 **국어 영역(언어와 매체)**

[35~36] 다음 글을 읽고 물음에 답하시오.

'가게'라는 단어를 말할 때 한국어 사용자는 머릿속에서 'ㄱ, ㅏ, ㅔ'를 조합하여 '가게'를 구성한다. 이때 'ㄱ, ㅏ, ㅔ'처럼 머릿속에 존재하는 추상적 말소리를 음운이라 하고, '가게'가 조음 기관을 거쳐 [kage]로 구현되어 실제로 발음되는 구체적 말소리를 음성이라 한다. 이때 음운 'ㄱ'이 어두에서는 안울림소리 '[k]'로, 모음 사이에서는 울림소리 '[g]'로 발음되는데, 이처럼 환경에 따라 동일 음운이 각기 다른 음성으로 실현된 것을 '변이음'이라고 부른다. 즉, [k]와 [g]는 'ㄱ'의 변이음이다.

[A]
한국어 자음의 변이음 실현 양상은 다음과 같다. 첫째는 ㉠유성음화이다. 안울림소리 'ㄱ[k], ㄷ[t], ㅂ[p], ㅈ[ʧ], ㅎ[h]'은 모음, 비음('ㄴ[n], ㅁ[m]'), 유음('ㄹ[r/l]')과 같은 울림소리 사이에서 'ㄱ[g], ㄷ[d], ㅂ[b], ㅈ[ʤ], ㅎ[ɦ]'로 실현된다. 둘째는 ㉡불파음화로, 불파음은 파열음에서 기도를 열어 공기를 터뜨리는 '파열'이 일어나지 않은 소리를 뜻한다. 즉 파열음 'ㄱ[k], ㄷ[t], ㅂ[p]'이 어말이나 안울림소리 앞에 놓일 때, 'ㄱ[k˺], ㄷ[t˺], ㅂ[p˺]'으로 실현되는 것을 말한다. 셋째는 ㉢구개음화이다. 변이음 차원에서의 구개음화는 단모음 'ㅣ'나 반모음 'ㅣ[j]' 앞에서 'ㅅ[s], ㅆ[s͈], ㄴ[n], ㄹ[r/l], ㅎ[h]'이 경구개에서 발음되는 'ㅅ[ɕ], ㅆ[ɕ͈], ㄴ[ɲ], ㄹ[ʎ], ㅎ[ç]'로 실현되는 것이다. 넷째는 ㉣'ㄹ'의 변이음이다. 'ㄹ'은 구개음화에 의해 '[ʎ]'로, 외래어의 어두, 음절 종성, 'ㄹ'이 잇따른 환경에서는 설측음 '[l]'로, 음절 초성을 이루는 환경에서는 탄설음 '[ɾ]'로 실현된다. 다섯째는 ㉤'ㅎ'의 변이음으로, 'ㅎ[h]'은 '[ɦ]'로 유성음화되거나 '[ç]'로 구개음화될 뿐만 아니라, 모음 'ㅡ[ɨ]' 앞에서는 '[x]'로 실현되기도 한다.

그런데 특정 언어의 화자는 일반적으로 자신의 언어에 있는 변이음 간 차이를 식별하지 못하고, 그 변이음들을 한 음운으로 인식한다. 음성은 음운과 달리 의미 변별에 기여하지 못하기 때문이다. 단, 언어마다 음운 체계가 다르므로 특정 변이음이 다른 언어에서는 음운으로 기능할 수도 있다.

35. 윗글을 이해한 내용으로 적절한 것은?

① '밥주발'에서는 음운 'ㅂ'의 변이음 중 두 가지만을 확인할 수 있다.

② 한국어 화자는 '[k]'와 '[g]'의 차이를 인식하여 의미를 변별할 수 있다.

③ '고객'을 발음할 때, '고'의 초성은 '[k]'로, '객'의 종성은 '[g]'로 실현된다.

④ '듣고'에서 나타나는 'ㄷ'의 변이음 개수와 '법무부'에서 나타나는 'ㅂ'의 변이음 개수는 같다.

⑤ 언어 사용자가 머릿속에서 구성한 말소리는 음성에, 실제 발음한 말소리는 음운에 해당한다.

---

36. 다음은 학생이 [A]를 요약하기 위해 만든 자료이다. ⓐ~ⓔ에 대해 이해한 내용으로 적절하지 <u>않은</u> 것은?

한국어 자음의 변이음	
실현 양상	변이음 실현의 예
㉠	ⓐ
㉡	ⓑ
㉢	ⓒ
㉣	ⓓ
㉤	ⓔ

① '결근'에서 먼저 발음되는 'ㄱ'과 달리 두 번째로 발음되는 'ㄱ'은 ⓐ의 예로 추가할 수 있군.

② '대답'에서 발음되는 'ㅂ'과 '습관'에서 발음되는 'ㅂ'은 모두 ⓑ의 예로 추가할 수 있군.

③ '시내'에서 발음되는 'ㅅ'과 달리, '남녘'에서 두 번째로 발음되는 'ㄴ'은 ⓒ의 예로 추가할 수 있군.

④ '레몬'에서 발음되는 'ㄹ'은 설측음으로, '나라'에서 발음되는 'ㄹ'은 탄설음으로 실현된 ⓓ의 예로 추가할 수 있군.

⑤ '화장', '원한', '힘줄', '흑백'에서 발음되는 'ㅎ'은 각기 다른 변이음으로 실현된 ⓔ의 예로 추가할 수 있군.

---

37. <학습 활동>을 수행한 결과로 적절하지 <u>않은</u> 것은? [3점]

— <학습 활동> —

선생님: 오늘은 지난 시간에 공부한 내용을 바탕으로 문장을 분석하는 활동을 해 보겠어요. 제시 문장에서 다음의 ㉠~㉢이 실현되었는지를 분석해 봅시다.

㉠ 서술어의 자릿수가 셋인 안은문장의 서술어
㉡ 관형어를 수식하기 위해 쓰인 부사어
㉢ 필수적인 문장 성분이 생략된 안긴문장

	제시 문장	수행 결과
①	그녀는 친정어머니가 일하고 있는 가게로 자기 남편을 보냈다.	㉠은 실현되었지만 ㉢은 실현되지 않았다.
②	엄청 시원한 음료수를 마시려고 나는 얼른 자판기 구멍에 동전을 넣었다.	㉡은 실현되었지만 ㉠은 실현되지 않았다.
③	이번 스승의 날에 영희는 손수 만든 빵을 선생님께 전해 드렸다.	㉡은 실현되었지만 ㉢은 실현되지 않았다.
④	반딧불이 아주 외딴 산속에서나 서식한다는 것이 무척 흥미로웠다.	㉡은 실현되었지만 ㉢은 실현되지 않았다.
⑤	직원들은 신입 사원이 알지 못하게 그의 선물을 조용히 준비했다.	㉢은 실현되었지만 ㉠은 실현되지 않았다.

38. <보기>의 ㉠, ㉡의 예로 가장 적절한 것은?

< 보 기 >

다음 두 문장은 모두 피동사가 활용된 피동문이지만, 일반적인 피동문과는 다른 문법적 특징을 보인다.

(가) 오랜 장마로 궂었던 날씨가 오늘에서야 풀렸다.
(나) 나는 어릴 적 떠돌아다니던 들개에게 다리를 물렸다.

일반적으로 피동문은 그에 대응하는 능동문을 설정할 수 있으나, (가)는 ㉠피동문에 대응하는 능동문을 설정할 수 없는 경우이다. (가)를 능동문으로 바꾸면 '(~가) 오랜 장마로 궂었던 날씨를 풀었다.'처럼 주어를 세울 수 없기 때문이다. 한편, 피동문에서는 능동문의 목적어가 주어로 기능하기에 목적어가 없는 것이 일반적이지만, (나)는 목적어로 '다리를'이 나타나듯이 ㉡피동문이 목적어를 이끄는 경우이다.

---

① ㉠ : 이 출판사의 책은 젊은 사람들에게 많이 읽힌다.
② ㉠ : 평소와는 다르게 오늘따라 전화가 잘 걸리지 않는다.
③ ㉠ : 크릴 수만 마리가 순식간에 대왕고래에게 잡아먹혔다.
④ ㉡ : 어머니는 조심스럽게 잠든 동생을 침대에 눕히셨다.
⑤ ㉡ : 할아버지는 자랑스러워하시며 나에게 훈장을 보이셨다.

39. 다음은 중세 국어의 객체 높임법에 대한 수업의 일부이다. ㉠~㉤에 대한 설명으로 가장 적절한 것은?

선생님 : 중세 국어에는 목적어나 부사어를 높이는 객체 높임법에 선어말 어미가 활용됐어요. 객체 높임 선어말 어미의 기본형은 '-습-'으로, 앞에 오는 어간의 끝소리와 뒤에 오는 어미의 첫소리에 따라 형태가 바뀌었어요.

학 생 : 어떤 음운 환경에서 객체 높임 선어말 어미의 형태가 바뀌었나요?

선생님 : '-습-'의 초성 'ㅅ'은 앞선 어간의 끝소리가 'ㄷ, ㅈ, ㅊ'일 때는 'ㅈ'으로 교체됐고, 모음이나 'ㄴ, ㅁ, ㄹ'일 때는 'ㅿ'으로 교체됐습니다. 또 '-습-'의 종성 'ㅂ'은 뒤따르는 어미의 첫소리가 모음으로 시작할 때 'ㅸ'으로 교체됐어요. 그럼 지금까지 배운 내용을 참고하여, 다음 중세 국어 사례에서 각각의 객체 높임 선어말 어미와 결합할 수 있는 형태를 골라 ㉠~㉤에 넣어 볼까요?

중세 국어의 어간과 어미가 결합한 사례	선어말 어미	결합 형태
갑디(갚-+-디), 니버(닙-+-어),	-습-	㉠
디니며(디니-+-며), 돕고져(돕-+-고져),	-습-	㉡
맛나옴(맛나-+-옴), 묻고(묻-+-고),	-줍-	㉢
	-줍-	㉣
일쿠러(일쿨-+-어), 조츠니(좇-+-ᄋ니)	-습-	㉤
저허(젛-+어)	-습-	맛나옴

---

① ㉠에 들어갈 형태는 '갑디'뿐이다.
② ㉡에 들어갈 형태는 '저허'뿐이다.
③ ㉢에 들어갈 형태는 '묻고', '돕고져'이다.
④ ㉣에 들어갈 형태는 '일쿠러', '조츠니'이다.
⑤ ㉤에 들어갈 형태는 '니버', '디니며'이다.

[40~43] 다음은 텔레비전 뉴스이다. 물음에 답하시오.

진행자 : 시청자 여러분, 전기를 아껴 쓰자는 말은 자주 들으시죠? 이를 장려하고자, 한국 전력 공사가 주택용 에너지 캐시백 제도의 확대에 나섰다고 합니다. 속보입니다. △△시에서 2.0 규모의 지진이 발생했다고 합니다. ⓐ 이 내용은 정리되는 대로 보도해 드리겠습니다. 먼저 김□□ 기자입니다.

[화면 1]

기자 : 주택용 에너지 캐시백은 직전 2개년 동일 기간의 평균 사용량보다 3% 이상 전기를 절약한 주택용 전기 사용자에게 혜택을 주는 제도입니다. ⓑ사용자는 절감률에 따라 1kWh당 30원부터 최대 100원까지 차등적으로 캐시백 금액을 지급받으며, 이는 다음 달 전기 요금에서 자동 차감됩니다. 한전에 따르면 올해 5월을 기준으로 주택용 에너지 캐시백 제도 가입 가정이 125만 호를 돌파했습니다.

관계자 : 2022년 시범 사업 당시에는 3만 8천 호에 불과했던 가입 가정이, 2023년에 83만 호, 2024년에는 119만 호를 기록하며 꾸준히 늘어나고 있습니다. 이에 참여 가정에 일별 전력 사용량과 사용 패턴을 시각화한 자료를 제공하거나 목표 절감률을 초과하면 알림을 제공하는 등 여러 서비스를 시행하려 준비 중입니다.

기자 : 주택용 에너지 캐시백에 참가한 가정에서도 제도에 만족한다는 반응이 많은 것으로 나타났습니다.

시민 : '1050원', '1083원'처럼 제가 할인받은 금액을 고지서에서 바로 확인할 수 있으니까 재밌기도 하고 전기 절약에도 큰 동기 부여가 되더라고요.

[화면 2]

기자 : 전문가들은 가정에서 전기를 절약하려면 특히 대기 전력에 관해 아는 것이 중요하다고 말합니다.

전문가 : ⓒ 대기 전력은 기기가 현재 주된 기능을 수행하지 않는 데 단지 켜짐 신호를 기다리며 소비하는 전력입니다. 주로, 리모컨을 사용하거나 작동 상태를 알려 주는 화면이 있는 제품들이 대기 전력을 많이 사용합니다.

기자 : 제품의 전원 버튼만 봐도 대기 전력의 유무를 알 수 있습니다. 동그라미 위로 직선이 올라온 모양이면 대기 전력이 있는 제품, 동그라미 안에 직선이 있는 모양이면 대기 전력이 없는 제품입니다. ⓓ 또한 대기 전력의 저감 기준을 달성하지 못한 제품과 대기 전력 저감 정도가 우수한 제품도 제품에 부착된 마크로 구분할 수 있습니다.

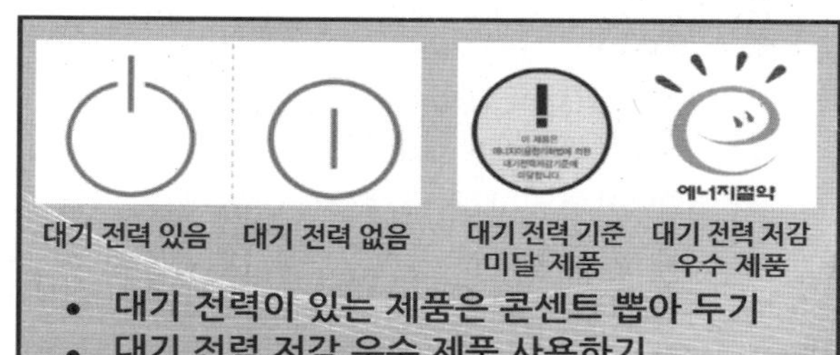

[화면 3]

기자 : ⓔ 한국 전력 공사에서 추첨을 통해 주택용 에너지 캐시백 제도 가입자에게 경품을 제공하는 이벤트도 개최한다고 합니다. 자세한 내용은 한국 전력 공사 누리집에서 확인할 수 있습니다. 지금까지 김□□였습니다.

40. 위 뉴스의 화면에 대한 이해로 가장 적절한 것은?

① [화면 1]에서는 보도의 주요 화제를 전환하기 위해 해당 화제를 화면 하단에 자막으로 제시하고 있다.

② [화면 2]에서는 보도 내용을 균형적으로 전달하기 위해 기자의 관점과 상반된 인터뷰 내용을 제시하고 있다.

③ [화면 1]과 [화면 2]에서는 시청자의 이탈을 막기 위해 보도 이후 방송될 내용을 미리 제시하고 있다.

④ [화면 1]과 [화면 3]에서는 효과적인 의미 전달을 위해 보도 내용과 관련한 이미지와 문자를 활용하고 있다.

⑤ [화면 2]와 [화면 3]에서는 보도의 현장감을 높이기 위해 취재 현장에 나간 기자가 실시간으로 내용을 전달하고 있다.

41. 다음은 위 뉴스에 대한 시청자 게시판의 내용이다. 시청자의 수용 양상에 대한 설명으로 적절하지 <u>않은</u> 것은?

시청자 게시판 ✕

사랑이 : 목표 절감률을 초과하면 알려 주는 서비스를 추진할 계획이라는데, 목표를 달성하기 전에 알려 주어야 제도 시행 목적에 부합하는 거 아닌가요?

인삼이 : 시민 분께서 한 달에 1083원을 할인받았다는 걸까요? 적은 금액이 아닌데 저도 참여해야겠어요.

호돌이 : 리모컨을 사용하는 기기들은 모든 가정에 있지 않나요? 이런 뉴스가 더 많아져서 사람들의 인식이 바뀌면 좋겠네요.

몽몽이 : 집에 있는 전자 제품 중에 대기 전력 기준 미달 제품이 두 개나 있었어요. 이번 뉴스 안 봤으면 모를 뻔했네요.

지식이 : 한국 전력 공사 누리집에 가보니까 200명을 추첨해서 로봇 청소기 등을 준다네요. 여기 게시판에 저처럼 궁금했던 분들이 계실 것 같아 글 남깁니다.

① '사랑이'는 '관계자' 발화의 일부 내용에 주목하여 비판적 시각을 보이고 있다.

② '인삼이'는 '시민' 발화의 일부 내용에 주목하여 자신이 이해한 정보가 맞는지 궁금해하고 있다.

③ '호돌이'는 '전문가' 발화의 일부 내용에 주목하여 보도 내용을 보완한 후속 보도의 필요성을 제기하고 있다.

④ '몽몽이'는 '기자' 발화의 일부 내용에 주목하여 보도를 통해 새롭게 알게 된 지식과 관련한 경험을 언급하고 있다.

⑤ '지식이'는 '기자' 발화의 일부 내용에 주목하여 자신이 얻은 추가 정보를 다른 수용자에게 공유하고 있다.

42. ⓐ~ⓔ에 대한 설명으로 가장 적절한 것은?

① ⓐ : 의존 명사 '대로'를 사용하여 지진 발생에 관한 보도가 이루어질 시점을 드러낸다.

② ⓑ : 동사 '따르다'를 사용하여 캐시백 금액 지급의 최저 기준을 언급한다.

③ ⓒ : 연결 어미 '-ㄴ데'를 사용하여 기기가 꺼진 상태에서도 전력을 소비하는 이유를 설명한다.

④ ⓓ : 부사 '또한'을 사용하여 대기 전력이 없는 제품의 이점을 덧붙인다.

⑤ ⓔ : 격 조사 '에서'를 사용하여 이벤트가 개최되는 구체적인 장소를 드러낸다.

43. 위 뉴스를 참고하여 학생들이 주택용 에너지 캐시백 관련 행사를 홍보하는 포스터를 아래와 같이 만들었다고 할 때, 포스터의 정보 제시 및 구성 방식에 대한 이해로 적절하지 <u>않은</u> 것은? [3점]

① 수용자의 흥미를 끌기 위해, 포스터의 제목으로 청유 형식의 문구를 제시했다.

② 행사가 진행되는 기간을 강조하기 위해, 행사가 시작되는 날짜와 끝나는 날짜를 제시했다.

③ 진행되는 행사의 내용을 명확히 전달하기 위해, 화살표를 이용하여 행사 참여 방법을 순서대로 제시했다.

④ 학생들이 행사에 쉽고 편하게 참여할 수 있도록, 학생회 누리 소통망으로 연결되는 QR 코드를 제시했다.

⑤ 주택용 에너지 캐시백에 관해 이해할 수 있도록, 전기 절약을 실천하면 얻을 수 있는 혜택을 말풍선에 제시했다.

[44~45] (가)는 ○○시 시민 참여 앱의 첫 화면이고, (나)는 이 앱을 사용한 학생이 ○○시 누리집 게시판에 올린 글과 시청 직원의 답변이다. 물음에 답하시오.

(가)

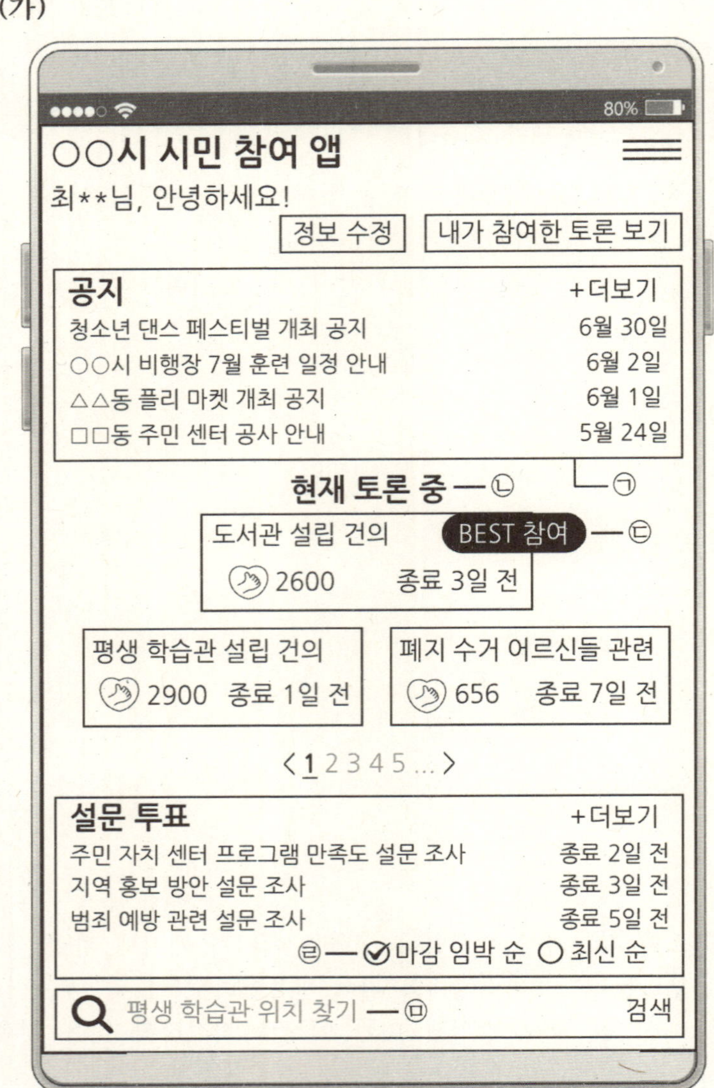

(나)

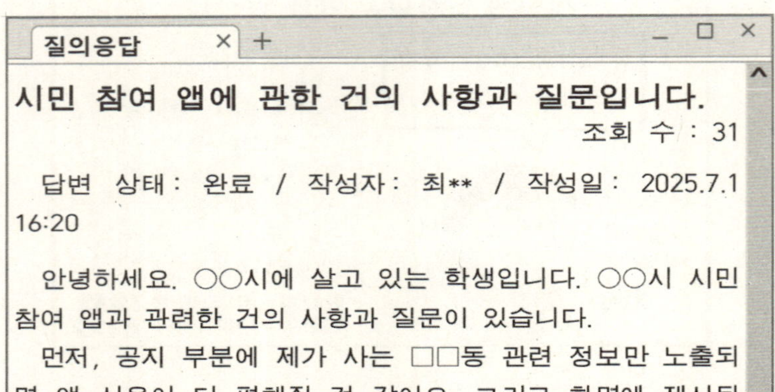

질의응답

시민 참여 앱에 관한 건의 사항과 질문입니다.
조회 수 : 31

답변 상태 : 완료 / 작성자 : 최** / 작성일 : 2025.7.1 16:20

안녕하세요. ○○시에 살고 있는 학생입니다. ○○시 시민 참여 앱과 관련한 건의 사항과 질문이 있습니다.
먼저, 공지 부분에 제가 사는 □□동 관련 정보만 노출되면 앱 사용이 더 편해질 것 같아요. 그리고 화면에 제시된 세 개 외에도, 현재 진행 중인 다른 토론 항목들을 보고 싶습니다. 공지처럼 게시판 모양으로 구성하면 어떨까요? 또 설문 투표에서는 사용자들이 많이 참여한 설문을 볼 수 있도록 '참여자 순' 정렬을 추가하면 좋겠어요. 사용자들이 많이 참여한 것일수록 지역 발전에 중요한 설문이니까요.
그런데 'BEST 참여' 토론은 어떻게 선정되는 건가요? 또 검색창에 '평생 학습관 위치 찾기'라는 내용이 이미 입력되어 있는 건 왜 그런가요? 답변 기다리겠습니다!

─────────────────────────────
🔒비공개 전환 ✏수정하기 🗑삭제하기
─────────────────────────────

답변 : **시민 참여 앱에 관한 건의 사항과 질문입니다.**

작성자 : 김** / 작성일 : 2025.7.2 09:56   ⬇다운로드

안녕하세요. ○○시청의 김**입니다.
먼저 건의 사항에 대해 답변드립니다. 사용자의 위치를 반영한 공지 내용을 제공하는 것은 좋은 아이디어라고 생각합니다. 곧 기능을 추가하겠습니다. 그리고 현재 진행 중인 다른 토론 항목 들을 보기 위해서는 아래에 제시된 페이지 이동 버튼을 누르시면 됩니다. 토론 주제와 사용자들의 반응 등을 보기 좋게 제시하기 위해 게시판 형태를 선택하지 않은 것이니 양해 부탁드립니다. 또 설문 투표 항목들의 정렬 방법에 '참여자 순'을 추가하는 것은 첫 화면을 지나치게 복잡하게 만든다는 의견이 있어 현재 상태를 유지하기로 했습니다.
다음으로 질문에 대해 답변드립니다. 토론의 'BEST 참여'는 지난 3일간의 참가자 수를 기준으로 선정됩니다. 또 '평생 학습관 위치 찾기'는 앱 사용자들이 현재 가장 많이 검색하는 내용이라 노출되는 것입니다. 매일 갱신된다는 점도 추가로 알려드립니다.
고맙습니다.

44. (가)와 (나)에 대한 설명으로 가장 적절한 것은?

① (가)에서는 (나)와 달리 게시글이 작성된 날짜와 시각이 화면에 표시된다.
② (가)에서는 (나)와 달리 다른 사용자들이 게시글을 조회한 숫자가 게시글마다 표시된다.
③ (가)에서는 (나)와 달리 사용자가 화면에 표시되지 않은 정보로 접근할 수 있는 기능이 제공된다.
④ (나)에서는 (가)와 달리 사용자가 특정 정보를 수정할 수 있는 기능이 제공된다.
⑤ (나)에서는 (가)와 달리 사용자가 자신이 직접 구성한 내용을 선별해 내려받을 수 있는 기능이 제공된다.

45. ㉠~㉤과 관련하여 (나)를 이해한 것으로 적절하지 않은 것은?

① 학생은 사용자의 편의성을 고려하여 ㉠에서 제공되는 정보의 범위를 제한해 줄 것을 요청하고 있다.
② 직원은 앱 화면의 가독성을 고려하여 ㉡에 제시되는 내용의 순서를 바꾸지 않겠다며 학생의 요청을 수용하지 않고 있다.
③ 직원은 정보 선정에 활용되는 기준을 고려하여 ㉢의 선정 방식을 알려 주고 있다.
④ 학생은 정보의 중요도를 고려하여 ㉣에 표기되는 정렬 방법을 늘려 줄 것을 요구하고 있다.
⑤ 직원은 앱 사용자들의 최근 사용 양상을 고려하여 ㉤에 특정 내용이 노출되는 이유를 설명하고 있다.

제 1 교시   **국어 영역(언어와 매체)**

[35~36] 다음 글을 읽고 물음에 답하시오.

[A]
국어에서 합성어와 파생어는 직접 구성 성분 분석을 통해 구별할 수 있다. 직접 구성 성분이란, 어떤 말을 직접 이루고 있는 두 부분으로 나누었을 때 나오는 두 성분을 가리킨다. 예를 들어, '가로막히다'는 '가로'와 '막히다'가 결합하였다고 분석하는 것보다, '가로막다'에 피동 접사 '-히-'가 결합하여 파생되었다고 분석하는 것이 더 자연스럽다. 즉 용언 활용 시 변화하는 어미를 빼고 보면, '가로막히(다)'의 직접 구성 성분은 어근 '가로막(다)'과 접사 '-히-'이다. 이때 직접 구성 성분 중 '가로막(다)'은 '가로'와 '막(다)'가 결합한 합성어이지만, '가로막히다'는 '가로막다'의 피동사로서 파생어에 해당한다.

국어의 합성어는 그 구성 방식이 국어의 일반적인 단어 배열법에 부합하는 ㉠ 통사적 합성어와 그렇지 않은 ㉡ 비통사적 합성어로 나눌 수 있다. 예컨대 '높푸르다'는 용언 어간 '높-'이 연결 어미 없이 용언 '푸르다'와 결합하였기에 비통사적 합성어에 해당한다. 이처럼 비통사적 합성어는 어간이 어미 없이 바로 명사나 다른 용언 어간에 연결되는 방식, 혹은 부사가 명사를 수식하는 방식 등 국어의 일반적인 문장 구성에는 없는 단어 배열법이 나타난다.

한편, 합성어는 어근의 의미 양상을 기준으로 대등 합성어, 종속 합성어, 융합 합성어로 나눌 수도 있다. 어근과 어근이 대등한 관계를 이루는 '강산' 같은 경우는 대등 합성어이고, 한 어근이 다른 어근을 수식하는 '쌀밥' 같은 경우는 종속 합성어이다. 또 '갈등(葛藤)'과 같은 단어는 '칡나무[葛]'와 '등나무[藤]'의 뜻을 지닌 두 어근이 결합하여 '대립 관계'라는 새로운 의미를 형성하므로, 융합 합성어에 해당한다. 즉 대등 합성어와 종속 합성어는 그 구성 요소 각각이 원래 의미를 유지하지만, 융합 합성어는 그 구성 요소 각각이 원래 의미를 잃고 새로운 의미를 획득한다고 볼 수 있다.

35. [A]를 참고할 때, <보기>에 제시된 ⓐ~ⓔ에 대한 이해로 적절한 것은?

< 보 기 >

◦ 주차 문제로 인한 ⓐ 말다툼이 싸움으로 번졌다.
◦ 어렸을 적의 기억을 ⓑ 되살려 그 동네를 찾아갔다.
◦ 날이 추워지자 한강에 ⓒ 살얼음이 깔리기 시작했다.
◦ 아버지는 거실 벽에 새로운 벽지를 ⓓ 덧붙여 발랐다.
◦ 글씨를 ⓔ 휘갈겨 써 놓아 무슨 말인지 알 수 없었다.

① ⓐ : 직접 구성 성분 중 하나가 합성어인 합성어이다.
② ⓑ : 직접 구성 성분 중 하나가 파생어인 합성어이다.
③ ⓒ : 직접 구성 성분 중 하나가 파생어인 파생어이다.
④ ⓓ : 직접 구성 성분 중 하나가 합성어인 파생어이다.
⑤ ⓔ : 직접 구성 성분 중 하나가 파생어인 파생어이다.

36. 윗글의 ㉠, ㉡과 연관 지어 <자료>에 제시된 합성어를 탐구한 내용으로 적절하지 <u>않은</u> 것은?

< 자 료 >

합성어	뜻
어느새	어느 틈에 벌써.
뜬구름	덧없는 세상일을 비유적으로 이르는 말.
굳세다	힘차고 튼튼하다.
바로잡다	굽거나 비뚤어진 것을 곧게 하다.
바람맞다	상대가 만나기로 한 약속을 지키지 아니하여 헛걸음하다.

① '어느새'는 구성 요소가 원래의 의미를 유지하는 종속 합성어로서, 구성 요소의 배열 방식상 ㉠으로 분류할 수 있군.
② '뜬구름'은 구성 요소가 새로운 의미를 형성하는 융합 합성어로서, 구성 요소의 배열 방식상 ㉠으로 분류할 수 있군.
③ '굳세다'는 구성 요소가 원래의 의미를 유지하는 대등 합성어로서, 구성 요소의 배열 방식상 ㉡으로 분류할 수 있군.
④ '바로잡다'는 구성 요소가 원래의 의미를 유지하는 종속 합성어로서, 구성 요소의 배열 방식상 ㉠으로 분류할 수 있군.
⑤ '바람맞다'는 구성 요소가 새로운 의미를 형성하는 융합 합성어로서, 구성 요소의 배열 방식상 ㉡으로 분류할 수 있겠군.

37. <학습 활동>을 수행한 결과로 적절한 것은?

<학습 활동>

아래 그림에 따라 [자료]의 ㉠~㉤을 분류할 때, ⓒ에 해당하는 것만을 있는 대로 찾아보자.

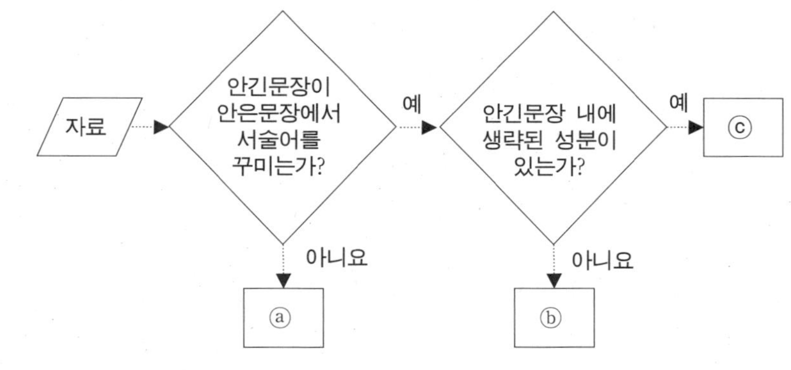

[자료]

㉠ 동생은 형과 달리 빠르다.
㉡ 나를 짓누르는 압박감이 사라졌다.
㉢ 우리 언니는 집을 아름답게 꾸몄다.
㉣ 이번 가을에는 풍요로운 수확이 예상됩니다.
㉤ 그는 흔적도 없이 마을에서 조용히 사라졌다.

① ㉠, ㉡   ② ㉠, ㉢   ③ ㉡, ㉢, ㉣
④ ㉠, ㉢, ㉤   ⑤ ㉡, ㉣, ㉤

38. <보기>의 ⓐ, ⓑ에 해당하는 것을 바르게 분류한 것은? [3점]

> ─── < 보 기 > ───
>
> 국어에서 서술어로 기능할 수 있는 ⓐ동사와 ⓑ형용사는 모두 어미를 취해 활용한다는 형태적 특징을 가지므로, 둘을 형태적으로 구별하는 것은 쉽지 않다. 이와 달리, 의미적인 측면에서 동사는 시간의 흐름과 변화를 전제한 주체의 움직임이나 과정, 상태 변화를 나타내고, 형용사는 현재 시점에서의 주체의 상태나 성질을 나타낸다.
>
> ㉠ 요즘 잠이 모자라서 그런지 늘 피곤하다.
> ㉡ 새벽 거리는 아무도 없는 듯 조용하기만 했다.
> ㉢ 어둠이 걷히자 우리가 기다리던 새날이 밝았다.
> ㉣ 그는 내가 젊어서 아직 사회를 잘 모른다고 하였다.
> ㉤ 그녀는 늙은 느티나무 밑에 앉아 하늘을 바라보았다.

	ⓐ	ⓑ
①	㉠, ㉡	㉢, ㉣, ㉤
②	㉠, ㉢	㉡, ㉣, ㉤
③	㉠, ㉢, ㉤	㉡, ㉣
④	㉡, ㉢, ㉤	㉠, ㉣
⑤	㉣, ㉤	㉠, ㉡, ㉢

39. 다음은 중세 국어와 관련한 수업의 일부이다. [A]에 들어갈 말로 적절한 것은?

> ─── < 보 기 > ───
>
> **선생님** : 오늘은 중세 국어의 체언에 대해 알아봅시다. 중세 국어의 체언 중에서는 그 환경에 따라 'ㄱ'이 덧생기는 것이 있는데, 이를 'ㄱ' 덧생김 체언이라 부릅니다. 그 예로, 현대 국어의 '구멍'을 뜻하는 중세 국어인 '구무'가 있지요.
>
> **학생** : 신기한 현상이네요. 그런데 선생님, 그렇다면 '구무' 뒤에 조사가 결합할 때 'ㄱ'이 항상 덧생기는 것인가요?
>
> **선생님** : 항상 그런 것은 아니에요. '구무'와 같은 'ㄱ' 덧생김 체언 뒤에 모음으로 시작하는 조사가 오면, 끝음절의 'ㄴ/ㅜ'가 떨어지고 'ㄱ'이 덧생겨 '굼기(구무 + ㅣ)'로 실현됩니다. 이와 달리, 'ㄱ' 덧생김 체언 뒤에 자음으로 시작하는 조사나 접속 조사 '와'가 오면, 끝음절 'ㄴ/ㅜ'가 떨어지고 'ㄱ'이 덧생기는 현상이 실현되지 않습니다. 즉 '구무'에 '마다'가 붙으면 '구무마다'가 되지요. 그럼 또 다른 'ㄱ' 덧생김 체언 '나모'와 조사의 결합 환경을 고려하여 다음 빈칸을 채워 볼까요?

중세 국어	현대 국어
㉠ (나모+와) 믈	나무와 물
㉡ (나모+ㅅ) 거츠로	나무의 껍질로
㉢ (나모+이) 오른놋다	나무에 오르는구나

> **학생** : [A] 들어가겠군요.

① ㉠에는 '남과'가, ㉡에는 '났'이, ㉢에는 '남기'가
② ㉠에는 '남과'가, ㉡에는 '났'이, ㉢에는 '나모이'가
③ ㉠에는 '나모와'가, ㉡에는 '났'이, ㉢에는 '나모이'가
④ ㉠에는 '나모와'가, ㉡에는 '나못'이, ㉢에는 '남기'가
⑤ ㉠에는 '나모와'가, ㉡에는 '나못'이, ㉢에는 '나모기'가

[40~43] (가)는 텔레비전 방송 프로그램이고, (나)는 동아리 누리집이다. 물음에 답하시오.

(가)

진행자 : 시청자 여러분, 안녕하세요? '헷갈리는 우리말 배우기' 다섯 번째 시간입니다. ㉠ 이번 시간에는 ◇◇대학에서 국어 국문학을 가르치고 계신 박○○ 교수님을 모시고 '복수 표준어'에 관해 이야기를 나눠 보도록 하겠습니다.

전문가 : 안녕하세요?

진행자 : 시청자 게시판에 복수 표준어에 대한 질문이 많았는데요, 교수님께서 설명해 주실 수 있나요?

전문가 : 복수 표준어는 같은 의미를 나타내는 둘 이상의 형태 모두를 표준어로 삼은 것을 의미합니다. ㉡ 우리나라에서는 2011년 이후 확대되어 지금은 매년 복수 표준어가 추가되고 있습니다.

진행자 : 요즘 학생들은 어떻게 생각하는지 정△△ 리포터가 □□고등학교에 나가 물어봤습니다. 함께 보시죠.

학생 1 : ㉢ 표준어는 시대를 반영할 수 있어야 한다고 생각하거든요. 사람들이 자주 사용하는 새로운 단어들은 표준어 목록에 추가되는 게 옳다고 봅니다.

학생 2 : 표준어가 지니는 위상이 있는데, 단지 많은 사람이 사용한다는 이유만으로 표준어로 삼는 건 좀 아니지 않나요? 정말 표준어가 되어야 할 단어라면 기존 단어를 표준어에서 폐기하고 새로 단어를 등재하거나 하는 게….

진행자 : 학생들 사이에서도 의견이 나뉘는데요, 교수님께서는 어떻게 생각하시는지 궁금합니다.

전문가 : 저는 언어도 사람과 마찬가지로 나이를 먹는다고 생각합니다. 사람이 살아가면서 처하는 상황이 달라짐에 따라 삶의 방식이 변하기도 하지 않습니까? 저는 유연한 태도로 언어의 변화를 지켜보자는 입장입니다.

진행자 : 그런데 아까 마지막 학생이 얘기한 것처럼 많은 사람이 사용한다는 이유만으로 표준어가 된다는 점은 표준어의 의미를 가볍게 만들기도 하는 것 같아요.

전문가 : 네, 그럴 수 있습니다. 그러나 복수 표준어를 선정할 때는 국어규범정비위원회나 국어심의회 등 다양한 위원회가 참여합니다. 실제로 2011년 이후 지금까지 복수 표준어로 추가 등재된 단어는 80여 개에 불과합니다.

진행자 : 네. 복수 표준어를 결정하는 과정에서 여러 전문가가 참여해 이를 충분히 검토하고 있다는 말씀이군요. 그리고 시청자 게시판을 통해 특정 단어가 널리 사용된다는 점은 어떻게 확인하는지 묻는 분들이 많았어요.

전문가 : ㉣ 국립국어원 누리집의 민원 게시판 혹은 국어생활종합상담실의 전화 민원 자료에 많이 건의된 단어 중 몇 가지를 선정하여 심의를 진행합니다.

진행자 : 아, 우리가 복수 표준어의 선정 과정에 참여할 방법이 있는 거군요. 몰랐던 사실이네요.

전문가 : 네. ⑩ 시청자분들께서도 표준어로 등재하고 싶은 단어가 있으시다면, 게시판에 글을 작성해 주세요.

진행자 : (웃으며) 저도 한번 남겨야겠는데요? 오늘 좋은 말씀 감사합니다. 시청해 주신 여러분, 감사합니다.

(나)

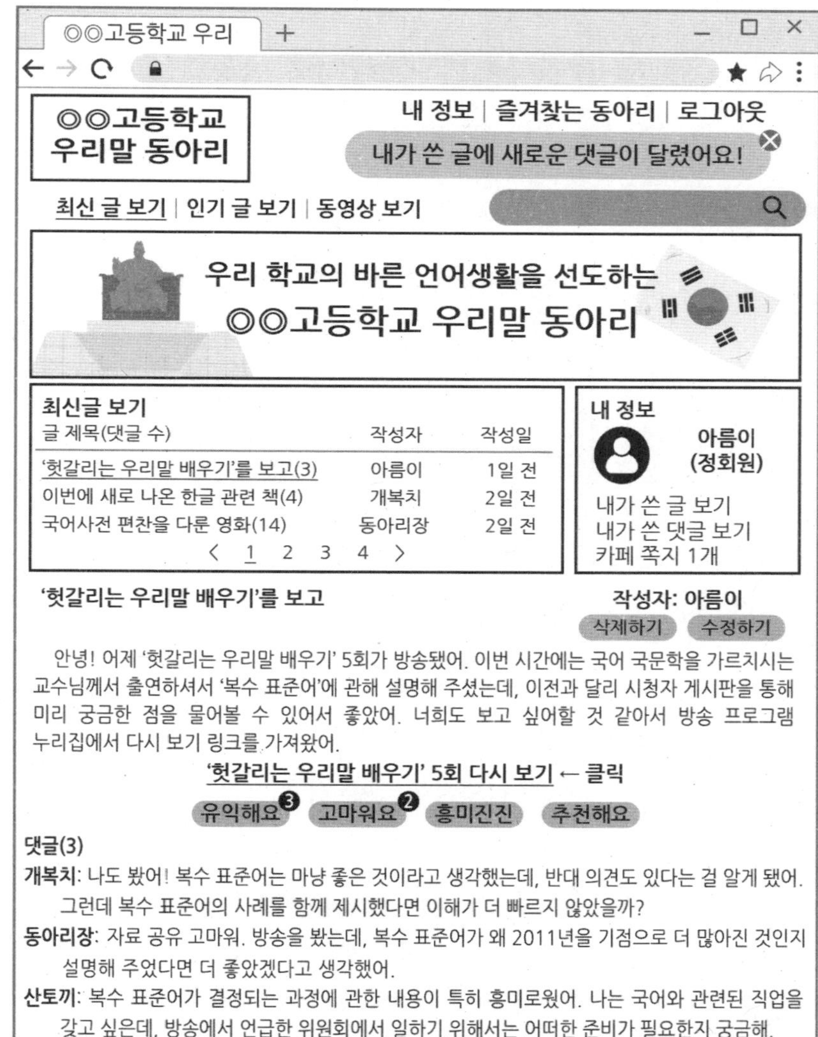

40. (가)에 나타난 정보 전달 방식으로 가장 적절한 것은?

① '진행자'는 방송의 첫머리에 방송의 취지를 밝히며 방송이 진행될 순서를 안내하였다.

② '진행자'는 시청자의 이해를 돕기 위해 '전문가'의 발언 내용을 정리하여 전달하였다.

③ '진행자'는 시청자들에게 복수 표준어의 선정 과정에 참여할 것을 권유하며 이에 대한 시청자의 관심을 유도하였다.

④ '전문가'는 시청자가 일상적으로 겪는 상황에 비유하여 주요 용어의 개념을 정의하였다.

⑤ '전문가'는 추가 정보를 원하는 시청자를 위해 국립국어원 누리집에 접속하는 방법을 안내하였다.

41. (나)에 대한 설명으로 적절하지 <u>않은</u> 것은?

① 사용자가 작성한 글에 댓글이 추가되었음을 알리는 기능이 제공되고 있다.

② 게시물의 수용자가 다른 누리집으로 바로 이동할 수 있는 하이퍼링크 기능이 제공되고 있다.

③ 누리집을 운영하는 단체의 성격이 잘 드러나는 그림과 문자가 제공되고 있다.

④ 누리집의 게시물을 특정 기준으로 정렬하는 기능이 제공되고 있다.

⑤ 누리집의 이용자가 댓글에 공감을 표시할 수 있는 기능이 제공되고 있다.

42. (가)에 대해 (나)의 학생들이 보인 수용 태도에 대한 설명으로 적절하지 <u>않은</u> 것은?

① '아름이'는 정보 전달자의 직업에 주목하여, 방송에서 다룬 내용이 신뢰할 만하다고 판단하였다.

② '아름이'는 정보의 구성에 수용자의 의견이 포함된 점에 주목하여, 방송을 긍정적으로 평가하였다.

③ '개복치'는 복수 표준어에 대한 다양한 관점에 주목하여, 이에 대한 자신의 생각을 점검하였다.

④ '동아리장'은 복수 표준어가 2011년 이후에 확대된 사실에 주목하여, 그와 관련한 내용의 충분성을 부정적으로 판단하였다.

⑤ '산토끼'는 복수 표준어를 선정하는 과정에 주목하고, 이를 자신의 진로와 연결하여 수용한 내용을 제시하였다.

43. ㉠~㉤에 대한 설명으로 적절하지 <u>않은</u> 것은?

① ㉠ : 특수 어휘 '모시다'를 사용하여, 스튜디오에 초대한 전문가를 존중하는 태도를 보이고 있다.

② ㉡ : '-고 있-'을 사용하여, 복수 표준어가 매년 늘어나는 상황임을 드러내고 있다.

③ ㉢ : '-어야 하다'를 사용하여, 자신의 생각에 대한 이유를 밝히고 있다.

④ ㉣ : 부사 '혹은'을 사용하여, 복수 표준어가 발표되는 경로가 다양하다는 사실을 부각하고 있다.

⑤ ㉤ : 연결 어미 '-면'을 사용하여, 시청자가 게시판에 글을 작성하기 위해 선행되어야 할 조건을 제시하고 있다.

[44~45] (가)는 '학교생활 안내 앱'을 최초 실행할 때의 화면이고, (나)는 학생회 누리 소통망 대화이다. 물음에 답하시오.

(가)

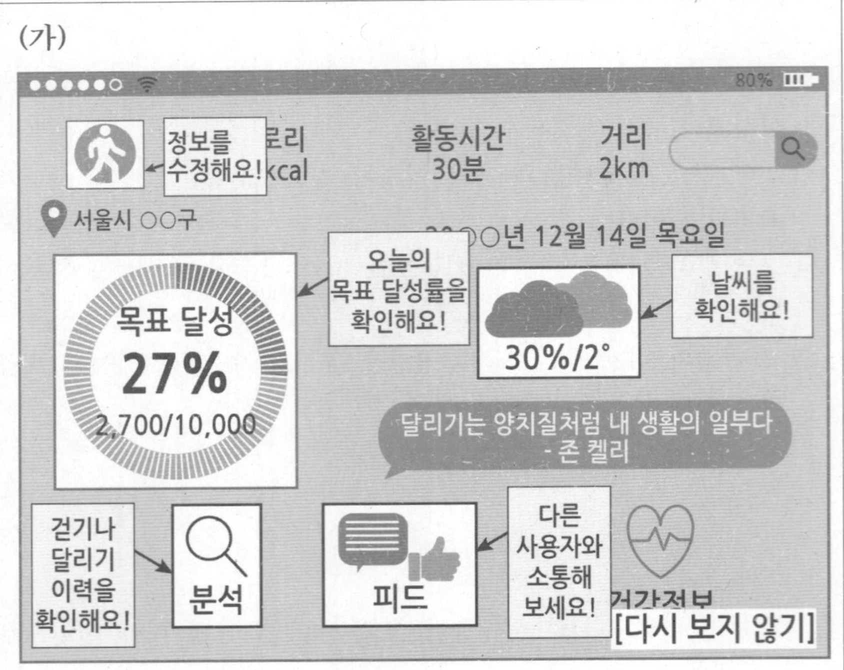

(나)

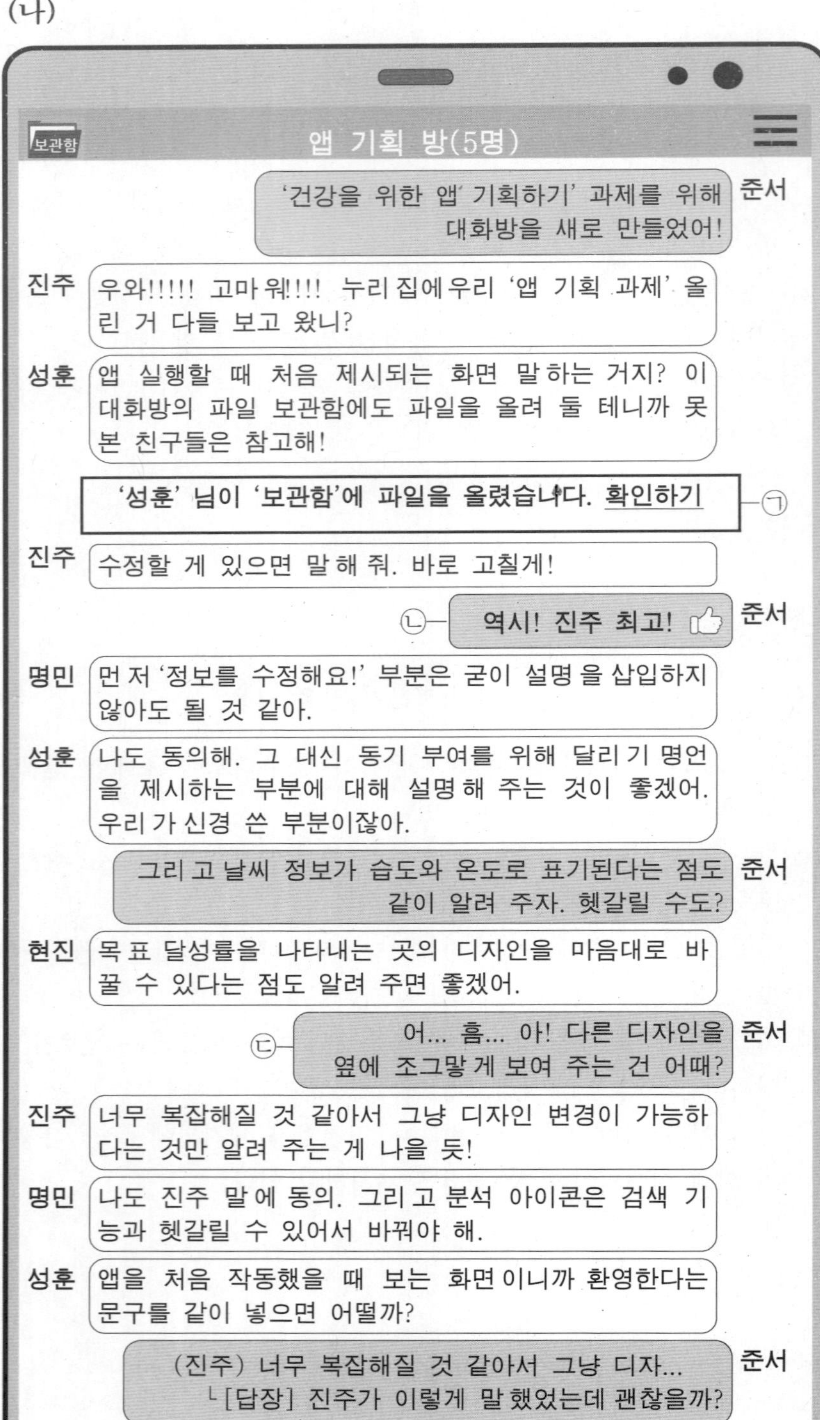

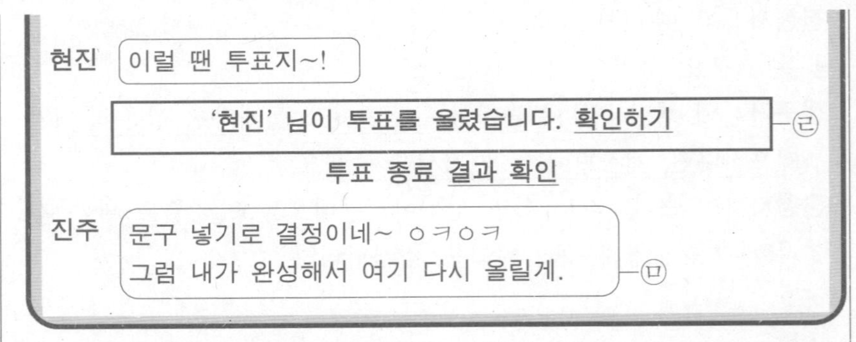

44. ㉠~㉤에 드러난 의사소통 방식에 대한 이해로 적절하지 않은 것은?

① ㉠: 대화방의 보관함 기능을 활용하여, 대화에 필요한 자료를 공유하였다.

② ㉡: 시각적 이미지를 활용하여, 상대방의 말에 대한 긍정적 반응을 표현하였다.

③ ㉢: 말줄임표를 사용하여, 상대의 제안을 거절하려는 의도를 우회적으로 드러내었다.

④ ㉣: 대화방의 투표 기능을 활용하여, 대화 참여자들의 의견을 취합하였다.

⑤ ㉤: 자음을 활용하여, 투표 결과를 수용하는 태도를 간단하게 제시하였다.

45. (나)의 대화 내용을 반영하여 (가)를 아래와 같이 수정했다고 할 때, 수정한 화면에 대한 설명으로 적절하지 않은 것은? [3점]

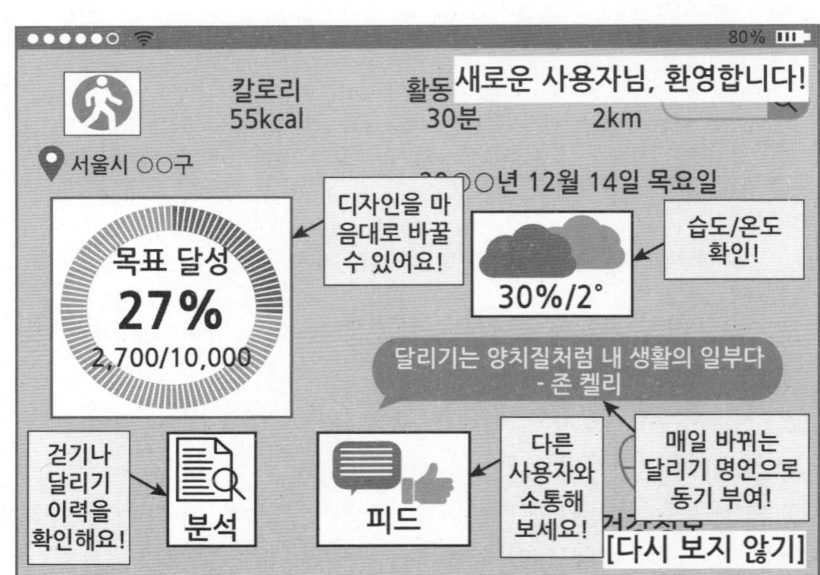

① '성훈'의 말을 반영하여, 동기 부여라는 목적을 드러내기 위해 달리기 명언이 제시된 부분에 대한 도움말을 새롭게 추가하였다.

② '준서'의 말을 반영하여, 날씨가 제시된 부분에 대한 도움말을 해당 정보의 정확한 의미가 드러나도록 수정하였다.

③ '현진'의 말을 반영하여, 목표 달성률이 제시된 부분에서 사용자가 선택할 수 있는 디자인 항목을 보여 주었다.

④ '명민'의 말을 반영하여, 분석 부분에 대한 아이콘을 다른 기능과 혼동될 가능성이 낮은 새로운 이미지로 교체하였다.

⑤ '성훈'의 말을 반영하여, 앱을 처음 구동하는 사용자를 위한 환영의 문구를 오른쪽 상단에 새롭게 추가하였다.

제 1 교시   **국어 영역(언어와 매체)**

[35~36] 다음 글을 읽고 물음에 답하시오.

사동은 주체가 타인에게 어떤 동작이나 행위를 하게 만드는 동사의 성질을 뜻한다. 예컨대 '아기가 울었다.'는 주체인 '아기'가 스스로 우는 행위를 했다는 주동의 의미를 나타낸다. 이와 달리 '내가 아기를 울렸다.'는 주체인 '나'가 '아기'에게 우는 행위를 하게 만들었다는 사동의 의미를 나타낸다. 여기서 전자와 같은 문장을 주동문이라 하고, 후자와 같은 문장을 사동문이라 한다.

주동사 '울다'가 사동사 '울리다'로 바뀌는 것처럼, 일반적으로 ㉠주동사에 사동 접사인 '-이-', '-히-', '-리-', '-기-', '-우-', '-구-', '-추-'를 붙임으로써 사동사를 만들 수 있다. 이때 '쓰다'가 '씌우다'가 되는 것처럼, 두 개의 사동 접사가 함께 붙는 형태도 존재한다. 또, ㉡대응하는 주동사가 없어서 사동사로 보지 않는 경우도 있다.

사동 접사가 아니라, '내가 아기를 울게 하였다.'처럼 '-게 하다'라는 통사적 사동 표현을 통해 사동문을 만들 수도 있다. 단, 이러한 통사적 사동 표현에 의한 사동문은 사동 접사에 의한 사동문과 의미가 서로 달라지는 경우가 있다. 가령 '내가 아기를 울게 하였다.'는 내가 간접적으로 아기를 울게 만든 것으로만 해석된다. 하지만 사동 접사에 의한 사동문인 '내가 아기를 울렸다.'는 맥락에 따라 내가 직접 아기를 울린 것으로 해석할 수도 있고, 내가 간접적으로 아기를 울게 만든 것으로도 해석할 수 있다.

한편, 주동문의 주동사가 목적어가 불필요한 자동사일 때와 목적어가 필요한 타동사일 때에 사동문이 만들어지는 양상이 서로 다르게 나타난다. 앞선 '울다'의 예처럼 자동사가 쓰인 주동문이 사동문으로 바뀌면, 주동문의 주어가 사동문의 목적어가 되면서 새로운 주어가 나타나는 것이 일반적이다. 이와 달리, '아이가 옷을 입었다.'처럼 타동사가 쓰인 주동문이 사동문으로 바뀔 경우, 새로운 주어가 요구되는 것은 마찬가지이지만, 주동문의 주어는 사동문의 부사어가 되고, 목적어는 그대로 남는 것이 일반적이다.

35. 윗글을 읽고 이해한 내용으로 가장 적절한 것은?

① '유물이 무덤에 묻혔다.'는 '묻다'에 사동 접사 '-히-'가 붙었다는 점에서 ㉠과 동일한 유형의 동사를 사용하였군.

② '벽에 걸려 있는 시계가 보였다.'는 '보다'에 사동 접사 '-이-'가 붙었다는 점에서 ㉠과 동일한 유형의 동사를 사용하였군.

③ '축제의 시작을 알리는 종이 울리다.'는 '울다'에 사동 접사 '-리-'가 붙었다는 점에서 ㉠과 동일한 유형의 동사를 사용하였군.

④ '식물을 잘 키우고 있다.'는 '키우다'에 대응하는 '키다'가 존재하지 않는다는 점에서 ㉡과 동일한 유형의 동사를 사용하였군.

⑤ '안경의 도수를 돋구었다.'는 '돋구다'에 대응하는 '돋다'가 존재하지 않는다는 점에서 ㉡과 동일한 유형의 동사를 사용하였군.

36. 윗글을 바탕으로 <보기>의 ⓐ~ⓔ를 탐구한 내용으로 적절하지 않은 것은? [3점]

―――― < 보 기 > ――――
ⓐ 아버지는 아이에게 옷을 입게 하였다.
ⓑ 선생님께서 학생들에게 책을 읽히셨다.
ⓒ 믿었던 친구가 치밀한 거짓말로 나를 속였다.
ⓓ 운전면허를 딴 나는 친구를 새로 산 차에 태웠다.
ⓔ 일행 중에서 힘이 가장 센 친구가 짐을 지게 하였다.

① ⓐ : 아버지가 아이에게 옷을 직접 입히는 행위로는 해석되지 않고, 간접적인 행위로만 해석되는 사동문이다.

② ⓑ : 사동 접사 대신 통사적 사동 표현을 사용하는 형태로 바꾸어도 의미가 크게 달라지지 않는 사동문이다.

③ ⓒ : 사동사에 대응하는 주동사 '속다'가 자동사임을 고려할 때, 대응하는 주동문의 주어가 '나'인 사동문이다.

④ ⓓ : 사동사에 대응하는 주동사 '타다'가 타동사임을 고려할 때, 대응하는 주동문의 주어가 부사어로 바뀐 사동문이다.

⑤ ⓔ : 사동 표현에 대응하는 주동사 '지다'가 타동사이지만, 주동문의 주어가 사동문의 부사어가 되지 않은 사동문이다.

37. <보기>의 ㉠~㉣을 중심으로 음운 변동을 이해한 내용으로 적절하지 않은 것은?

―――― < 보 기 > ――――
국어의 음운 변동은 하나의 음운이 다른 음운으로 바뀌는 ㉠교체, 새로운 음운이 생기는 ㉡첨가, 원래 있던 음운이 사라지는 ㉢탈락, 두 개의 음운이 하나의 음운으로 합쳐지는 ㉣축약이 있다.

① '밭걷이[받꺼지]'에서는 ㉠의 음운 변동만이 일어난다.

② '닭날개[당날개]'에서는 ㉠과 ㉢의 음운 변동만이 일어난다.

③ '휘발유[휘발류]'에서는 ㉠과 ㉡의 음운 변동만이 일어난다.

④ '삯일꾼[상닐꾼]'에서는 ㉡과 ㉢의 음운 변동만이 일어난다.

⑤ '훑하고[호카고]'에서는 ㉢과 ㉣의 음운 변동만이 일어난다.

38. <보기>의 ㉠~㉤을 탐구한 내용으로 적절하지 <u>않은</u> 것은?

< 보 기 >

합성어는 그 구성 요소가 결합한 방식이 국어의 일반적인 문장 구조와 일치하면 통사적 합성어로 분류하고, 그렇지 않으면 비통사적 합성어로 분류한다. 이와 같은 합성어의 유형은 중세 국어에서도 찾아볼 수 있다.

㉠ 녀름짓다(농사짓다), 힘쓰다(힘쓰다)
㉡ 몯ㅎ다(못하다), ᄀᆞ르디르다(가로지르다)
㉢ 나ᅀᅡ가다(나아가다), 도라오다(돌아오다)
㉣ 거두들다(거두어들다), 놀뮈다(날고움직이다)
㉤ 늘그니(늙은이), 져므니(젊은이), 즌흙(진흙)

---

① ㉠은 구성 요소가 목적어와 서술어의 관계로 결합하였으므로 통사적 합성어에 해당한다.
② ㉡은 체언과 용언이 조사 없이 결합하였으므로 비통사적 합성어에 해당한다.
③ ㉢은 용언 어간이 연결 어미를 매개로 결합하였으므로 통사적 합성어에 해당한다.
④ ㉣은 용언 어간이 연결 어미 없이 직접 결합하였으므로 비통사적 합성어에 해당한다.
⑤ ㉤은 용언의 관형사형이 체언을 수식하는 구성으로 결합하였으므로 통사적 합성어에 해당한다.

39. <보기>의 ㉠~㉤에 해당하는 예로 적절한 것은?

< 보 기 >

국어의 부정문은 크게 '안' 부정문과 '못' 부정문으로 나눌 수 있다. 먼저 '안' 부정문은 주로 ㉠ <u>주체의 의지나 의도가 작용하지 않는 단순 부정</u>이나 ㉡ <u>주체의 의지에 관한 의도 부정</u>으로 해석된다. 이와 달리 '못' 부정문은 ㉢ <u>주체의 능력과 관련한 부정</u>을 나타내는데, 형용사 서술어와 쓰일 땐 ㉣ <u>어떤 대상이 기준에 이르지 못함을 나타내기도 한다.</u> 그 외에 명령문이나 청유문을 부정할 때는 '말다' 부정문이 쓰이는데, 형용사 서술어가 쓰이면 명령의 의미가 아니라 ㉤ <u>희망이나 기원의 의미를 나타낸다.</u> 한편, 부정 부사 '안, 못'이 서술어와 결합하여 부정의 의미가 아닌 관용적인 의미를 나타내는 단어를 형성하는 경우도 있다.

---

① ㉠ : 오늘은 비가 안 와서 어제보다 따뜻하다.
② ㉡ : 찌개 국물이 옷에 튀어 잘 빠지지 않는다.
③ ㉢ : 우리 집 강아지는 코가 못생겨서 더 귀엽다.
④ ㉣ : 동생은 음료가 너무 달아 거의 먹지 못했다.
⑤ ㉤ : 우리 지금부터는 교실에서 뛰어다니지 말자.

[40~43] (가)는 학생회 소식을 알리는 실시간 방송이고, (나)는 이를 본 학생이 누리 소통망에 올린 게시물이다. 물음에 답하시오.

(가)

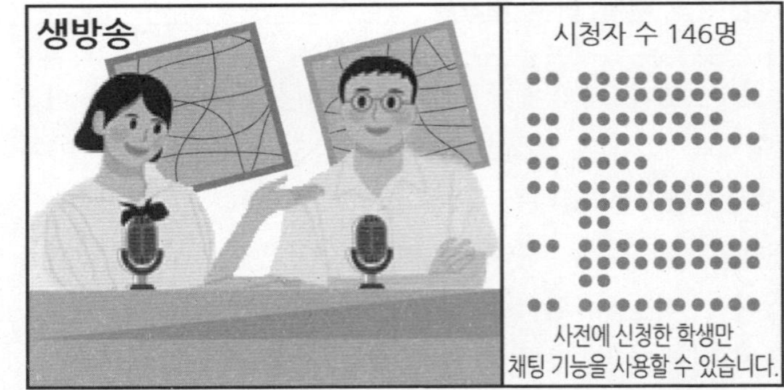

진행자 : ○○고등학교의 소식을 전하는 '○○고 뉴스'입니다. 오늘은 학생회장 □□군과 함께, 개교기념일 행사에 관한 이야기를 나눠 보겠습니다. 실시간 채팅에 참여할 학생들을 미리 선발했는데요, ⓐ 방송을 듣는 모든 학생이 참여하면 채팅방이 너무 혼잡하여 선택한 방식이므로 양해 부탁드립니다.

학생회장 : 다가오는 5월에는 우리 학교의 개교기념일이 있습니다. 일단 학생회에서 생각한 행사 내용을 말씀드리겠습니다. 먼저, '학교 사진 찍기'인데요. ⓑ 학생의 시선으로 우리 학교 곳곳을 담은 사진들을 학교 복도에 전시하는 행사입니다. 그럼 이쯤에서 저희는 방송 채팅창을 함께 볼까요?

[A]
성진 그건 작년에도 하지 않았나요? 평소에 잘 보지 못했던 학교 구석구석을 봐서 좋긴 했지만, 또 하는 건 좀 별로인데……

성진 학생의 의견도 충분히 이해는 됩니다. 그런데 다음 화면을 함께 보시죠.

1. 이번 개교기념일 행사에서 가장 만족한 행사는 무엇인가?

구분	학교 사진 찍기	익명의 편지 보내기	학교 개선 아이디어 공모전	합계	전교생
응답 수 (명)	230	104	87	421	540

2. 내년에도 개교기념일 행사에 참가할 의사가 있는가?

구분	있다	없다	모르겠다	합계	전교생
응답 수 (명)	380	32	56	468	540

지금 화면에 나오고 있는 것은 작년 개교기념일 행사가 끝난 후 실시했던 설문 조사 결과입니다. 응답자 절반 이상이 '학교 사진 찍기'에 만족했음을 알 수 있습니다. 또한 이러한 만족도가 개교기념일 행사 참가 의향으로 이어지고 있다는 점도 확인할 수 있지요.

[B]
예나 설문 조사 결과를 바탕으로 이야기하니까 신뢰가 가네요! 또 어떤 활동을 준비했는지 궁금한데요?
형준 학교 개선 아이디어 공모전에 대한 만족도가 별로 좋지 않네요. 이유가 뭘까요?

예나 학생의 말에 힘이 나네요! 다음 행사는 '나눔 장터'입니다. ⓒ 책이나 옷이나 인형도 모두 좋습니다. 내가 더 이상 쓰지 않는 물건을 필요한 사람에게 제공하는 거죠

[C]
혜원 전에 지역 나눔 장터에 참가한 적이 있는데, 물건의 질이 별로라 실망 했었어요 나눔 장터에서 판매되는 물건들은 학생회에서 미리 검수하나요?
연우 혜원님, 맞아요! 학생회에서 미리 물건을 검수하지 않으면 못 쓰는 물건들만 나올 거예요.

혜원 학생과 연우 학생이 비슷한 말을 해 줬네요. ⓓ <u>그래서 학생회에서는 바로 내일부터 3월 23일까지 나눔 장터 물건을 미리 기증받아 살펴볼 예정입니다.</u> 본관 1층 학생회실 앞 상자에 물건을 넣어주세요. 아래 자막 보이시죠? 많은 참여 부탁해요!

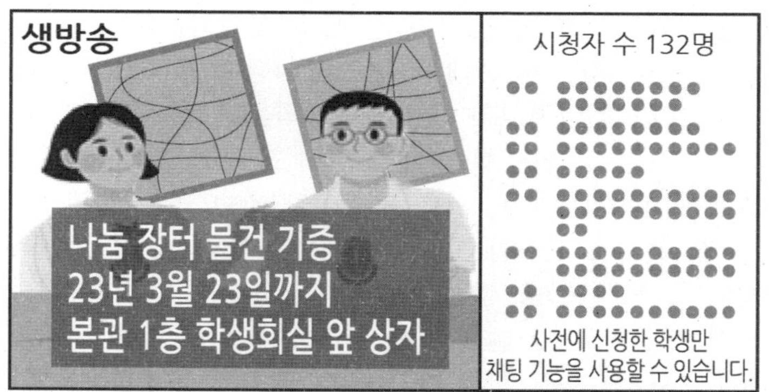

진행자 : 시청자 수가 처음보다 줄었네요. 중간에 나가 내용을 듣지 못한 학생들도 있을 것 같은데요. ⓔ <u>오늘 방송 내용은 학생회 누리집에 올라갈 예정입니다.</u> 방송을 보지 못한 친구가 있다면 알려주세요. 그럼 다음에 만나요!

(나)

'○○고 뉴스' 본 사람? 이해가 안 되는 부분이 있어서 캡처해 왔어. 아래 첨부된 파일을 같이 봐주면 좋겠어. 작년 개교기념일 행사 중 '학교 사진 찍기'가 가장 반응이 좋았던 건 맞지만 개교기념일행사에 또 참가할 의사가 있다는 말이 '학교 사진 찍기'를 또 하고 싶다는 말은 아니잖아? 이건 학생회장이 설문 조사 결과를 자기 의도에 맞춰 해석한 거야. 만약 이게 오해라면 학생회가 모든 학생들에게 회의록을 공개해야 한다고 생각해. 그리고 실시간 채팅에 참여할 사람을 한정했으면서 모든 채팅 내용에 제대로 답변하지 않은 점도 아쉬웠어. 방송 시간이 제한적이어서 질문에 모두 답하기 어렵다면 다음 방송부터는 다른 학생회 임원이 답변을 남겨 주는 게 좋지 않을까?
　학생회 누리 집에도 글을 썼는데, 내 의견에 동의한다면 그 글에 댓글을 남겨 줘. 그럼 큰 힘이 될 거야!

학생회 누리 집 바로가기 🖐클릭

첨부파일 <u>설문 조사 결과 해석.jpg</u> [다운로드]

40. (가)에 나타난 의사소통 방식으로 적절하지 <u>않은</u> 것은?

① 진행자는 방송의 시작에 방송 주제를 간략히 언급하며, 방송 내용을 예고하고 있다.

② 진행자는 접속자 수의 변화를 언급하며, 방송에 대한 수용자의 만족도를 확인하고 있다.

③ 학생회장은 진행자에게 질문을 하며, 다음 순서로 수용자의 실시간 반응을 확인할 것임을 알리고 있다.

④ 학생회장은 발화와 관련한 시각 자료를 제시하며, 방송 내용에 대한 수용자의 이해를 돕고 있다.

⑤ 학생회장은 자신의 발언 내용을 요약한 자막을 언급하며, 수용자의 적극적인 참여를 유도하고 있다.

41. [A]~[C]에서 알 수 있는 학생들의 수용 태도에 대한 설명으로 가장 적절한 것은?

① [A]: 성진은 작년 행사의 좋았던 점을 바탕으로 학생회의 의견을 긍정적으로 판단하였다.

② [B]: 예나는 학생회장의 직전 발화를 듣고 해당 내용의 논리적 오류를 지적하였다.

③ [B]: 형준은 방송에서 제시한 자료를 보고 학생회가 설문 조사의 대상을 잘못 선정했다고 판단하였다.

④ [C]: 혜원은 자신의 경험을 근거로 학생회가 행사에서 고려해야 할 점을 제시하였다.

⑤ [C]: 연우는 다른 수용자의 의견을 바탕으로 방송 내용이 사실과 부합하지 않는다고 판단하였다.

42. 다음은 (나)를 작성하기 위한 메모이다. ㉠~㉢이 (나)에 반영된 양상으로 적절하지 <u>않은</u> 것은? [3점]

방송을 들으며 느낀 아쉬운 점을 글로 써 봐야겠어. 일단 ㉠ 학생회장이 방송에서 보인 아쉬운 점과 ㉡ 이를 보완할 수 있는 방안을 언급해야지. 그리고 ㉢ 나에게 동의하는 친구들이 의견을 보태거나 학생회에 새로운 건의를 할 수 있는 기능을 활용해야겠어.

① ㉠ : 학생회장이 설문 조사 결과를 자의적으로 해석하였다는 점을 지적하기 위해, 저장한 방송 화면의 일부를 게시글에 첨부하였다.

② ㉠ : 방송 채팅창에서 학생회의 기획안에 부정적으로 반응한 학생을 배제하고 긍정적으로 반응한 학생에게만 답변하였음을 지적하였다.

③ ㉡ : 학생회가 개교기념일 행사 기획에 관한 오해를 줄이기 위해서는 행사 기획 과정을 학생들과 공유할 필요가 있음을 건의하였다.

④ ㉡ : 시간의 제약으로 인해 방송에서 모든 질문에 대한 답변을 제공할 수 없다는 점을 이해하고, 학생회 임원이 답변을 남기는 방법을 제안하였다.

⑤ ㉢ : 글쓴이의 생각에 동의하는 학생들이 의견을 표현할 수 있도록, 같은 내용의 글이 작성된 다른 공간으로 연결되는 하이퍼링크를 제공하였다.

43. ⓐ~ⓔ에 대한 설명으로 적절하지 <u>않은</u> 것은?

① ⓐ : 연결 어미 '-므로'를 사용하여, 시청자에게 양해를 구하는 이유를 제시하고 있다.

② ⓑ : 격 조사 '에'를 사용하여, 사진을 감상할 수 있는 장소를 구체적으로 지시하였다.

③ ⓒ : 보조사 '이나'를 사용하여, 나눔 장터에 기증할 수 있는 여러 물품 중 어느 것을 제공해도 상관없음을 드러내고 있다.

④ ⓓ : 접속 부사 '그래서'를 사용하여, 학생회가 나눔 장터 행사를 기획하게 된 계기를 밝히고 있다.

⑤ ⓔ : 관형사형 어미 '-ㄹ'을 사용하여, 해당 방송의 내용이 누리 집에 게시될 것임을 드러내고 있다.

〔44~45〕(가)는 ○○동 행정 복지 센터 앱의 첫 화면이고, (나)는 이 앱을 사용한 학생이 행정 복지 센터 누리집 게시판에 올린 글과 직원의 답변이다. 물음에 답하시오.

(가)

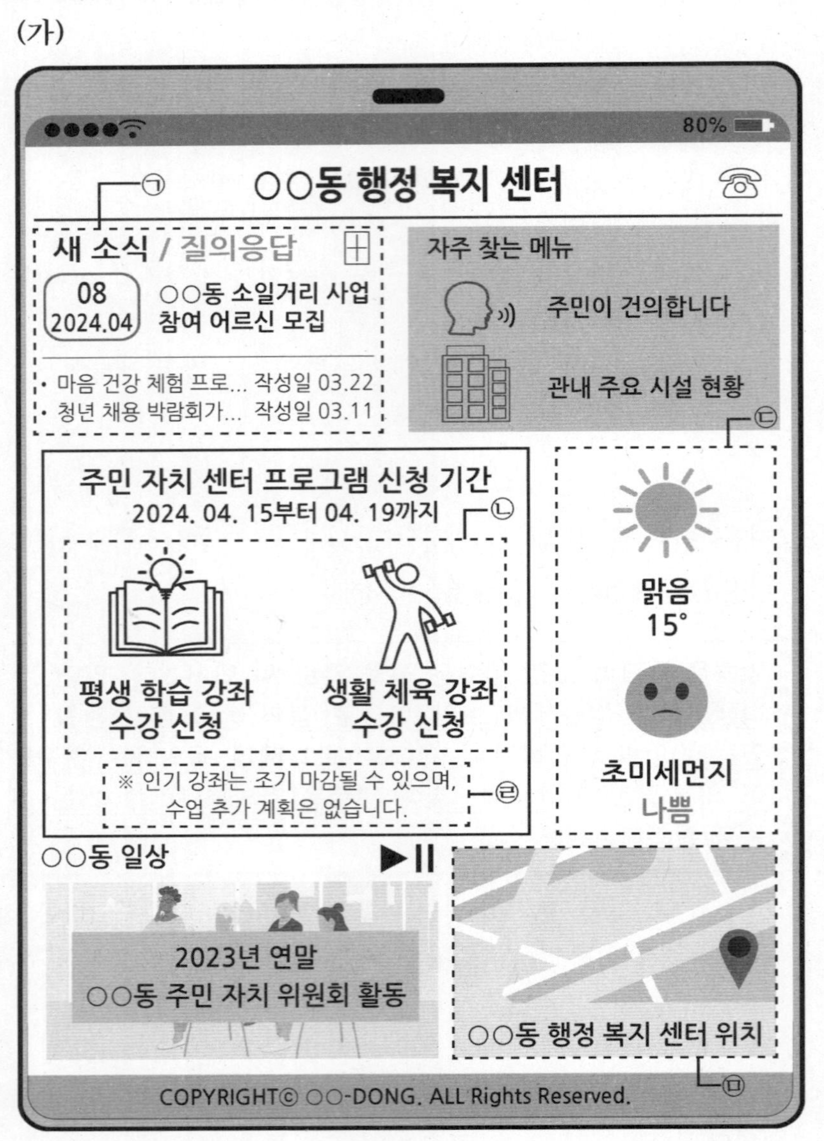

(나)

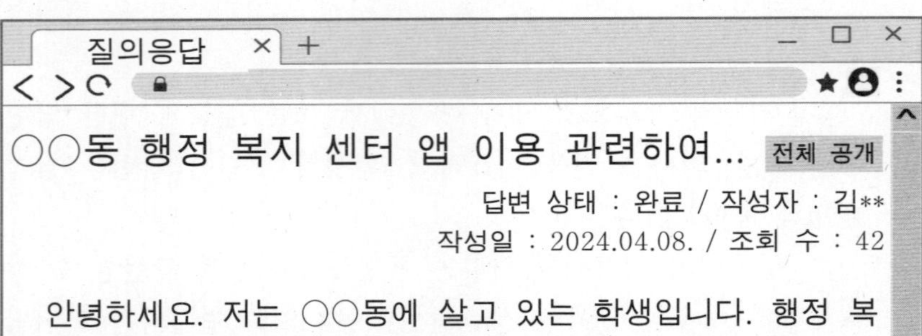

안녕하세요. 저는 ○○동에 살고 있는 학생입니다. 행정 복지 센터 앱 이용과 관련한 요청 사항과 질문이 있습니다.

첫 화면에서 '새 소식'을 확인할 수 있는데요, 작성일 순으로 게시글을 3개만 노출하고 있어서 내용 확인이 불편합니다. 조회 수 순으로 게시글을 노출하는 '인기 소식'을 추가하면 어떨까요? 그리고 주민 자치 센터 프로그램이 '평생 학습 강좌'와 '생활 체육 강좌'로 구분되어 있는데, 첫 화면에서 구체적인 강좌를 볼 수 있으면 좋겠습니다. 그래야 혼동하지 않고 제가 원하는 강좌를 신청할 수 있을 것 같습니다. 또 다른 동네의 앱을 보니 복지 센터의 위치를 나타내는 지도 옆에 통화 연결 버튼이 있더라고요. 어르신들이 많이 사용하는 앱이니, 우리도 이를 도입하는 게 좋을 것 같습니다.

그런데 첫 화면의 날씨는 제 기기의 위치를 감지한 결과가 맞나요? 그리고 '생활 체육 강좌' 중 인기 강좌인 '요가'의 강좌 수를 늘릴 계획은 없는지도 궁금합니다!

답변 : ○○동 행정 복지 센터 앱 이용과 관련하여...
　　　　　　　　　작성자 : 곽** / 작성일 : 2024.04.08.
　　　　　　　　　　　　　　　　　　조회 수 : 23

안녕하세요. ○○동 행정 복지 센터 직원입니다.

먼저 요청 사항에 관해 답변드립니다. '인기 소식'에 관한 요청 사항이 타당하다고 판단해, '질의응답'을 삭제하고 '인기 소식' 항목을 넣기로 했습니다. 그리고 주민 자치 센터의 프로그램은 현재 30개로, 이를 모두 표기하는 것은 앱의 디자인을 해칠 것으로 판단해 현재 상태를 유지하기로 했으니 양해 바랍니다. 또 ○○동 행정 복지 센터 앱에도 통화 연결 버튼 기능이 제공되고 있습니다. 앱 상단 오른쪽에 있는 전화기 아이콘을 누르면 우리 행정 복지 센터 직원과 통화할 수 있습니다.

다음으로 질문에 관한 답변을 드립니다. 앱의 날씨 항목은 사용자의 위치와 무관하게 ○○동의 날씨를 표출합니다. 또한 요가 수업에 관한 요청이 많아 현재 수업 추가를 논의하고 있습니다. 변동 사항은 '새 소식'을 통해 알리겠습니다.

감사합니다.

44. (가)와 (나)에 대한 설명으로 가장 적절한 것은?

① (가)와 달리 (나)는 게시물의 작성일이 화면에 표시된다.

② (가)와 달리 (나)는 사용자가 자주 사용하는 기능이 화면에 표시된다.

③ (나)와 달리 (가)는 게시물을 수정·삭제할 수 있는 기능을 제공한다.

④ (나)와 달리 (가)는 게시물의 공개 여부를 전환하는 기능을 제공한다.

⑤ (나)와 달리 (가)는 주민들의 활동을 보여 주는 시각적 이미지가 화면에 표시된다.

45. ㉠~㉤과 관련하여 (나)를 이해한 것으로 적절하지 <u>않은</u> 것은?

① 학생은 사용자의 편의를 고려하여 ㉠에 노출되는 정보의 새로운 정렬 방식을 제안하고 있다.

② 직원은 앱 화면의 미적 완성도를 고려하여 ㉡에 정보를 추가해 달라는 요청을 수용하지 않고 있다.

③ 학생은 정보의 정확성을 고려하여 ㉢에서 사용자의 위치를 반영한 정보를 나타낼 것을 요청하고 있다.

④ 직원은 특정 강좌에 대한 요구가 많은 상황을 고려하여 ㉣과 관련한 논의가 진행되고 있음을 밝히고 있다.

⑤ 직원은 앱이 동일한 기능을 제공하고 있다는 점을 고려하여 ㉤에 기능을 추가해 달라는 요청을 수용하지 않고 있다.

제 1 교시   **국어 영역(언어와 매체)**

[35~36] 다음 글을 읽고 물음에 답하시오.

서술어는 주어의 행위나 작용, 성질이나 상태 따위를 풀이하는 문장 성분이다. 보통 서술어는 하나의 용언 혹은 체언에 서술격 조사 '이다'가 결합한 형태이지만, 둘 이상의 용언이 결합한 형태의 서술어가 쓰이기도 한다. 이때 앞에서 핵심적인 의미를 더하는 것을 본용언이라 하고, 본용언에 뒤따라 상(相)이나 양태 같은 의미를 더하는 것을 보조 용언이라 한다.

(1) 나는 그 양말을 신어 보았다.
(2) 아버지는 오늘 산 책을 들고 가셨다.

[A]
　　본용언과 보조 용언은 (1)처럼 보조적 연결 어미 '-아(어)/-게/-지/-고' 등을 통해 매개된다. 보조 용언은 일반적인 동사나 형용사와 달리 어휘적 의미가 불분명하고, 문장에서 홀로 서술어로 쓰일 수 없다. 즉, 본용언과 보조 용언은 하나의 서술어 단위이며, 각 용언의 주어는 항상 같다. 또한, 두 용언이 연결 어미로 연결되었더라도 각기 자립성이 있고 분명한 어휘적 의미를 지닐 때는 본용언과 보조 용언 구성으로 볼 수 없다. (2)는 연결 어미 '-고'를 통해 두 용언이 연결되지만, 이는 '아버지는 오늘 산 책을 들었다.'와 '아버지는 가셨다.'가 합쳐진 문장이므로, 본용언과 본용언이 결합한 구성으로 보는 것이 적절하다.

한편, 두 용언이 결합한 구성이 굳어져 새로운 의미의 단어를 형성한 것을 합성 용언이라 한다. (2)의 '들고 가셨다'는 '들고(서) 가셨다'처럼 구성 요소가 분리되어 새로운 요소가 삽입될 수 있지만, 합성 용언 **'덤벼들다'**는 구성 요소가 분리될 수 없다. 또한, **'건너뛰다'**처럼 실제 동작과 구성 요소의 순서가 일치하지 않거나, 두 구성 요소의 의미 합을 벗어나 **'차려입다'**처럼 새로운 의미를 형성하거나 **'(희망이) 날아가다'**처럼 비유적 의미를 형성한다는 점도 합성 용언의 특징이다. 또 본래의 의미에서 멀어진 합성 용언은, **'사라지다'**처럼 구성 요소 '살다'의 원형을 밝히지 않고 소리 나는 대로 적기도 한다.

35. [A]에 따를 때, <보기>에 제시된 ㉮~㉰ 중 결합 구성이 동일한 단어끼리 모두 묶은 것은?

―――――――― < 보 기 > ――――――――
∘ 동생이 내가 산 과자를 ㉮ (먹어) + (버렸다).
∘ 그에게 마음을 담아 편지를 ㉯ (써) + (보냈다).
∘ 과거를 받아들임으로써 상처를 ㉰ (이겨) + (냈다).
∘ 일주일 내내 산을 불태웠던 불이 ㉱ (꺼져) + (간다).

① ㉮, ㉯　　　　② ㉮, ㉰　　　　③ ㉯, ㉱
④ ㉮, ㉰, ㉱　　　⑤ ㉯, ㉰, ㉱

36. 윗글을 바탕으로 <자료>에 제시된 합성 용언을 탐구한 내용으로 적절하지 <u>않은</u> 것은? [3점]

―――――――― < 자 료 > ――――――――
∘ 그녀는 말없이 입술만 ㉠ 깨물었다.
∘ 그는 사람들의 꿈을 ㉡ 뜯어먹고 살았다.
∘ 동생이 자기 말을 ㉢ 알아듣겠냐고 물었다.
∘ 이 상황을 타개할 좋은 방책이 ㉣ 떠올랐다.
∘ 미술계의 거장이셨던 분이 어제 ㉤ 돌아가셨다.

① ㉠과 '덤벼들다'는 모두 구성 요소 사이에 새로운 요소가 삽입될 수 없는 합성 용언이로군.
② ㉡과 '차려입다'는 모두 구성 요소의 의미를 벗어나 새로운 의미를 형성한 합성 용언이로군.
③ ㉢과 '건너뛰다'는 모두 구성 요소와 실제 동작의 순서가 일치하지 않는 합성 용언이로군.
④ ㉣과 '사라지다'는 모두 본래 의미에서 멀어진 구성 요소의 원형을 밝히지 않는 합성 용언이로군.
⑤ ㉤과 '날아가다'는 모두 두 구성 요소의 의미 합을 벗어나 비유적 의미를 형성한 합성 용언이로군.

37. <학습 활동>을 수행한 결과로 가장 적절한 것은?

―――――――― <학습 활동> ――――――――
다음은 중세 국어의 조사와 관련한 내용이다. [자료]에서 ⓐ~ⓔ를 확인할 수 있는 예를 모두 골라 묶어 보자.

　ⓐ 무정 명사에 결합하는 관형격 조사 'ㅅ'이 쓰였다.
　ⓑ 객체를 높이기 위한 선어말 어미 '-ᅌᅳᆸ/ᅀᆸ-'이 쓰였다.
　ⓒ 모음으로 끝나는 체언에 결합하는 주격 조사 'ㅣ'가 쓰였다.
　ⓓ 존경의 대상이 아닌 유정 명사에 결합하는 관형격 조사 '익/의'가 쓰였다.
　ⓔ 체언에 결합하여 장소나 비교의 의미를 나타내는 부사격 조사 '애/에'가 쓰였다.

[자료]
　㉠ 나랏 말ᄊᆞ미 **中國**에 달아
　　 [나라의 말이 중국과 달라]
　㉡ 우흐로 부텻 **敎化**롤 돕ᅀᆞᆸ고
　　 [위로 부처의 교화를 돕고]
　㉢ **長者**ㅣ 지븨 와 무러 닐오ᄃᆡ
　　 [장자의 집에 와 물어 이르되]
　㉣ 뫼햇 **神靈**이며 (…) **萬萬衆生**들히 머리 좃ᅀᆞᆸ고
　　 [산에의 신령이며 (…) 모든 중생들이 (부처에게) 머리를 조아리고]

① ⓐ : ㉠　　　② ⓑ : ㉡　　　③ ⓒ : ㉠, ㉢
④ ⓓ : ㉢, ㉣　　　⑤ ⓔ : ㉠, ㉣

38. <보기>는 '안 부정문' 관련 수업의 일부이다. [A]에 들어갈 말로 적절하지 <u>않은</u> 것은?

> ─── < 보 기 > ───
>
> **선생님** : 우리말에서 단순 부정 혹은 주체의 의지에 관한 부정을 나타내는 '안 부정문'은, '아니(안)'라는 부정 부사를 활용한 짧은 부정문과 '-지 아니하다(않다)'라는 보조 용언을 활용한 긴 부정문으로 나뉩니다.
>
> **학생** : 선생님, 그렇다면 짧은 부정문과 긴 부정문이 성립하는 조건은 따로 정해져 있나요?
>
> **선생님** : 좋은 질문입니다. 예외도 있지만, 동사나 형용사에 따라 짧은 부정문이 허용되지 않기도 합니다. 가령 서술어로 쓰인 용언이 합성어나 파생어라면, 짧은 부정문을 쓸 수 없습니다. 단, 합성어라도 연결 어미를 매개로 결합한 합성 동사, 또는 사동사와 피동사는 제약 없이 짧은 부정문을 이룰 수 있습니다. 한편, '견디다'처럼 주체의 의지나 의도와 상관없는 일을 뜻하는 용언은 의미상 '안 부정문'으로 쓰일 수 없습니다. 그렇다면, 다음 용언으로 짧은 부정문을 만들 수 있을까요?
>
> > ⓐ 행동을 <u>본받다</u>　　ⓑ 논밭이 <u>드넓다</u>
> > ⓒ 진리를 <u>깨닫다</u>　　ⓓ 피부를 <u>태우다</u>
> > ⓔ 지레 겁을 <u>집어먹었다</u>
>
> **학생** : [A]

① ⓐ는 어근과 어근이 결합한 합성어이므로, 짧은 부정문이 형성될 수 없습니다.

② ⓑ는 어근에 접두사 '드-'가 결합한 파생어이므로, 짧은 부정문이 형성될 수 없습니다.

③ ⓒ는 단일한 어근으로 구성된 단일어이므로, 짧은 안 부정문이 형성될 수 있습니다.

④ ⓓ는 어근에 사동 접미사가 결합한 사동사이므로, 짧은 부정문이 형성될 수 있습니다.

⑤ ⓔ는 연결 어미를 매개로 결합한 합성 동사이므로, 짧은 부정문이 형성될 수 있습니다.

39. <보기>에 대한 설명으로 적절한 것은?

> ─── < 보 기 > ───
>
> ㉠ 곁양반 [견냥반]　　㉡ 옆잇기[염닏끼]　　㉢ 셋붙이[섿뿌치]

① ㉠과 ㉡은 자음이 탈락하는 음운 변동이 일어난다.

② ㉠과 ㉡은 인접한 자음과 조음 위치가 같아지는 음운 변동이 일어난다.

③ ㉠은 자음이 첨가되는 음운 변동이 일어나고, ㉢에서는 자음이 축약되는 음운 변동이 일어난다.

④ ㉡과 ㉢은 첨가된 음운으로 인해 동화에 해당하는 음운 변동이 일어난다.

⑤ ㉠, ㉡, ㉢은 모두 음절 종성에서 발음되는 자음의 종류가 제한되는 음운 변동이 일어난다.

〔40~43〕 (가)는 텔레비전 방송 프로그램이고, (나)는 동아리 누리집이다. 물음에 답하시오.

(가)

진행자 : 매주 수요일, 개봉 예정 영화를 미리 만나보는 '내일 볼 영화', 시작합니다. 오늘 방송이 끝날 때 이벤트도 있으니, 끝까지 시청해 주세요. 오늘도 지난주와 마찬가지로 신○○ 기자님이 나와 계십니다. 안녕하세요? / **기자** : 안녕하세요.

진행자 : 오늘 소개할 영화는 임△△ 감독의 두 번째 해녀 다큐멘터리 영화 '해녀의 전설'입니다. ㉠ <u>예고편을 보면서 기자님의 설명을 함께 듣겠습니다.</u>

기자 : '해녀의 전설'은 4월 18일에 개봉하며, 상영시간은 95분입니다. 임 감독은 전작인 '해녀 생활'에서 해녀의 일상을 애정 어린 시선으로 그려내 호평을 받았었죠.

진행자 : 풍경이 너무 멋지네요. 이번 '해녀의 전설'은 어떤 내용을 담고 있나요?

기자 : '해녀의 전설'은 대상군 해녀 현□□씨와, 도시 생활을 접고 해녀로 새 삶을 시작하는 막내 해녀 채▽▽씨의 유대를 보여 주고 해녀의 일상을 통해 황폐화된 제주 바다의 모습을 고발하고 있습니다.

진행자 : 대상군이라는 단어가 낯서네요. 무슨 뜻인가요?

기자 : 해녀는 잠수할 수 있는 물의 깊이에 따라 대상군, 상군, 중군, 하군으로 서열이 나뉩니다. ㉡ <u>대상군은 약 15m 깊이의 물에 들어갈 수 있는 해녀로, 현장에서 대장이 됩니다.</u>

진행자 : 그렇군요. '해녀의 전설'은 부산국제영화제를 비롯해 세계의 여러 영화제에 초청되기도 했다고요?

기자 : 네. '해녀의 전설'에는 아까 진행자님의 말씀대로 제주의 풍경이 멋지게 담겼는데요. 관객의 시각적 즐거움을 최대화하기 위해 드론을 활용한 상공 촬영이나 고속 촬영 등 다양한 촬영 기법을 사용하였습니다. ㉢ <u>이에 세계적인 다큐멘터리 영화제의 촬영상 후보에 올랐지요.</u>

진행자 : 우리나라 풍경이 세계에 소개된다니 정말 자랑스럽네요. 지난 2일에 '해녀의 전설' 시사회가 열렸습니다. ㉣ <u>영화를 먼저 관람한 관람객의 평가를 들어 볼까요?</u>

관람객 : 사라져 가는 제주의 전통문화와 해녀의 삶을 연결한 점이 인상 깊었습니다. ㉤ <u>그리고 제주 바다가 황폐해지고 있다는 사실을 알게 되어서 제가 도울 방법이 없는지 고민하게 되었습니다.</u>

진행자 : '내일 볼 영화'에서 '해녀의 전설' 예매권 이벤트를 진행합니다. 지금 나가는 화면을 핸드폰으로 촬영해서 우리 프로그램 누리집에 시청 인증을 해 주시면 100분에게 예매권을 드립니다. 오늘도 시청해 주셔서 감사합니다.

(나)

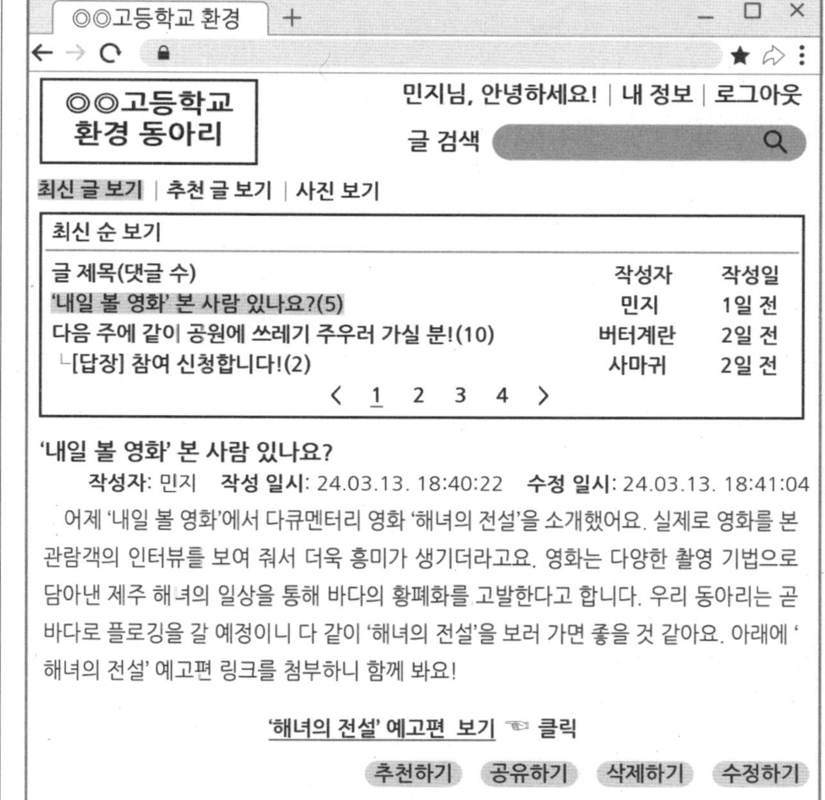

40. (가)에 나타난 정보 전달 방식으로 적절한 것은?

① '진행자'는 방송 내용에 대한 시청자의 비판적 수용을 위해 객관적인 정보만을 정리하여 전달하였다.

② '진행자'는 화제와 관련한 현황을 언급하여 방송에서 전달할 다음 내용을 자연스럽게 연결하였다.

③ '기자'는 방송 내용에 대한 시청자의 이해를 돕기 위해 화제와 관련된 용어의 개념을 비유적으로 설명하였다.

④ '기자'는 방송 내용을 놓친 시청자들을 고려하여 방송을 다시 보는 방법에 대해 안내하였다.

⑤ '화면'에서는 수용자의 신뢰감을 높이기 위해 관람객의 신분을 밝히고 방송 내용에 대한 전문 지식을 요약하여 전달하였다.

41. (나)에 대한 이해로 적절하지 <u>않은</u> 것은?

① 정보의 범주에 따라 쉽게 분류할 수 있도록 게시물을 정렬할 수 있는 기능이 제공되고 있다.

② 게시물을 열람하지 않고 댓글 수를 알 수 있도록 글의 목록에 댓글 수가 표시되는 기능이 제공되고 있다.

③ 글의 내용을 다른 수용자에게 전달할 수 있도록 공유하는 기능이 제공되고 있다.

④ 누리집 이용자가 작성했던 글을 확인할 수 있도록 작성자의 지난 글을 볼 수 있는 기능이 제공되고 있다.

⑤ 구성원이 게시물 수정 전후 내용을 확인할 수 있도록 게시물의 수정 이력을 드러내는 기능이 제공되고 있다.

42. (나)의 학생들이 보인 수용 태도에 대한 설명으로 적절하지 <u>않</u>은 것은?

① '민지'는 방송에서 정보를 전달하는 방식에 주목하여 방송 내용이 영화에 대한 흥미를 끌고 있다고 판단하였다.

② '민지'는 영화의 촬영 기법에 관한 방송 내용을 영화의 내용과 연결 지어 영화를 소개하였다.

③ '숲향기'는 개인적 경험이 영화를 향한 관심으로 이어졌음을 밝히며 '민지'의 제안을 긍정적으로 수용하였다.

④ '통통이'는 '민지'가 공유한 영상의 주제 의식에 주목하여 이후 영상을 촬영할 새로운 계획을 세웠다.

⑤ '사마귀'는 방송이 시청자의 참여를 유도하는 방식에 주목하여 시청자의 입장을 충분히 배려하지 않았음을 언급하였다.

43. ㉠~㉤에 대한 설명으로 적절하지 <u>않은</u> 것은?

① ㉠ : 연결 어미 '-면서'를 사용하여, 예고편의 송출과 함께 그에 관한 정보 전달이 이루어질 것임을 밝히고 있다.

② ㉡ : 격 조사 '이'를 사용하여, 대상군의 의미를 구체적으로 설명하고 있다.

③ ㉢ : 동사 '오르다'를 사용하여, 영화를 향한 관심이 이전보다 늘어난 상황을 강조하고 있다.

④ ㉣ : 관형사형 어미 '-ㄴ'을 사용하여, 인터뷰를 진행한 시점이 영화 관람 이후임을 나타내고 있다.

⑤ ㉤ : 접속 부사 '그리고'를 사용하여, 영화에 대한 감상평이 이어질 것임을 드러내고 있다.

[44~45] (가)는 학생회가 제작한 포스터의 초안이고, (나)는 학생회 누리 소통망 대화이다. 물음에 답하시오.

(가)

(나)

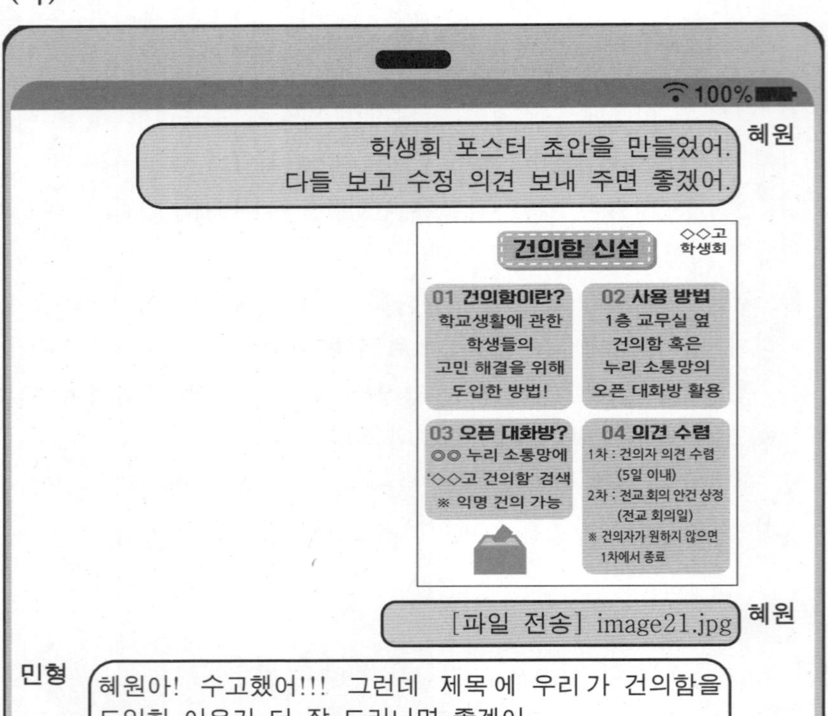

44. (나)에 드러난 의사소통 방식에 대한 이해로 가장 적절한 것은?

① '혜원'은 대화 참여자들에게 동시에 여러 파일을 전송하면서 대화를 시작하였다.

② '승수'는 자신을 찍은 사진을 전송하여 상대의 말을 경청하고 있음을 드러내었다.

③ '민형'은 하이퍼링크 기능을 이용하여 해당 대화방에서 과거에 공유된 정보를 불러왔다.

④ '채영'과 '승수'는 자음을 나열하는 표현 방법을 통해 상대방의 의견에 동의하는 뜻을 강조하였다.

⑤ '채영'과 '민형'은 감탄사를 사용하여 상대의 발화에 대한 자신의 반응을 표출하였다.

45. (나)의 대화 내용을 반영하여 (가)를 아래와 같이 수정했다고 할 때, 수정한 포스터에 대한 설명으로 적절하지 <u>않은</u> 것은? [3점]

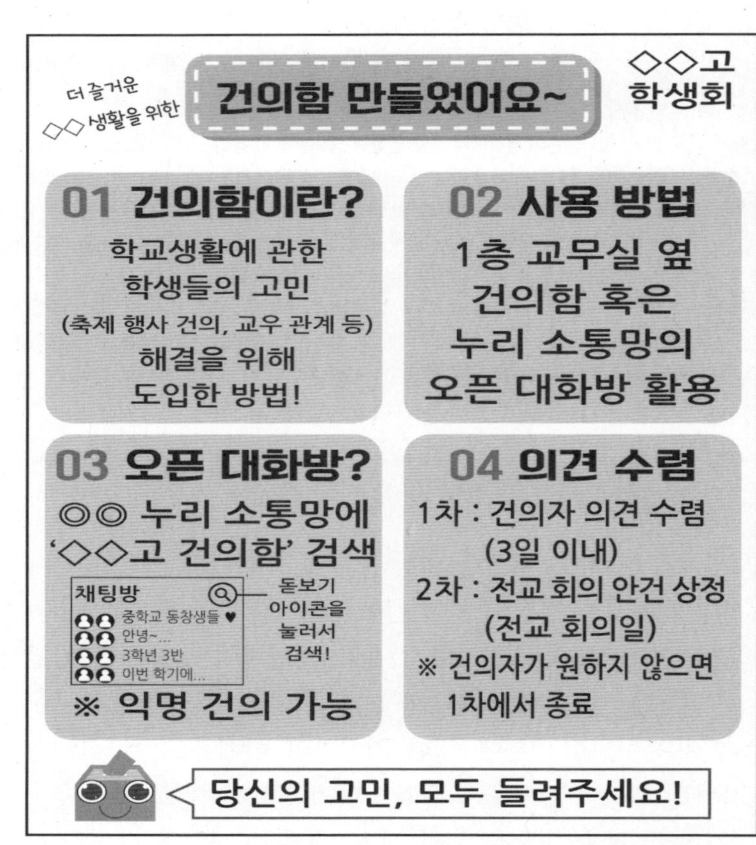

① 포스터 상단에는 제목에 관한 '민형'과 '채영'의 의견을 반영하여 건의함을 도입한 의미를 추가하고, 친근함을 강조하기 위해 제목을 구어체로 수정하였다.

② '건의함이란?'에는 내용의 구체성에 관한 '승수'와 '채영'의 대화를 반영하여 건의함이 학교생활 전반에 관한 고민 해결을 목적으로 함을 드러내는 사례들을 추가하였다.

③ '오픈 대화방?'에는 포스터 디자인에 관한 '민형'과 '혜원'의 대화를 반영하여 수용자가 내용을 쉽게 이해할 수 있도록 누리 소통망 화면 캡처 사진을 삽입하였다.

④ '의견 수렴'에는 건의된 내용의 처리 과정에 관한 '채영'과 '민형'의 대화를 반영하여 건의자 의견 수렴이 이루어지는 기간을 이전보다 짧게 수정하였다.

⑤ 포스터 하단에는 포스터의 목적을 전달하는 방식에 관한 '승수'와 '혜원'의 대화를 반영하여 의인화된 건의함이 학생들에게 건의함 사용을 권하는 이미지로 수정하였다.

제 1 교시　**국어 영역(언어와 매체)**

[35~36] 다음 글을 읽고 물음에 답하시오.

　현대 국어의 표기법은 소리 나는 대로 적는 표음주의와 형태소의 원형을 밝혀 적는 표의주의를 원칙으로 한다. 가령, '나무'는 '나무[나무]'와 같이 소리 나는 대로 적고, '꽃'은 'ⓐ 꽃[꼳]'과 같이 음절 종성이 교체되어 발음되는데, 형태소가 지닌 뜻이 분명히 드러나도록 형태소의 원형을 밝혀 적는다.

　그러나 이러한 표기 원칙은 20세기에 이르러 정착된 것으로, 중세 국어에서는 표음주의만을 표기 원칙으로 삼았다. 그리고 이러한 표기 원칙에 따라 표기 방식도 세부적으로 도출되었는데, 'ⓑ 고지(꽃이)'와 같이 형태소의 경계를 밝히지 않고 연음된 발음을 그대로 표기하는 '연철 표기'나 '곳(꽃)'과 같이 음절 종성에 실제 발음되는 'ㄱ', 'ㄴ', 'ㄷ', 'ㄹ', 'ㅁ', 'ㅂ', 'ㅅ', 'ㅇ'의 여덟 자만을 표기하는 '팔종성법'이 있었다.

　연철 표기와 팔종성법은 대체로 일관되게 적용되었으나, 몇몇 중세 국어 문헌에서는 그 예외를 확인할 수 있다. 예컨대 'ㄴ', 'ㅁ', 'ㄹ', 'ㅇ', 'ㅿ'으로 끝나는 체언 뒤나 'ㄴ', 'ㅁ'으로 끝나는 용언 어간 뒤에 모음이 왔을 때, 형태소의 경계를 밝혀 적는 것과 같은 연철 표기의 예외를 확인할 수 있다. 또한, 일부 문헌에서 종성 'ㅈ', 'ㅊ', 'ㅍ' 등이 쓰이기도 하였다.

　이 밖에도 연철 표기와 팔종성법의 예외처럼 보이는 경우들이 있었다. 가령, 'ⓒ 믈와(물과)'나 '알오(알고)'에서와 같이 체언이나 용언 어간의 끝소리 'ㄹ'이 연철되지 않는 경우가 있었다. 그러나 사실 이러한 형태는 'ㄹ' 뒤의 'ㄱ'이 약화하여 음가 있는 'ㅇ[ɦ]'으로 바뀐 결과였다. 즉, 뒤에 자음 'ㅇ'이 옴에 따라 'ㄹ'이 연음될 수 없었던 것이다. 따라서 이 경우는 연철 표기의 예외로 보기 어렵다. 이와 비슷하게, '다ㄹ-(다르-)'처럼 'ㄹ/르'로 끝나는 용언 어간 뒤에 모음이 올 때, 그 활용형이 'ⓓ 달아'와 같이 연음되지 않은 채 표기되곤 하였는데, 이 역시 음가 있는 'ㅇ'이 덧난 결과이므로 연철 표기의 예외로 보기 어렵다. 한편, 'ⓔ ㄱㅿ애(가위)'와 같이 팔종성법을 벗어나 종성에 'ㅿ'이 쓰이는 경우가 있었는데, 이는 종성에서 실제 발음되었던 'ㅿ'를 표기한 것이므로 표음주의 표기에서 벗어난 것은 아니다.

35. 윗글의 ⓐ~ⓔ을 이해한 내용으로 적절한 것은?

① ⓐ은 표음주의 원칙에는 부합하지만, 표의주의 원칙에는 어긋나는 표기 형태이다.
② ⓑ은 체언과 조사가 결합한 형태로, 음절 단위에서 체언과 조사를 구분할 수 있다.
③ ⓒ의 '와'에서 초성에 표기된 'ㅇ'은 음가 없이 음절의 형태만을 이루는 표기이다.
④ ⓓ은 용언이 활용할 때 첨가된 음운으로 인해 연음의 조건을 만족하지 않는다.
⑤ ⓔ의 'ㅿ'은 형태소의 원형을 밝히기 위한 표기 형태로, 다른 음운으로 바뀌어 발음된다.

36. 윗글을 바탕으로 <보기>의 ⓐ~ⓔ를 이해한 내용으로 적절하지 않은 것은? [3점]

─── < 보 기 > ───
ⓐ 져비 그 지븨셔 슬피 울어늘(울-+-거늘)
　[제비가 그 집에서 슬피 울거늘]
ⓑ 甁의 므를 기러(긴-+-어) 두고사 가리라
　[병에 물을 길어 두고서 가리라.]
ⓒ 殊恩이시니 뉘 아니 좇줍고져(좇-+-줍고져) 흐리
　[특별한 은혜를 베푸시니 누가 좇고자 아니하리]
ⓓ 舍利弗이 須達이 밍ㄱ론 座애 올아(오르-+-아) 앉거늘
　[사리불이 수달이 만든 자리에 올라 앉거늘]
ⓔ 世尊ㅅ긔 버릇업습던 일올(일+올) 魔王이 뉘으츠니이다
　[세존께 버릇없었던 일을 마왕이 뉘우쳤습니다]

① ⓐ : '울어늘'이 연음되지 않는 까닭은 어미의 'ㅇ'이 'ㄱ'이 약화하여 이루어진 소리이기 때문이군.
② ⓑ : '기러'는 표음주의에 따르면서도 연철 표기는 적용되지 않은 표기 형태로 보아야겠군.
③ ⓒ : '좇줍고져'는 형태소의 원형을 밝히고 있다는 점에서 팔종성법의 예외에 해당하는군.
④ ⓓ : '올아'가 '오라'로 표기되지 않는 데에서 '아'의 'ㅇ'이 음가를 지녔다고 추측할 수 있군.
⑤ ⓔ : '일올'에서 확인할 수 있는 표기 방식은 중세 국어 시기에는 제한된 문헌에서만 나타났겠군.

37. <보기>의 ㉠에 해당하는 예로 적절한 것은?

─── < 보 기 > ───
선생님 : 합성어는 어근과 어근이 결합하여 형성되는 단어입니다. 합성어의 품사는 '올라가다'처럼 합성어를 이루는 어근에 의해 결정되는 경우도 있지만, '구석구석'과 같이 ㉠ 합성어를 이루는 어근에 의해 결정되지 않는 경우도 있습니다.

─── < 예문 > ───
ⓐ 민수는 고향을 **등지고 일자리**를 찾아 도시로 갔다.
ⓑ 그는 사기꾼에게 **잘못 걸려들어** 사업에 실패했다.
ⓒ **밤낮** 훈련에 매진하던 그 선수는 **뛰어난** 성적을 거두었다.
ⓓ 방을 **찾아보면** 어딘가에 **머리띠**가 있을 거야.
ⓔ 우리 동네에는 **어린이**가 **뛰놀** 수 있는 곳이 없다.

① ⓐ　　　　② ⓑ　　　　③ ⓒ
④ ⓓ　　　　⑤ ⓔ

38. <학습 활동>의 ㉠, ㉡에 들어갈 예로 적절한 것은?

―――――――― <학습 활동> ――――――――

시제는 발화시를 기준으로 사건시의 시제를 나타내는 절대 시제와, 안은 문장의 사건시를 기준으로 안긴 문장의 시제를 나타내는 상대 시제가 있다. 절대 시제와 상대 시제는 동시에 나타나는데, 다음 조건에 따라 예문을 만들어 보자.

조건	예문
절대 시제가 현재이고 상대 시제가 현재인 겹문장	그 사실을 아는 동생은 친구의 집으로 향한다.
절대 시제가 과거이고 상대 시제는 현재인 겹문장	㉠
절대 시제가 과거이고 상대 시제는 미래인 겹문장	㉡
⋮	⋮

① ㉠: 집안일을 하시던 어머니는 이내 손님을 맞으셨다.
　 ㉡: 내가 출장을 가는 동안 서울에는 비가 많이 왔었다.

② ㉠: 병원에서 웅성대는 사람들은 모두 보호자들이었다.
　 ㉡: 동생이 집에 도착한 직후에 나는 집을 나섰다.

③ ㉠: 205호에 묵는 사람은 언제 밖으로 나갔습니까?
　 ㉡: 과거의 기억 때문에 그녀는 어찌할 바를 몰랐다.

④ ㉠: 그녀는 저녁에 먹을 음식을 아직 정하지 못하였다.
　 ㉡: 온 국토를 휩쓸던 태풍이 내일이면 지나가겠구나.

⑤ ㉠: 봄에 우리나라를 찾은 제비는 이제 새끼를 낳는다.
　 ㉡: 집에서 나를 반겨 줄 아내를 위해 꽃을 준비했다.

39. <보기>는 국어사전을 토대로 '뜻'과 관련된 어휘 사이의 의미 관계를 그린 것이다. 다음 설명 중 적절한 것은?

―――――――― < 보 기 > ――――――――

뜻 명 ❶ 무엇을 하겠다고 속으로 먹는 마음.
　　　 ❷ 말이나 글, 또는 어떠한 행동 따위로 나타내는 속내.

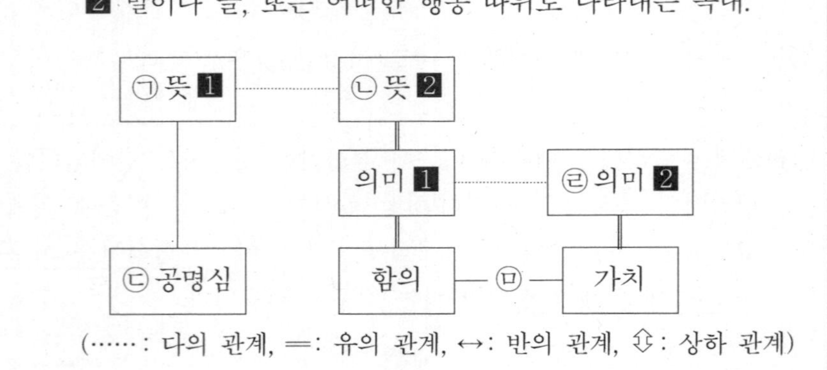

(……: 다의 관계, =: 유의 관계, ↔: 반의 관계, ↕: 상하 관계)

① '그는 만족하지 못한 채 계속 욕심을 부렸다.'의 '욕심'은 ㉠의 상의어이다.

② '그는 과거에 응시하고자 학문에 뜻을 품었다.'의 '뜻'은 '공명심'으로 대체할 수 있으므로, ㉠과 ㉢은 '='으로 연결된다.

③ '네 뜻이 정 그렇다면 나는 이제 너를 응원하겠다.'의 '뜻'은 ㉡과 다의 관계이다.

④ '두 단어는 의미는 같지만, 쓰임새가 다르다.'의 '의미'는 '가치'의 유의어라는 점에서 ㉣에 해당한다.

⑤ '민주주의의 가치는 그 함의만으로 표현할 수 없다.'를 볼 때, ㉤의 표시는 '↔'가 적절하다.

[40~43] (가)는 텔레비전 뉴스의 일부이고, (나)는 (가)를 본 학생의 개인 블로그이다. 물음에 답하시오.

(가)

진행자 : 안녕하세요. 시청자 여러분. 오늘의 뉴스를 시작합니다. 첫 번째 소식입니다. ㉠ 여러분은 '미디어 리터러시'라는 단어를 아시나요? '미디어 리터러시'는 매체를 이해하는 능력을 뜻하는 말입니다. 최근 가짜 뉴스가 유행하면서 미디어 리터러시 교육에 관한 법안을 도입하자는 주장이 힘을 얻고 있습니다. 취재 기자와 함께 자세한 내용 살펴보겠습니다. 김□□ 기자.

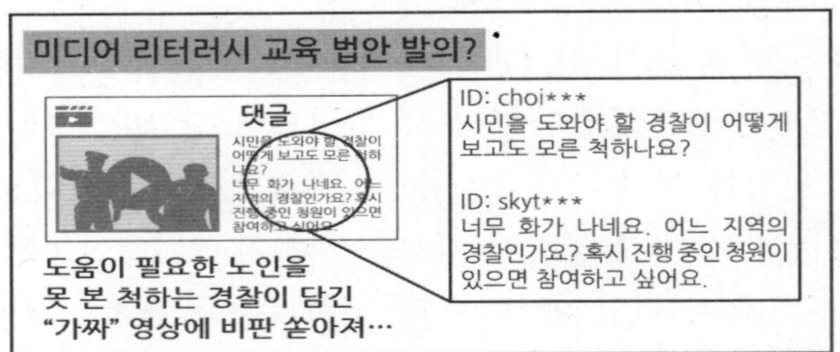

기자 : 네. 먼저 영상을 하나 보시겠습니다. ㉡ 며칠 전 누리집 소통망에 올라와 무려 2만 개의 공감을 받은 영상입니다. 영상에는 시민이 어려움을 겪는데도 모른 척하는 경찰의 모습이 찍혀 있습니다. 화면에서 보시는 것처럼, 많은 누리집 소통망 사용자들이 이 영상을 보고 분노했습니다.

진행자 : 노인 분이 힘들게 짐을 옮기고 있는 걸 봤는데도, 모르는 척하네요? 경찰복을 입은 분이요.

기자 : 네. ㉢ 그런데 이 영상은 합성을 통해 만든 가짜입니다.

진행자 : 실제로 일어난 적이 없는 상황이라는 건가요?

기자 : 네, 맞습니다. ㉣ 이 영상을 만든 사람이 영상 제작 과정을 자신의 누리집 소통망에 올리니 그제서야 가짜인 게 밝혀졌습니다. 보신 것처럼, 기술의 발달로 인해 최근에는 가짜 뉴스가 더욱 교묘한 방식으로 생성되고 있습니다. 이에 얼마 전 국회에서는 미디어 리터러시에 관한 법안을 발의하기도 했습니다.

진행자 : 미디어 리터러시에 관한 법안에는 구체적으로 어떤 내용이 포함되어 있나요?

기자 : 현 교육 과정에 미디어 리터러시 교육을 도입하자는 내용과 가짜 뉴스에 특히 취약한 고령자를 위해 지역 사회 차원에서 노인 대상의 교육 프로그램을 마련하자는 내용이 포함되어 있습니다.

진행자 : 체계적인 교육이 필요하다는 거군요. 다른 나라들은 이와 같은 상황에 어떻게 대응하고 있나요?

기자 : 미국 캘리포니아 주에서는 미디어 리터러시 관련 법안이 이미 통과되어 내년부터 시행됩니다. 해당 내용과 관련하여 ㉤ 캘리포니아 주의 관계자와 인터뷰를 나눠봤습니다. (영어로) 미디어 리터러시 법안을 내년부터 시행한다고요?

관계자 : (영어로) 네. 우리 주에서는 미디어 리터러시 교육을 필수 교과목으로 지정하고, 미디어 리터러시 교육 인력의 전문성을 기르는 프로그램을 개발하여 진행 중입니다.

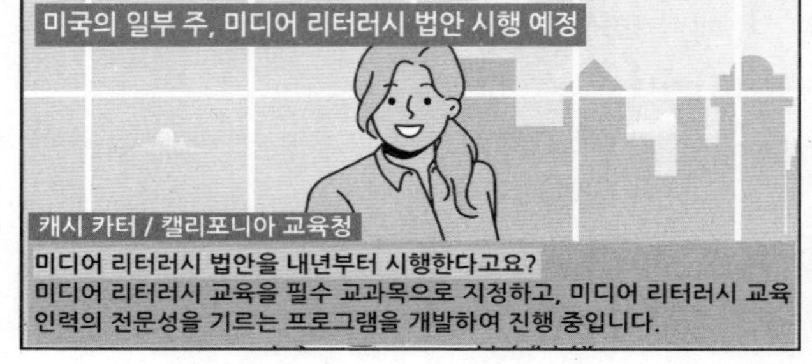

기자 : 급변하는 매체 환경에 제대로 대응하려면 우리나라도 하루 빨리 대책을 세워야겠습니다.

진행자 : 네, 잘 들었습니다. 다음 뉴스입니다.

(나)

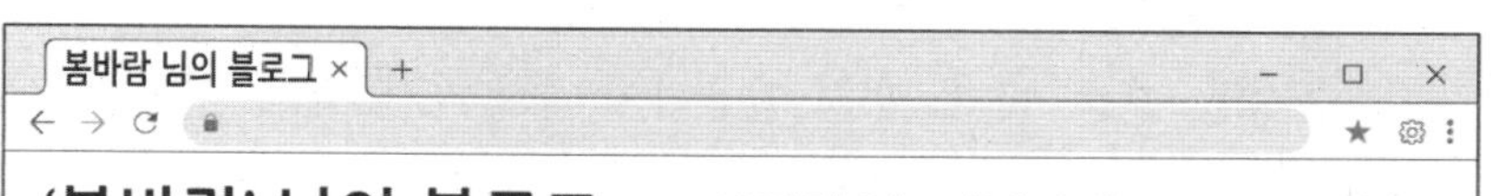

‘봄바람’ 님의 블로그   봄바람 님, 안녕하세요!   로그아웃

‘미디어 리터러시 교육 법안 발의?’를 보고   전체 공개   삭제하기 수정하기

작성일: 2024. 5. 21. 10:00:44 (수정됨)

뉴스 화면을 캡처함. (캡처: 본인)

어제 방송된 뉴스에서는 ‘미디어 리터러시’(🔗 이전에 작성한 글로 이동)를 다뤘다. 최근 화제가 되었던 가짜 뉴스를 소개하면서 그 뉴스 수용자들의 반응을 생생하게 보여 준 점이 특히 좋았다. 그런데 몇 가지 아쉬운 점도 있었다.

먼저 뉴스에서는 가짜 뉴스가 최근 더욱 교묘한 방식으로 생성되고 있다는 점을 근거로 뉴스 수용자에 대한 미디어 리터러시 교육이 필요하다고 말했는데, 가짜 뉴스를 생성하는 이들에 대한 처벌이 강화되어야 한다는 점을 함께 언급했다면 좋았을 것 같다. 또한 고령자가 가짜 뉴스에 취약하다고 말하면서, 이를 뒷받침하는 객관적인 자료를 제시하지 않았다는 점도 아쉬웠다. 실제로 내 주변을 보면 오히려 어른들이 뉴스를 더 비판적으로 수용하는 것처럼 보이기 때문이다.

뉴스를 시청한 이후로 미디어 리터러시에 관해 꾸준히 검색해 보면서, 최근 벌어진 일련의 상황에 우리나라가 어떻게 대응하는지 관심을 가지고 지켜보아야겠다는 생각이 들었다.

♡ 공감 15 💬 댓글 2   🖨 인쇄하기 ☍ 공유하기

버섯돌이: 저도 어제 뉴스를 보고 미디어 리터러시에 관해 검색했다가 이 블로그에 오게 되었네요. 미디어 리터러시 교육을 교육 과정에 포함하는 것은 좋다고 생각하지만, 고령자를 대상으로 한 교육이 현실적으로 가능할까요?

하얀풍선: 미디어 리터러시가 가짜 뉴스에 대응하는 데만 필요한 건 아닌데, 미디어 리터러시가 필요한 다른 분야는 알려주지 않아서 아쉬웠어요. 우리는 정보의 생산자이기도 하니까, 정보 생산자 관점에서도 미디어 리터러시의 필요성을 다뤄주었으면 좋았겠어요.

---

40. (가)에 나타난 정보 전달 방식으로 적절하지 <u>않은</u> 것은?

① ‘진행자’는 시청자에게 질문을 던짐으로써 뉴스에서 전달할 화제를 제시하고 있다.

② ‘진행자’는 ‘기자’의 발화 내용을 요약하여 자신의 언어로 바꾸어 말함으로써 해당 정보를 간략히 전달하고 있다.

③ ‘기자’는 화면을 통해 방송에 대한 시청자의 반응을 제시함으로써 시청자와 실시간으로 소통하고 있다.

④ ‘기자’는 ‘진행자’의 질문에 답함으로써 뉴스에서 전달하고자 하는 정보의 내용을 구체화하고 있다.

⑤ ‘관계자’의 말을 번역하여 자막으로 제시함으로써 외국어에 익숙하지 않은 시청자를 배려하고 있다.

---

41. (나)에 대한 설명으로 가장 적절한 것은?

① 글의 댓글 기능을 활용하여 수용자가 작성한 질문에 대한 답변을 제공하고 있다.

② 글을 주제에 따라 분류할 수 있는 기능을 활용하여 인기 있는 주제를 상위에 표시하고 있다.

③ 글의 수정 여부를 확인할 수 있는 기능을 활용하여 글에서 수정된 부분을 구체적으로 나타내고 있다.

④ 글의 내용과 관련된 다른 게시글로 이동할 수 있는 기능을 활용하여 수용자의 선택에 따라 정보를 추가적으로 확인할 수 있도록 유도하고 있다.

⑤ 글에 제시된 글쓴이의 주장에 대한 공감도를 표현할 수 있는 기능을 활용하여 글에 담긴 정보의 신뢰도를 나타내고 있다.

---

42. (가)에 대해 (나)의 사용자들이 보인 수용 태도에 대한 설명으로 적절하지 <u>않은</u> 것은?

① ‘봄바람’은 뉴스가 최근의 사건과 그에 대한 실제 반응을 제시했다는 점을 긍정적으로 평가하였다.

② ‘봄바람’은 뉴스의 내용을 구체적으로 언급하며 그 내용에 관한 자신의 견해를 드러내었다.

③ ‘봄바람’은 자신의 경험을 근거로 하여 뉴스에서 구성한 정보의 문제점을 지적하였다.

④ ‘봄바람’과 ‘버섯돌이’는 추가로 정보를 탐색하여 뉴스 내용의 실현 가능성을 검토하였다.

⑤ ‘봄바람’과 ‘하얀풍선’은 뉴스에서 정보를 전달하는 관점이 균형적이지 않다는 점에 아쉬움을 표하였다.

---

43. ㉠~㉤에 대한 설명으로 적절하지 <u>않은</u> 것은?

① ㉠: 선어말 어미 ‘-시-’를 사용하여, 뉴스를 시청하는 주체를 존중하는 태도를 드러내고 있다.

② ㉡: 부사 ‘무려’를 사용하여, 영상에 대한 공감 수가 보편적이지 않음을 부각하고 있다.

③ ㉢: 지시 관형사 ‘이’를 사용하여, 바로 앞에서 언급된 진행자의 발언을 집약적으로 가리키고 있다.

④ ㉣: 연결 어미 ‘-니’를 사용하여, 영상이 가짜라는 사실이 밝혀진 계기를 설명하고 있다.

⑤ ㉤: 격 조사 ‘와’를 사용하여, 기자가 특정 행위를 함께 한 대상을 나타내고 있다.

[44~45] (가)는 인쇄 매체의 기사이고, (나)는 이를 바탕으로 나눈 누리 소통망 대화이다. 물음에 답하시오.

(가)

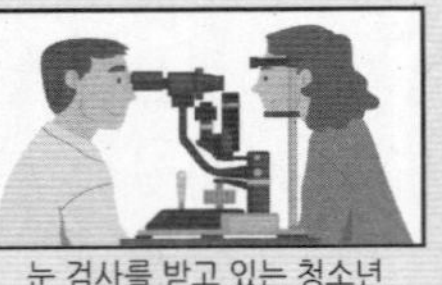

우리나라 청소년의 10명 중 8명이 근시라는 사실이 밝혀졌다. 대한안과학회가 실시한 조사에 따르면, 우리나라 12~18세 청소년의 근시 유병률은 무려 80.4%로, 60대의 근시 유병률보다 약 4.35배 높았다. 특히 청소년 근시 환자의 과반수가 중증도 및 고도 근시 환자인 것으로 나타났다.

청소년기는 팔다리와 함께 안구의 전후 길이도 길어지므로, 이때 눈 관리에 주의를 기울이지 않으면 더욱 심한 근시가 되기 쉽다. △△대학 병원의 유◇◇ 전문의는 "청소년기에 근시가 악화되면 이후 삶의 질이 크게 떨어진다"고 말하면서, "특히 청소년기의 근시는 성인이 된 후 황반변성, 녹내장, 망막박리 등의 안질환 발생 위험을 높인다"고 덧붙였다.

그렇다면 청소년기 근시를 억제하기 위해서는 어떻게 해야 할까? 먼저, 공부할 때는 밝은 환경을 조성해야 한다. 또한 스마트폰 등의 전자 기기 사용을 하루 1시간 이하로 줄이고, 하루 1시간 이상은 야외 활동을 하는 것이 좋다. 마지막으로 취침 시에는 실내를 완전히 소등하여 눈이 편히 쉴 수 있도록 해야 한다.

김□□기자(kim-nemo@○○news.com)

(나)

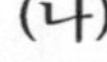

44. (가)의 정보 구성 및 제시 방식으로 적절하지 <u>않은</u> 것은? [3점]

① 기사의 내용을 문자, 사진 등 복합 양식으로 구성하여 수용자가 다양한 감각을 통해 정보를 이해하도록 하고 있다.

② 기사의 내용을 요약한 제목을 제시하여 수용자가 기사를 읽기 전에 내용을 예측할 수 있도록 하고 있다.

③ 전문성을 갖춘 이의 말을 인용하여 수용자가 문제 상황의 심각성을 깨달을 수 있도록 하고 있다.

④ 질문을 던지고 대답하는 방식을 활용하여 수용자가 궁금해할 만한 정보를 효과적으로 전달하고 있다.

⑤ 정보 생산자와 연락할 수 있는 방법을 제시하여 수용자가 생산자와 소통할 수 있도록 하고 있다.

45. (가)와 (나)에서 확인할 수 있는 매체 활용에 대한 이해로 가장 적절한 것은?

① (가)는 (나)와 달리 사용자가 강조하고 싶은 내용을 매체 상단에 고정할 수 있군.

② (가)는 (나)와 달리 하이퍼링크를 활용하여 사용자가 외부 정보에 쉽게 접속할 수 있군.

③ (가)는 (나)와 달리 일대일 소통을 기반으로 하는 매체의 성격을 지니는군.

④ (나)는 (가)와 달리 시각적 이미지를 사용하여 정보를 생생하게 전달할 수 있군.

⑤ (나)는 (가)와 달리 사용자의 통신 환경에 따라 정보 공유의 속도가 달라질 수 있군.

[35~36] 다음 글을 읽고 물음에 답하시오.

　형태소 분석이란 큰 말의 단위를 의미의 최소 단위인 형태소로 분절하여 말의 구조를 밝히는 과정이다. 그런데 형태소 분석으로 용언의 구조를 밝힐 때, 접사와 어미의 분별에 따른 문제로 인해 혼란이 발생할 수 있다.

　'그림이 벽에 걸리었다.'라는 문장을 보자. 이 문장은 '그리-/-ㅁ/이/벽/에/걸/-리-/-었-/-다'와 같이 형태소를 분석할 수 있다. 이 때 '걸리었다'에서 '-리-'와 '-었-', '-다'는 모두 문법적 의미를 지닌 형식 형태소이지만, 이들의 문법적 성격은 서로 다르다. '-리-'는 어근 '걸-'에 붙어 '걸리-'라는 단어를 파생하는 접사이고, '-었-'과 '-다'는 용언 어간 '걸리-'에 붙어 '걸리-'가 문장에서 쓰이도록 하는 어미이다. 이렇듯 접사와 어미는 문법적 의미를 나타내는 형식 형태소라는 점에서 공통적이지만, 접사는 단어 형성의 차원에서 기능하고 어미는 문장 구성의 차원에서 기능한다는 차이점을 갖는다. 다만, 통사적 합성어 구성 시에는 어근을 연결하는 데 어미가 개입될 수 있다.

[A]
　이 외에도 접사와 어미 사이에는 많은 문법적 차이가 존재한다. 첫째는, 접사는 어미와 달리 단어의 품사나 통사 구조를 바꿀 수 있다는 점이다. 예를 들어, 형용사 어간 '높-'에 어미가 붙어 '높음', '높게', '높은'과 같이 활용하여도, 형용사 '높-'의 품사와 자릿수는 바뀌지 않는다. 반면, '높-'에 명사 파생 접사 '-이'가 붙어 '높이'가 되면 품사가 명사로 바뀔 뿐만 아니라, 문장 성분을 이끄는 서술성이 사라진다. 둘째는, 결합 가능한 어근에 제한이 있는 접사와 달리, 어미는 결합 가능한 어간에 제한이 없다는 점이다. 이는 명사를 파생하는 접사 '-(으)ㅁ'이나 '-이' 등이 모든 용언 어근과 결합하지는 않는 데서 확인할 수 있다. 셋째는, 어미와 달리 접사는 그 의미가 일정하지 않다는 점이다. 접사 '-이'의 경우 '길이'에서는 '정도'의 의미를 나타내지만, '목걸이'에서는 '사물'의 의미를 나타내고, '절름발이'에서는 '사람'의 의미를 나타낸다. 이를 볼 때, 접사를 통한 단어 형성이 어미를 통한 문장 구성보다 더 많은 제약이 부여되는 문법적 과정임을 알 수 있다.

35. 윗글을 읽고 이해한 내용으로 가장 적절한 것은?

① '짓밟혔다'는 '짓-/밟-/-히-/-었-/-다'로 분석되며, 이때 '-었-'은 파생된 용언의 어간을 이룬다.

② '덤벼들었다'는 '덤비-/-어/들-/-었-/-다'로 분석되며, 이때 '-어'는 어근에 붙어 단어 형성에 관여한다.

③ '떠밀린다'는 '떠-/밀-/-리-/-ㄴ-/-다'로 분석되며, 이때 '-ㄴ-'은 용언 어간에 문법적 의미를 더한다.

④ '짤막합니다'는 '짤막-/-하-/-ㅂ니다'로 분석되며, 이때 '-하-'는 문장 구성의 차원에서 기능하는 형태소이다.

⑤ '잡아먹히겠다'는 '잡-/-아/먹히-/-겠-/-다'로 분석되며, 이때 '-다'는 파생된 용언이 문장에서 쓰이도록 한다.

36. [A]를 바탕으로 <보기>의 ㉠~㉤을 탐구한 내용으로 적절하지 <u>않은</u> 것은?

< 보 기 >

㉠ 날개를 펼친 독수리의 자태는 참으로 멋있어 <u>보였다</u>.
㉡ 재고가 <u>늚</u>에 따라 회사의 재정이 <u>악화되기</u> 시작했다.
㉢ 코흘리개에 울보였던 네가 이렇게 의젓하게 자랐구나.
㉣ 대부분 <u>삶</u>의 문제는 선입견으로 대상을 <u>보는</u> 데서 비롯된다.
㉤ <u>달리기</u> 중에 갑자기 넘어지는 바람에 많은 사람의 <u>웃음</u>을 샀다.

① ㉠의 '날개'와 ㉢의 '코흘리개'에 쓰인 '-개'의 의미가 다른 데서 접사의 의미가 일정하지 않음을 알 수 있어요.

② ㉠의 '보였다'가 ㉣의 '보는'과 달리 목적어를 요구하지 않는 데서 통사 구조를 바꾸는 접사의 기능을 알 수 있어요.

③ ㉡의 '늚'과 달리 ㉣의 '삶'이 관형어의 수식을 받지 못하는 데서 품사를 바꾸는 접사의 기능을 알 수 있어요.

④ ㉡의 '악화되기'가 ㉤의 '달리기'와 달리 주어를 이끄는 데서 어미와 결합한 어간은 서술성을 잃지 않음을 알 수 있어요.

⑤ ㉢의 '울보'에 쓰인 '-보'가 ㉤의 '웃음'에 쓰인 '음'을 대체할 수 없는 데서 접사에 결합 제한이 있음을 알 수 있어요.

37. <학습 활동>의 ㉠~㉢에 들어갈 예문으로 적절한 것은?

─ <학습 활동> ─

<보기>의 조건이 실현된 예문을 만들어 보자.

< 보 기 >

ⓐ 피동 표현을 활용할 것.
ⓑ 서술어의 자릿수가 셋일 것.
ⓒ 종결 표현으로 청자에게 행동을 요구할 것.

실현 조건	예문
ⓐ, ⓑ	㉠
ⓐ, ⓒ	㉡
ⓑ, ⓒ	㉢

① ㉠ : 태풍으로 시설이 파괴되었으니 얼른 복구해야 한다.

② ㉠ : 살림으로 거칠어진 어머니의 손이 내 이마에 얹혔다.

③ ㉡ : 버둥대는 아이를 잘 달래어서 여기에 어서 앉히세요.

④ ㉢ : 우리 선생님이 새로운 제자로 삼은 사람이 너였구나.

⑤ ㉢ : 오늘 김치를 잘 담가서 시골의 할머니께 보내 드리자.

38. 다음은 연음과 관련한 수업의 일부이다. [A]에 들어갈 말로 적절하지 <u>않은</u> 것은?

선생님 : 연음은 종성 뒤에 모음이 잇따를 때, 앞 음절 종성이 뒤 음절 초성으로 발음되는 현상입니다. 연음은 뒤 음절의 모음이 조사, 어미, 접사와 같은 형식 형태소를 이루는 환경에서는 곧바로 이루어지지만, 뒤 음절의 모음이 실질 형태소를 이룰 때는 음절 끝소리 규칙이나 자음군 단순화가 적용된 후에 이루어집니다. 이제, 연음의 조건을 고려하며 다음 ⓐ~ⓔ의 발음들이 틀린 까닭을 설명해 볼까요?

> ⓐ 몫을[모글] ⓑ 부엌에[부어게]
> ⓒ 끝을[끄츨] ⓓ 흙 알갱이[흘갈갱이]
> ⓔ 덧없다[더섭따]

학생 : [A] 잘못된 발음입니다.

선생님 : 네, 맞아요.

① ⓐ의 경우, 연음되어야 할 자음이 자음군 단순화로 탈락되었기 때문에

② ⓑ의 경우, '부엌'의 뒤 모음이 형식 형태소를 이루므로 음절 끝소리 규칙이 적용되면 안 되었다는 점에서

③ ⓒ의 경우, 종성의 자음이 있는 그대로 연음되지 않고 불필요한 구개음화가 일어났기 때문에

④ ⓓ의 경우, '흙'의 뒤 모음이 실질 형태소를 이루므로 자음군 단순화가 먼저 일어났어야 하기 때문에

⑤ ⓔ의 경우, 자음군 단순화로 탈락되었어야 할 자음이 음절 끝소리 규칙이 적용된 후 연음되었기 때문에

39. <보기>의 ⓐ~ⓔ 중 명사절이 안은문장의 주성분으로 쓰인 것만을 고른 것은? [3점]

> ─── < 보 기 > ───
> ⓐ 오시 가비야오□란 언디 말라
>   [옷의 가벼움일랑 얻지 말라]
> ⓑ 여름 미조미 自然일리라 흐시다
>   [열매를 맺음이 자연히 이루어지리라 하셨다]
> ⓒ 무리 챗 그르멜 보고 녀미 곧흐니라
>   [말이 채찍의 그림자를 보고 감과 같으니라]
> ⓓ 흔 번 許諾호문 엇데 驕慢이며 쟈랑이리오
>   [한 번 허락함은 어찌 교만이며 자랑이리오]
> ⓔ 봄과 겨슬왜 섯구메 江山애 雲霧ㅣ 어득흐니
>   [봄과 겨울이 섞임에 강산에 구름과 안개가 어둑하니]

> ─── < 자 료 > ───
> ○<보기>에 쓰인 조사 : 주격(이/ㅣ), 목적격(ㄹ) 관형격(의, ㅅ), 부사격(애/에, 이), 보조사(온, ᄋᆞ란)

① ⓐ, ⓑ, ⓓ   ② ⓐ, ⓒ, ⓓ
③ ⓐ, ⓒ, ⓔ   ④ ⓑ, ⓒ, ⓔ
⑤ ⓑ, ⓓ, ⓔ

〔40~43〕 (가)는 텔레비전 방송이고, (나)는 (가)를 본 학생의 메모이다. 물음에 답하시오.

(가)

진행자 : ⓐ 우리나라 방방곡곡의 축제 소식을 전해 드리는 '지금 우리나라는'을 시작합니다. 김○○ 리포터. 오늘 강원도의 산천어 축제를 생생하게 전해 주신다면서요?

리포터 : 네, 저는 요즘 가장 화제가 되고 있는 강원도의 산천어 축제에 다녀왔습니다. 추운 겨울에도 축제는 많은 인파로 뜨거운 분위기였는데요. 영상으로 그 현장을 보시죠.

영상 속 리포터 : 시청자 여러분, 여기가 어딘지 아시나요? 여기는 바로 강원도의 산천어 축제 현장입니다. ⓑ 인파가 어마어마하게 몰렸는데요. 산천어 축제를 제대로 즐기는 방법, 오늘 제가 알려 드리겠습니다.

진행자 : 축제에 참여한 분들의 즐거움이 영상으로도 고스란히 전해지네요.

리포터 : 그렇죠? 축제장의 1일 최대 수용 인원은 8,000명인데, 매일 최대 수용 인원을 모두 채우고 있는 것으로 보입니다. 계속 보시죠.

영상 속 리포터 : 제가 지금 서 있는 곳은 얼음낚시를 할 수 있는 체험장입니다. 여기서 잡은 고기를 구이 터나 회 센터에 가지고 가면 맛있게 먹을 수 있습니다.

진행자 : 우와, 지금 화면에 나오는 음식이 산천어 구이지요? ⓒ 화면만 봐도 군침이 돕니다.

리포터 : 구이 터나 회 센터는 모두 축제장 내에 있습니다. 잡은 산천어를 가지고 가면 손질을 다 해 주신답니다. 체험 이외에도 다양한 겨울 놀이를 즐길 수 있었는데요, 영상으로 보시죠.

영상 속 리포터 : 저는 현재 놀이터에 와 있습니다. ⓓ 아까보다 어린이 친구들이 많이 보이네요. 놀이터에서는 얼음 썰매, 눈썰매, 봅슬레이 등의 다양한 겨울 놀이를 즐길 수 있습니다. 시민 한 분과 말씀 나눠 보겠습니다. 안녕하세요. 산천어 축제에는 어떻게 오게 되었나요?

시민 : 이제 고등학교 3학년이 되는데, 공부로 인한 스트레스를 풀기 위해 가족들과 함께 오게 되었습니다.

영상 속 리포터 : 굉장히 중요한 1년을 앞두고 있군요. 이번 여행 덕에 힘낼 수 있을 것 같은가요? 어때요?

시민 : 네. ⓔ 몸에 좋은 산천어를 먹으니까 힘이 납니다.

영상 속 리포터 : 하하. 인터뷰 감사합니다. 이렇게 많은 시민분들 께서 강원도의 아름다운 겨울을 즐기고 계십니다. 겨울 여행을 계획하고 계신 분들, 산천어 축제는 어떠신가요?

진행자 : 영상 잘 봤습니다. 산천어 축제 기간은 언제까지인가요?

리포터 : 산천어 축제 기간은 1월 28일까지입니다. 산천어 축제를 즐기신 뒤 근처의 민속 박물관이나 산촌 마을도 함께 관광하신 다면 더욱 좋은 여행을 하실 수 있을 겁니다.

(나)

> 여행 지리 수업 시간에 강원도의 산천어 축제에 관해 발표해 야겠어. ㉠ 첫 번째 슬라이드에는 리포터의 말을 참고하여 산천 어 축제에서 할 수 있는 활동들을 제시하되, 정보 간 관계를 잘 드러내고 시각적 이미지도 사용해야지. ㉡ 두 번째 슬라이드에 는 강원도의 산천어 축제에 방문하고 싶어 하는 학생들을 위한 정보를 제시하고, 슬라이드를 만든 목적이 잘 드러나는 제목을 넣어야겠어.

40. (가)를 시청한 학생의 반응으로 적절하지 <u>않은</u> 것은?

① 진행자는 방송의 시작에 방송 내용을 간략히 안내함으로써 수용 자의 기대를 높였군.

② 진행자는 현장에 있는 리포터와 소통함으로써 외부 상황을 실시 간으로 전달하였군.

③ 진행자는 화면에 나오는 내용에 대한 감탄을 표함으로써 방송 분위기를 밝게 형성하였군.

④ 리포터는 화제와 관련된 수치 자료를 언급함으로써 해당 내용에 관한 구체적인 정보를 제공하였군.

⑤ 리포터는 인터뷰 대상의 특성을 반영한 질문을 던짐으로써 화제 에 대한 긍정적인 반응을 끌어내었군.

41. 다음은 (가)가 끝난 후의 시청자 게시판이다. 시청자들의 수용 태도에 대한 설명으로 적절하지 <u>않은</u> 것은?

> **시청자 게시판** ☓ ☐
>
> **시청자 1** : 지금 진행 중인 축제를 소개해 줘서 좋았어요. 이 번 주말에 바로 가 보려고 합니다.
>
> **시청자 2** : 매일 최대 수용 인원을 채우고 있다는 내용은 객 관적인 정보인가요? 체험장이 많이 붐비는지 정확히 알고 싶어요.
>
> **시청자 3** : 찾아보니 얼음낚시와 겨울 놀이 말고도 진행되는 행사가 많던데, 언급하지 않아서 아쉬웠어요.
>
> **시청자 4** : 저처럼 지역 축제 관련 정보를 어디서 얻어야 할 지 모르는 사람들에게 정말 유용한 방송이에요.
>
> **시청자 5** : 방송 자막보다 강원도의 풍경을 많이 보여 줘서 제 고민이 다 사라지는 것 같았어요. 고마워요!

① 시청자 1은 방송 주제의 시의성에 대한 평가를 바탕으로 리포터 의 제안을 수용하고 있다.

② 시청자 2는 리포터가 제공하는 정보를 바탕으로 방송 내용의 신 뢰성을 점검하고 있다.

③ 시청자 3은 방송 주제와 관련하여 새로 획득한 지식을 바탕으로 방송 내용의 충분성을 점검하고 있다.

④ 시청자 4는 방송 프로그램의 취지에 대한 평가를 바탕으로 방송 의 효용성을 판단하고 있다.

⑤ 시청자 5는 방송의 화면 구성에 대한 평가를 바탕으로 방송의 정 보 전달력을 점검하고 있다.

42. 다음은 (나)에 따라 제작한 발표 자료이다. 제작 과정에서 고려 한 내용으로 적절하지 <u>않은</u> 것은? [3점]

① 리포터의 말을 참고하기로 한 ㉠에서는 리포터가 방문한 두 체 험 공간에 관한 정보를 제시해야지.

② 정보 간 관계를 드러내기로 한 ㉠에서는 화살표를 통해 얼음낚 시를 위해 준비해야 하는 것들을 단계별로 제시해야지.

③ 시각적 이미지를 활용하기로 한 ㉠에서는 강원도 산천어 축제에 서 즐길 수 있는 활동을 그림으로 제시해야지.

④ 축제에 관심이 있는 수용자를 고려하기로 한 ㉡에서는 축제에 관한 추가 정보를 얻을 수 있는 방법을 제시해야지.

⑤ 슬라이드를 만든 목적이 드러나는 제목을 넣기로 한 ㉡에서는 축제에 참여하기를 권하는 내용의 제목을 제시해야지.

43. ⓐ~ⓔ에 대한 설명으로 가장 적절한 것은?

① ⓐ : 특수 어휘 '드리다'를 사용하여, 축제 소식을 전달하는 주체 를 높이고 있다.

② ⓑ : 선어말 어미 '-었-'을 사용하여, 축제 현장의 인파가 몰린 상황이 방송 중인 현재까지 지속되고 있음을 나타내고 있다.

③ ⓒ : 보조사 '만'을 사용하여, 축제에 직접 가지 못하는 아쉬움을 강조하고 있다.

④ ⓓ : 격 조사 '보다'를 사용하여, 현재와 비교되는 대상을 드러내 고 있다.

⑤ ⓔ : 연결 어미 '-니까'를 사용하여, 뒤 절의 내용으로 인해 앞 절의 내용이 발생했음을 설명하고 있다.

[44~45] (가)는 전자책의 일부이고, (나)는 전자책을 사용한 학생이 전자책 제조사 누리집에 올린 글이다. 물음에 답하시오.

(가)

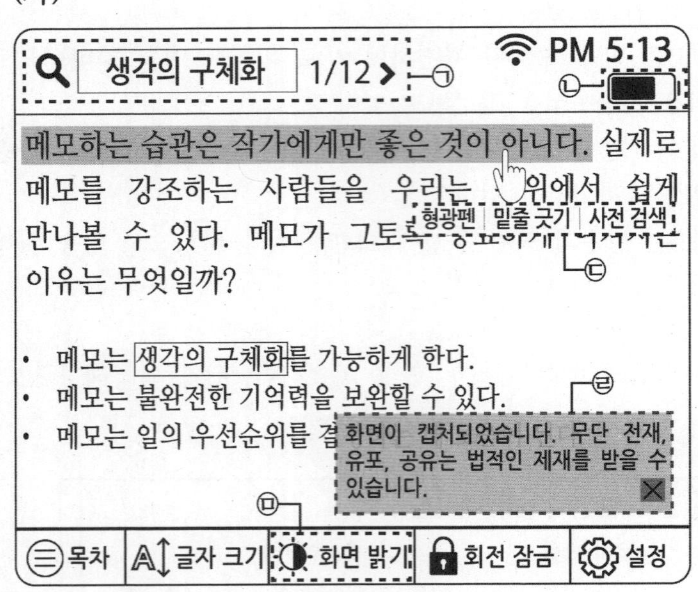

(나)

고객 게시판

전자책 이용 관련하여...

문의 제품 모델명 : AEE-EQTT
작성일 : 2024.02.15. 18:00:03

안녕하세요. 전자책 이용과 관련하여 요청 사항과 궁금한 점이 있어서 글을 남깁니다.

먼저 검색어 기능을 활용할 때, 검색어가 포함된 본문이 여러 개일 경우 모든 본문을 처음부터 순서대로 넘겨서 보아야 하는 게 불편합니다. 검색어가 포함된 부분을 목록으로 보여 주고, 특정 목록을 누르면 바로 그 페이지로 이동할 수 있도록 하는 게 어떨까요? 또 전자책을 보고 있는 기기의 배터리가 얼마나 남았는지 숫자로 표기하면 좋겠습니다. 그리고 글의 특정 부분을 캡처할 때가 많은데, 그때마다 본문을 가리는 알림 창이 떠서 불편합니다. 저작권 관련 알림은 다른 방식으로 알려 주면 좋겠어요.

궁금한 점도 있는데요! 특정 문장을 선택하면 노출되는 선택 창에 형광펜과 밑줄 긋기 기능이 굳이 두 개 다 있어야 하나요? 그리고 누워서 책을 읽을 때 자꾸 전자책 화면이 돌아가요... 이건 어떻게 고정할 수 있는지 궁금합니다.

관리자

작성일 : 2024.02.16. 10:12:41

안녕하세요, 고객님. 문의해 주신 내용에 답변드립니다.

먼저 요청 사항에 대해 답변드립니다. 검색 기능을 사용할 때, 검색어가 포함된 모든 본문을 순서대로 넘겨보는 것이 불편하다고 하셨는데요, '>'이 아니라 '1/n' 글자를 누르시면 그 검색어가 포함된 내용을 목록으로 보실 수 있습니다. 배터리 잔량의 숫자 표기와 관련한 요청은 타당하다고 판단해 다음 업데이트에 해당 기능을 제공할 예정입니다. 그리고 화면 캡처 후 뜨는 알림 창은 저작권 보호를 위해 반드시 노출해야 하는 것으로, 우측 하단의 'X'를 눌러 없앨 수 있습니다.

다음으로 궁금한 점에 대해 답변드립니다. 형광펜과 밑줄 긋기 기능은 내용을 구분하여 저장하고자 하는 고객들의 편의를 위해 함께 제공되고 있습니다. 그리고 화면이 돌아가는 것을 막으려면 하단의 '회전 잠금'을 누르시면 됩니다. 누워서 전자책을 보는 경우가 많다는 건, 밤에 책을 자주 읽으신다는 거겠죠? 밤에는 반드시 '화면 밝기'를 낮춰서 눈을 보호하시기 바랍니다. 감사합니다.

< 이전 글 : 문의드립니다.
> 다음 글 : 안녕하세요. 전자책을 사용하다가...

44. (가)와 (나)에 대한 설명으로 적절한 것은?

① (가)에서는 (나)와 달리 내용이 작성된 시각을 구체적으로 표기하고 있다.

② (가)에서는 (나)와 달리 여러 작성자의 글을 한 화면에 열람하여 비교할 수 있다.

③ (가)에서는 (나)와 달리 글자의 크기를 바꿔 화면에 제시되는 정보의 양을 바꿀 수 있다.

④ (나)에서는 (가)와 달리 검색 기능을 사용하여 사용자가 정보를 쉽게 찾을 수 있도록 편의를 제공하고 있다.

⑤ (나)에서는 (가)와 달리 사용자가 강조하고 싶은 내용을 다른 표기 방식으로 나타낼 수 있다.

45. ㉠~㉢과 관련하여 (나)를 이해한 것으로 적절하지 않은 것은?

① 학생은 정보 검색의 편의성을 고려하여 ㉠에 새로운 기능을 추가해 줄 것을 관리자에게 요구하고 있다.

② 관리자는 전자책 이용자의 편의를 고려하여 ㉡에 대한 학생의 요청 사항을 수용하고 있다.

③ 관리자는 사용자들의 정보 관리 양상이 상이하다는 사실을 바탕으로 ㉢의 기능이 필요한 이유를 알려 주고 있다.

④ 학생은 저작권 보호를 위한 알림의 효과가 미흡함을 언급하며 ㉣을 개선할 새로운 방안을 제안하고 있다.

⑤ 관리자는 학생이 전자책을 읽는 환경을 예측하여 ㉤의 기능이 학생에게 도움이 될 것임을 안내하고 있다.

제 1 교시

국어 영역(언어와 매체)

[35~36] 다음 글을 읽고 물음에 답하시오.

　국어에서는 명사와 명사가 결합하여 합성 명사를 이룰 때, 사잇소리 현상이라는 특수한 음운 현상이 일어날 수 있다. 사잇소리 현상에는 '물 + 고기 → 물고기[물꼬기]'처럼 된소리되기가 일어나는 것과 'ㄴ' 소리가 덧나는 'ㄴ' 첨가 현상이 있다. 또, 단어에 따라 '깨 + 잎 → 깻잎[깬닙]'과 같이 'ㄴㄴ'이 첨가되기도 한다.

　하지만 합성 명사에서 항상 사잇소리 현상이 일어나는 것은 아니다. 가령 '비바람[비바람]'처럼 구성 요소가 병렬적 관계를 형성하거나, '도토리묵[도토리묵]'처럼 앞말이 뒷말의 재료가 됨을 나타내는 경우, '불장난[불장난]'처럼 앞말이 뒷말의 수단을 나타내는 경우는 사잇소리 현상이 일어나지 않는다. 반면 '밀가루[밀까루]', '어젯밤[어젣빰]'처럼 앞말이 뒷말의 기원이나 시간이 됨을 나타낼 때는 사잇소리 현상으로서의 된소리되기가 일어날 수 있다. 요컨대, 일정한 의미 관계에 따라 사잇소리 현상의 적용 여부가 결정되는 것이다.

　한편, 자음으로 끝난 말 뒤에 'ㅣ'나 반모음 'j'로 시작하는 말이 결합할 때는 'ㄴ'이 첨가되는 음운 현상이 일어난다. 이때 'ㅣ'나 'j'로 시작하는 말은 반드시 실질 형태소이거나 한자 계열의 접미사여야 한다. 이와 달리, 'ㅣ'나 'j'로 시작하지만 어미나 조사와 같이 고유어로 된 문법 형태소가 올 때는 'ㄴ'이 첨가되지 않는다.

　이러한 ⓐ'ㄴ' 첨가 현상은 '코 + 날 → 콧날[콘날]'에서 나타나는 ⓑ 사잇소리 현상으로서의 'ㄴ' 첨가와 몇 가지 차이를 보인다. 먼저, 첨가되는 'ㄴ'의 위치가 사잇소리 현상은 앞말의 종성이지만, 'ㄴ' 첨가 현상은 뒷말의 초성이다. 다음으로 'ㄴ'이 첨가되는 음운론적 환경의 경우, 사잇소리 현상은 앞말이 모음으로 끝나고 뒷말이 비음으로 시작해야 하지만, 'ㄴ' 첨가 현상은 앞말이 자음으로 끝나고 뒷말이 'ㅣ', 'j'로 시작해야 한다. 또한 그 적용 영역이 합성어에 국한되는 사잇소리 현상과 달리, 'ㄴ' 첨가 현상은 합성어, 파생어, 단어 경계에까지 더 폭넓게 적용된다.

35. <보기>에서 윗글의 ⓐ, ⓑ에 해당하는 것끼리 바르게 짝지은 것은?

─── < 보 기 > ───

ⓐ 퇴 + 마루 → [퇴 : 마루]　　ⓒ 맨 + 입 → [맨닙]
ⓒ 눈 + 요기 → [눈뇨기]　　ⓔ 한 + 여름 → [한녀름]
ⓓ 배 + 머리 → [밴머리]　　ⓔ 이 + 몸 → [인몸]

	ⓐ	ⓑ
①	ⓒ, ⓔ	ⓐ, ⓒ, ⓓ, ⓔ
②	ⓐ, ⓒ, ⓔ	ⓒ, ⓓ, ⓔ
③	ⓒ, ⓓ, ⓔ	ⓐ, ⓓ, ⓔ
④	ⓐ, ⓒ, ⓔ	ⓓ, ⓔ
⑤	ⓐ, ⓒ, ⓓ, ⓔ	ⓒ, ⓔ

36. 윗글을 바탕으로 <자료>에 제시된 단어를 탐구한 내용으로 적절하지 **않은** 것은?

─── < 자 료 > ───

단어	뜻
기와집	지붕을 기와로 인 집
불고기	살코기를 저며 불에 구운 음식
물불	물과 불을 아울러 이르는 말
강줄기	강물이 뻗어 흐르는 선
겨울비	겨울철에 오는 비

① '기와집'은 '도토리묵'과 달리 구성 요소가 장소의 의미 관계를 형성하므로, 사잇소리 현상이 적용되겠군.
② '불고기'는 '물고기'와 달리 구성 요소가 수단의 의미 관계를 형성하므로, 사잇소리 현상이 적용되지 않겠군.
③ '물불'은 '비바람'과 마찬가지로 구성 요소가 병렬적 관계를 형성하므로, 사잇소리 현상이 적용되지 않겠군.
④ '강줄기'는 '밀가루'와 마찬가지로 구성 요소가 기원의 의미 관계를 형성하므로, 사잇소리 현상이 적용되겠군.
⑤ '겨울비'는 '어젯밤'과 마찬가지로 구성 요소가 시간의 의미 관계를 형성하므로, 사잇소리 현상이 적용되겠군.

37. <보기>의 밑줄 친 부분에서 알 수 있는 중세 국어의 문법적 특징에 대한 설명으로 적절하지 **않은** 것은?

─── < 보 기 > ───

(가) 王이 듣고 깃거 그 나모 **미틔** 가
　　[왕이 듣고 기뻐하여 그 나무 밑에 가서]
(나) 앗가본 거시 몸 ᄀ트니 **업스니이다**
　　[아까운 것이 몸 같은 것이 없습니다]
(다) ᄯ또 **부텨끠** 술보디 世尊하 녜 업스샤ᅀᅵ이다
　　[또 부처께 사뢰되 세존이시여 예 없으십니다]
(라) 사ᄅ미 살면 주그미 이실씨 모로매 **늙ᄂ니라**
　　[사람이 살면 죽음이 있으므로 모름지기 늙는 것이다]
(마) 千載上ㅅ말이시나 **귀예** 듣논가 너기ᅀᆞᇦ쇼셔
　　[천 년 전의 말씀이시나 귀에 듣는 듯이 여기소서]

① (가): 무정 명사에 결합하는 관형격 조사 '의'가 쓰였다.
② (나): 청자를 높이는 선어말 어미 '-이-'가 쓰였다.
③ (다): 객체를 높이는 부사격 조사 '끠'가 쓰였다.
④ (라): 현재 시제를 나타내는 선어말 어미 '-ᄂ-'가 쓰였다.
⑤ (마): 반모음 'j'로 끝나는 체언에 결합하는 부사격 조사 '예'가 쓰였다.

38. <학습 활동>을 수행한 결과로 적절한 것은? [3점]

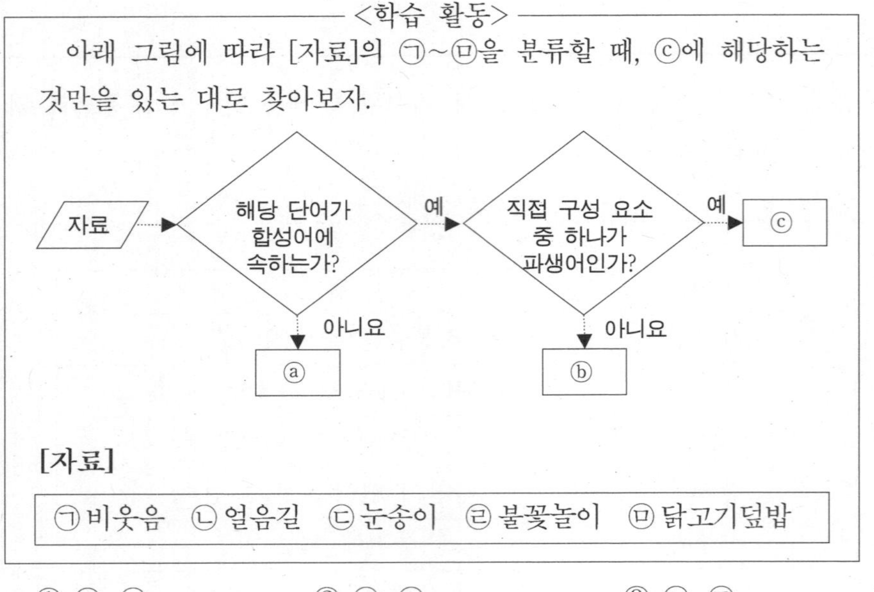

① ㉠, ㉡
② ㉠, ㉢
③ ㉡, ㉣
④ ㉠, ㉣, ㉤
⑤ ㉡, ㉣, ㉤

39. 다음은 피동문과 관련한 수업의 일부이다. <보기>의 [A]에 들어갈 말로 적절하지 않은 것은?

< 보 기 >

선생님: 우리말에서 능동문을 피동문으로 바꿀 경우, 일반적으로 능동문의 주어는 대응하는 피동문의 부사어가 되고, 능동문의 목적어는 대응하는 피동문의 주어가 됩니다.

학생: 아, 그렇군요. 그런데 선생님, 그렇다면 능동문과 피동문은 항상 일대일로 대응하는 식으로 존재하나요?

선생님: 항상 그런 것은 아닙니다. 가령 형식상 피동문으로 보여도 의도가 개입할 수 없는 자연적인 발생이나 변화를 나타내는 경우, 또 주체의 행동에 의한 상황이 아닌 경우에는 대응하는 능동문을 설정하기 어렵습니다. 한편 능동문이라도 나타내는 행위 자체가 의미상 피동적인 경우, 또 피동문으로 바꾸었을 때 주어와 부사어가 호응이 되지 않는 경우에는 대응하는 피동문을 설정하기 어렵지요. 그럼 다음 ⓐ~ⓔ을 통해 능동문과 피동문의 대응 관계를 설명해 볼까요?

> ⓐ 동생에게 화를 낸 일이 마음에 걸린다.
> ⓑ 어제는 추웠는데 오늘은 날씨가 풀렸다.
> ⓒ 그는 집 앞 공원을 청소하여 칭찬을 들었다.
> ⓓ 모기 한 마리가 밤새도록 우리 가족을 물었다.
> ⓔ 유치원에서 그 아이는 색종이를 열심히 뜯었다.

학생: [A]

① ⓐ는 주체의 행동에 의한 상황이 아닌 경우를 나타내므로, 대응하는 능동문을 설정하기 어렵습니다.
② ⓑ는 주체의 의도가 개입할 수 없는 자연적인 상황 변화를 나타내므로, 대응하는 능동문을 설정하기 어렵습니다.
③ ⓒ는 행위 자체가 의미상 피동적이므로, 대응하는 피동문을 설정하기 어렵습니다.
④ ⓓ는 피동문을 만들면 의도를 가질 수 없는 무정물이 주어가 되므로, 대응하는 피동문을 설정하기 어렵습니다.
⑤ ⓔ는 피동문을 만들면 주어와 부사어가 호응이 되지 않으므로, 대응하는 피동문을 설정하기 어렵습니다.

[40~43] (가)는 동영상 플랫폼이고, (나)는 학생들이 휴대 전화 메신저로 나눈 대화의 일부이다. 물음에 답하시오.

(가)

[화면 1] 동영상 플랫폼 화면

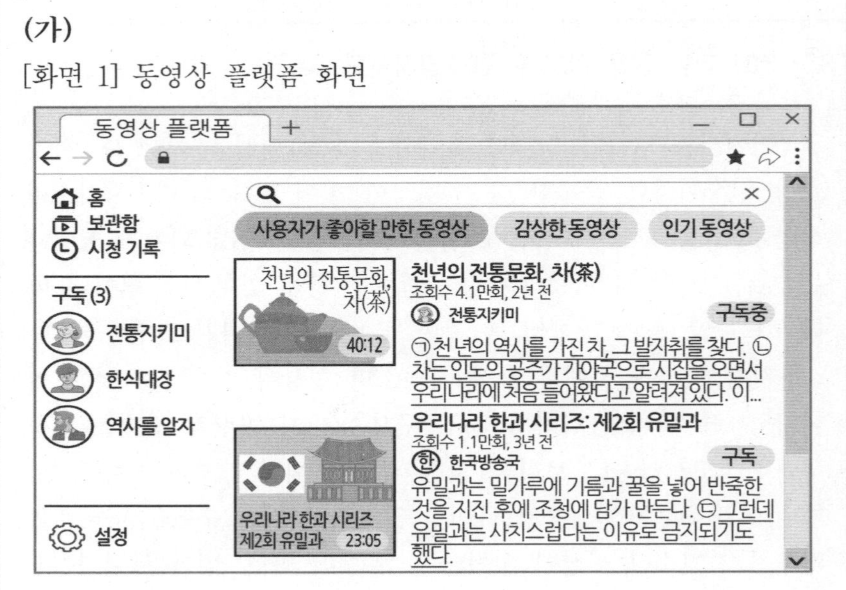

[화면 2] [화면 1]에서 '한국방송국'의 동영상을 클릭한 화면

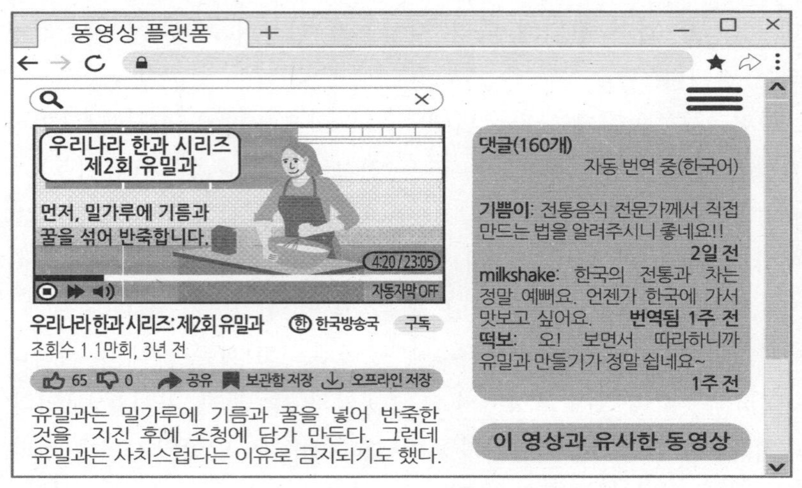

(나)

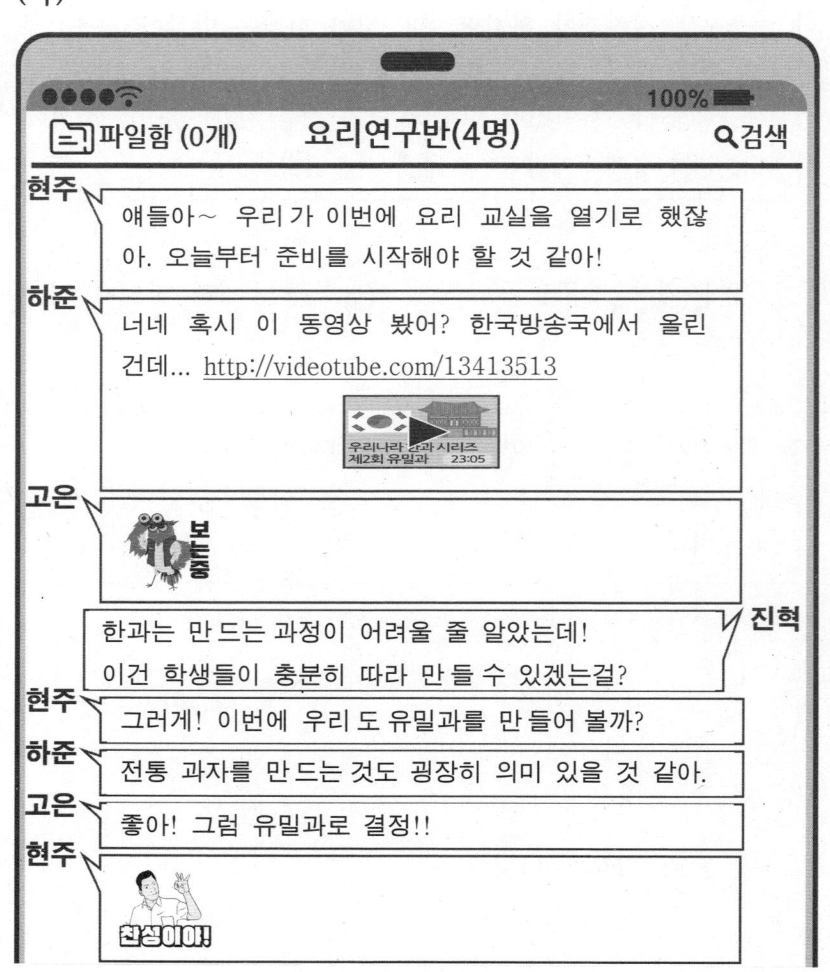

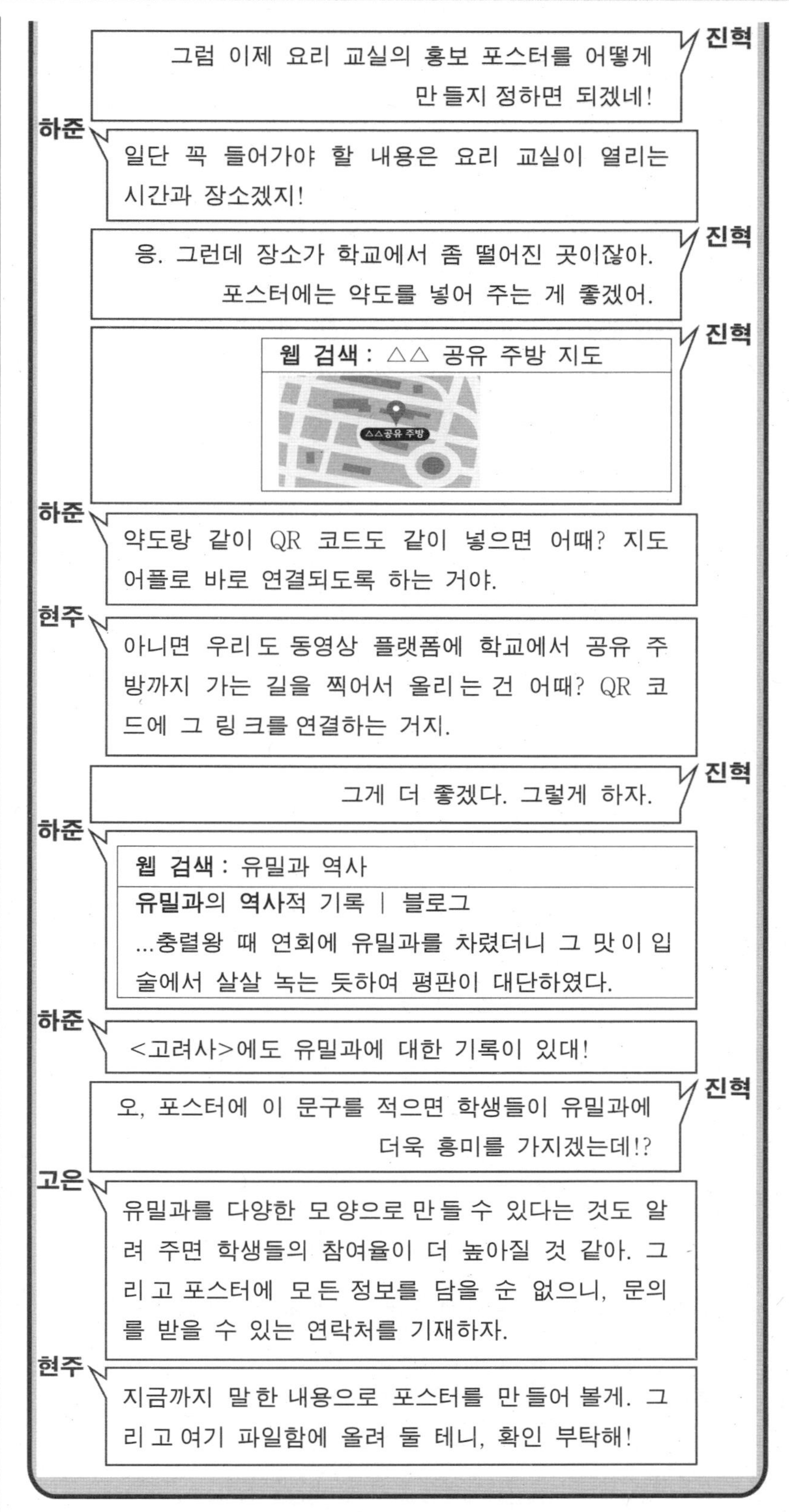

40. (가), (나)에 대한 이해로 가장 적절한 것은? [3점]

① (가)는 수용자의 취향을 반영하여 콘텐츠를 추천해 주므로 수용자는 정보를 효율적으로 얻을 수 있겠군.
② (나)는 정보 생산자가 익명성을 바탕으로 불특정 다수와 소통하므로 정보의 확장이 쉽게 이루어질 수 있겠군.
③ (가)는 (나)와 달리 다수의 정보 생산자가 존재하므로 수용자는 대상에 관한 다각적인 정보를 확인할 수 있겠군.
④ (나)는 (가)와 달리 시청각을 활용하여 정보를 전달할 수 있으므로 수용자는 정보를 더 깊이 이해할 수 있겠군.
⑤ (가)와 (나)는 모두 정보 생산자가 정보 생산 과정에서 수용자의 반응을 확인할 수 있으므로 인쇄 매체에 비해 수용자의 만족도가 높게 나타날 수 있겠군.

41. (가)의 ㉠~㉢에 대한 설명으로 적절하지 <u>않은</u> 것은?

① ㉠: '그'를 사용하여 앞 문장에서 언급한 대상을 다시 가리키고 있다.
② ㉠: '발자취'를 사용하여 차가 발전해 온 과정을 비유적으로 표현하고 있다.
③ ㉡: '-면서'를 사용하여 차가 우리나라에 들어오게 된 사건을 드러내고 있다.
④ ㉡: '으로'를 사용하여 인도의 공주가 차를 가지고 오게 된 이유를 밝히고 있다.
⑤ ㉢: '그런데'를 사용하여 유밀과와 관련하여 새로운 사실을 제시할 것임을 나타내고 있다.

42. (나)에 나타난 매체 활용 방식으로 가장 적절한 것은?

① '하준'은 동영상의 하이퍼링크를 공유하여 다른 대화 참여자가 정보를 빨리 얻을 수 있도록 하였다.
② '고은'은 문자를 결합한 이미지를 활용하여 '하준'이 전달한 정보와 관련된 '하준'의 행위를 드러내었다.
③ '진혁'은 자신의 현재 위치를 공유하여 '고은'의 제안에 자신이 동의하지 않는 이유를 설명하였다.
④ '하준'은 메신저에서 제공하는 웹 검색 기능을 사용하여 해당 대화방에서 이전에 나누었던 정보를 다시 공유하였다.
⑤ '현주'는 자료를 파일함에 올려 다른 대화 참여자가 시공간적 제약 없이 자료를 확인할 수 있도록 하였다.

43. (나)를 바탕으로 다음과 같은 포스터를 만들었다고 할 때, 포스터에 대해 이해한 내용으로 적절하지 <u>않은</u> 것은?

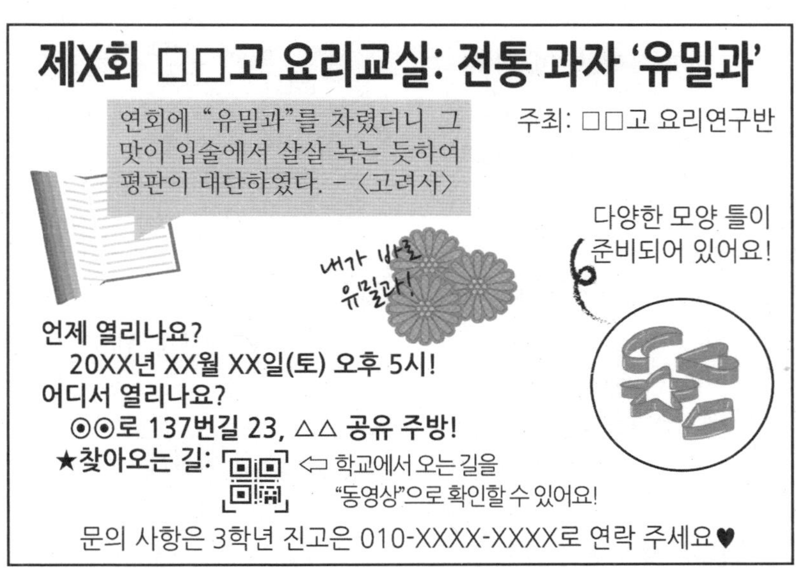

① '하준'의 의견을 바탕으로 행사가 개최되는 시간과 장소를 대화 형식을 사용하여 제시했다.
② '현주'의 의견을 바탕으로 학교에서부터 행사 장소로 오는 길을 촬영한 동영상으로 연결되는 QR 코드를 제시했다.
③ '진혁'의 의견을 바탕으로 수용자의 관심을 유도하기 위해 행사 주제와 관련한 문헌 자료를 제시했다.
④ '고은'의 의견을 바탕으로 수용자의 참여율을 높이기 위해 다양한 형태의 유밀과를 그림으로 제시했다.
⑤ '고은'의 의견을 바탕으로 지면의 한계를 보완하기 위해 수용자가 추가로 정보를 얻을 수 있는 방법을 제시했다.

[44~45] 다음은 인터넷 신문사의 웹 페이지이다. 물음에 답하시오.

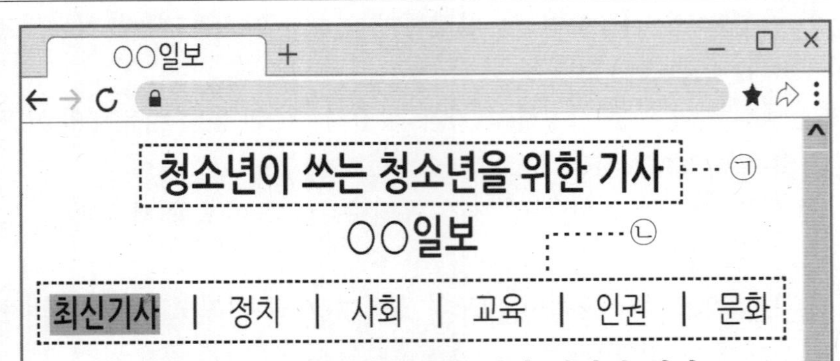

OTT 자율 등급제, 청소년의 시청 장벽 높인다

앞으로 청소년이 OTT(온라인 동영상 서비스)에 가입하려면 부모 등 법정 대리인의 동의를 받아야 할지도 모른다.

최근 문화체육관광부가 발표한 '영화 및 비디오물의 진흥에 관한 법률' 시행령의 초안에는 청소년에 대한 친권자의 시청 지도 수단이 제공되어야 한다는 내용이 포함되었다. 이때 청소년은 현행법에 의해 '만 19세 미만'을 말한다. 기존에는 14세 미만 청소년에게만 OTT 가입 시 부모의 동의가 요구되었다.

이는 OTT가 자체적으로 등급을 분류하도록 하는 자율 등급제 도입으로 청소년이 자극적인 콘텐츠에 노출될 위험이 커졌다는 판단 때문이다. OTT 업계는 기존에 영상물등급위원회를 거쳐 등급을 분류 받는 과정이 적시성이 특징인 OTT에 큰 타격을 준다고 주장해 왔다. OTT 업계는 자체등급분류제 도입은 환영하면서도 청소년 관련 시행령에는 동의하지 않는 입장이다.

한편, 문화체육관광부는 OTT 업계와 다양한 관계자들의 견해를 듣기 위해 오는 XX일 공청회를 열 예정이다.

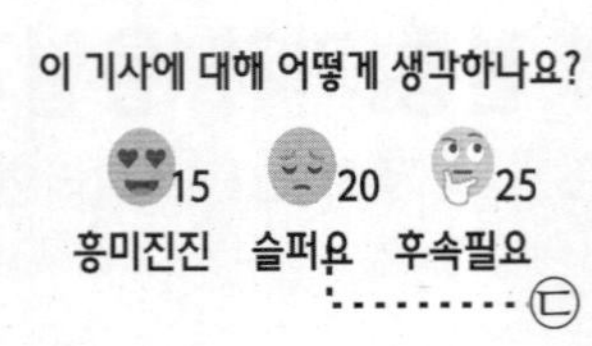

[댓글]

샤랄라 : OTT 시장에서 청소년이 가진 구매력을 무시하는 거 아닌가요? 정책이 시행되면 청소년을 위한 콘텐츠 위축으로 이어질 위험이 있다고 봐요.

  ↳ **코난도일** : 동의합니다. 또 청소년 시기는 성인 사회로 나가기 전에 판단력과 자율성을 길러야 할 때인데, 정책이 오히려 이를 방해하는 것으로 보입니다.

냉면사랑 : 최근 OTT를 중심으로 한국 콘텐츠가 세계에서 많은 사랑을 받고 있잖아요. 우리나라 청소년도 그 콘텐츠를 자유롭게 즐길 권리가 있어야 한다고 봅니다. 솔직히 유해 콘텐츠가 OTT에만 있는 것도 아니고요.

  ↳ **스핑크스** : 저희 부모님은 안 그래도 OTT가 학업에 방해가 된다고 말씀하시던데, 이런 정책까지 있으면 앞으로 OTT 가입은 절대 못 하겠네요..ㅠㅠ..

에버그린 : 다른 기사를 보니까 입법 예고 기간은 내년 1월까지네요. 아직 협의할 시간이 많이 남았으니까 미리 열 낼 필요는 없는 것 같아요.

  샤랄라 : 기사 어디서 보나요? ·········· ㉤
    ↳ **에버그린** : http://newstoday.co.kr/12

---

44. <보기>를 바탕으로 ㉠~㉤을 이해한 내용으로 적절하지 <u>않은</u> 것은?

            ─── < 보 기 > ───

인터넷 신문은 보편성을 지향하는 기존 언론과 달리 특정 집단 혹은 계층의 목소리를 대변하는 특성을 띤다. 또한 종이 신문과는 달리 생산자와 수용자 간 혹은 수용자와 수용자 간의 쌍방향적 소통이 가능하고, 수용자가 정보 생산에 쉽게 관여할 수 있으며, 기사를 주제별로 쉽게 찾아볼 수 있다는 점도 특징이다. 그러나 인터넷 신문도 종이 신문과 마찬가지로 정보의 신뢰성 등을 비판적으로 수용할 필요가 있다.

① ㉠에서 '○○일보'가 기존 언론과는 달리 특정 계층을 대변하고 있음을 알 수 있군.

② ㉡을 통해 수용자는 '○○일보'에서 발행한 기사를 주제별로 쉽게 찾아볼 수 있겠군.

③ ㉢을 통해 수용자는 생산자가 다음에 작성할 기사의 주제를 결정하는 데 영향을 끼칠 수 있겠군.

④ ㉣을 통해 수용자는 '○○일보'가 발행한 기사 중에서 신뢰도가 높은 기사를 선별할 수 있겠군.

⑤ ㉤에서 기사의 수용자가 서로 쌍방향적 소통을 수행함으로써 기사 내용에 관한 이해를 심화할 수 있음을 알 수 있군.

45. '댓글'을 바탕으로 기사 내용에 대한 학생들의 수용 양상을 이해한 내용으로 적절하지 <u>않은</u> 것은?

① '샤랄라'는 정책이 OTT의 콘텐츠 생산에 끼칠 영향을 언급하며 정책의 위험성을 경고하고 있다.

② '코난도일'은 청소년 시기의 특징을 언급하며 정책이 청소년의 성숙을 저해할 것을 우려하고 있다.

③ '냉면사랑'은 한국 콘텐츠의 위상을 언급하며 그 외의 매체에 대한 규제를 강화할 것을 제안하고 있다.

④ '스핑크스'는 OTT와 관련한 자신의 경험을 언급하며 정책 시행으로 벌어질 상황을 예측하고 있다.

⑤ '에버그린'은 다른 매체 자료에서 얻은 정보를 언급하며 정책에 관한 논의가 과열되는 것을 막으려 하고 있다.

〔35~36〕 다음 글을 읽고 물음에 답하시오.

국어의 음운론적 제약은 음소, 음절, 단어에 대한 구조 또는 배열 제약으로 나눌 수 있다. 예를 들어, 국어에서 'ㄹ'이 단어의 어두에 올 수 없거나, 단어의 어두에서 'ㄴ'이 모음 'ㅣ'나 반모음 'ㅣ'와 함께 쓰일 수 없는 것은 단어 구조 제약 때문이다.

단어 구조와 무관하게 서로 인접할 수 없는 음소에 관한 제약은 ㉠음소 배열 제약에 해당한다. 예컨대 '곧+고 → [곧꼬]'처럼 평파열음 뒤에는 파열음, 파찰음, 마찰음과 같은 평장애음이 올 수 없다. 이 제약을 어기는 형태가 제시되면, 후행하는 평장애음이 된소리로 바뀌는 음운 변동이 적용된다. 또 'ㄹ' 탈락 혹은 유음화는, 'ㄹ' 뒤에는 'ㄴ'이 올 수 없다는 제약에 따라 일어난다. 'ㅎ'과 평장애음이 인접할 수 없다는 제약에 따라 거센소리되기가 일어나기도 한다. 그리고 경구개음 뒤에서 반모음 'ㅣ'를 포함한 이중 모음이 발음될 수 없는 것도 음소 배열 제약에 따른 것이다.

한편, ㉡음절 구조 제약은 한 음절 내의 구조에 관한 제약을 가리킨다. 이에 따라 국어의 초성에서 발음될 수 있는 자음은 1개로 제한된다. 이때 받침소리 'ㅇ'은 초성에 오지 못한다. 또한 종성에 올 수 있는 자음은 7가지 종류 중 1개로 제한된다. 이러한 국어의 제약은 외국어에서 유래한 외래어의 발음에도 적용된다.

그런데 중세 국어는 현대 국어와 달리, 초성에 두 개 이상의 자음군이 올 수 있었고, 연구개 비음 'ㆁ'이 초성에 올 수도 있었다. 또 음절 종성에서 발음할 수 있는 자음의 종류도 현대 국어와 달리 'ㄱ, ㄴ, ㄷ, ㄹ, ㅁ, ㅂ, ㅇ, ㅅ'의 8개로 제한되었다. 또한, 중세 국어가 단어를 소리 나는 대로 이어 적었다는 점을 고려하면, '넓고' 등에서 확인되는 것처럼 종성에서 자음이 2개까지 발음될 수 있었을 것이다. 또한, 중세 국어는 두음 법칙이 적용되지 않아 단어의 어두에 'ㄹ'이나 'ㄴ'이 사용될 수 있었다.

35. 윗글을 읽고 이해한 내용으로 적절하지 <u>않은</u> 것은?

① '알+는'을 [아는]으로 발음하는 것은, 'ㄹ' 뒤에 'ㄴ'이 올 수 없다는 ㉠에 따라 'ㄹ'이 탈락하기 때문이겠군.

② '부엌+만'을 [부엉만]으로 발음하는 것은, 종성의 자음 종류를 제한하는 ㉡에 따라 'ㅋ'이 'ㅇ'으로 교체되기 때문이겠군.

③ '국+밥'을 [국빱]으로 발음하는 것은, 평파열음 뒤에 평장애음이 올 수 없다는 ㉠에 따라 'ㅂ'이 'ㅃ'으로 교체되기 때문이겠군.

④ '져서'를 [저서]로 발음하는 것은, 경구개음 뒤에 반모음 'ㅣ'가 올 수 없다는 ㉠에 따라 반모음 'ㅣ'가 탈락하기 때문이겠군.

⑤ 영어 'coffee shop'를 '커피숍[커피숍]'이라는 외래어로 받아들인 것은, 종성의 자음 종류를 제한하는 ㉡에 따라 'ㅍ'이 'ㅂ'으로 교체되기 때문이겠군.

36. 윗글을 바탕으로 <보기>의 중세 국어 예문 ⓐ~ⓔ를 탐구한 내용으로 적절한 것은?

─── < 보 기 > ───

ⓐ 뜯 사교미 고다 나무 ᄢᅳᆺ 호며
　[뜻 새김이 곧아 나무 까듯 하며]

ⓑ 文字와로 서르 **ᄉᆞᄆᆞᆺ디** 아니홀써
　[문자가 서로 통하지 아니하므로]

ⓒ 소남근 엇지ᄒᆞ여 겨울 **녀름** 업시 프르고
　[소나무는 어찌하여 겨울 여름 없이 푸르고]

ⓓ ᄇᆞ람 부는 못 우희 즈믄 낫 녀릆 남기 **몱도다**
　[바람 부는 못 위에 천 낱의 여름 나무가 맑도다]

ⓔ 阿難이 그 바리옛 **몰애**롤 如來 ᄃᆞ니시ᄂᆞᆫ 싸해 ᄭᆞ니라
　[아난이 그 바리에 있는 모래를 여래가 다니시는 땅에 까니라]

① ⓐ: 'ᄢᅳᆺ'을 보면, 현대 국어와 달리 어두 자음군이 설정되어 초성에서 자음이 2개까지 발음될 수 있었음을 알 수 있다.

② ⓑ: 'ᄉᆞᄆᆞᆺ디'의 원형이 'ᄉᆞᄆᆞᆾ디'임을 감안할 때, 현대 국어와 같이 종성에 오는 자음의 종류가 7개로 제한되었음을 알 수 있다.

③ ⓒ: '녀름'을 보면, 현대 국어와 같이 단어의 어두에서 'ㄴ'이 반모음 'ㅣ'와 만나더라도 함께 사용될 수 있었음을 알 수 있다.

④ ⓓ: '몱도다'를 보면, 현대 국어와 같이 종성에서 발음되는 자음의 개수가 그 표기와는 달리 1개로 제한되었음을 알 수 있다.

⑤ ⓔ: '몰애'를 이어 적지 않았음을 보면, 현대 국어와 달리 연구개 비음 'ㆁ'이 음절 초성에서 발음될 수 있었음을 알 수 있다.

37. <학습 활동>을 수행한 결과로 가장 적절한 것은? [3점]

─── <학습 활동> ───

다음은 형태소의 분류에 대한 설명이다. 이를 바탕으로 예문 ⓐ~ⓔ에서 나타나는 단어를 구성하는 형태소를 분석해 보자.

뜻을 가진 가장 작은 말의 단위인 형태소는 실질적인 의미가 있으면 ㉠실질 형태소로, 실질적인 의미가 없으면 ㉡형식 형태소로 분류된다. 또 자립성이 있으면 ㉢자립 형태소로, 자립성이 없으면 ㉣의존 형태소로 분류된다.

ⓐ 꽃을 심을 화분에 흙을 **퍼** 담았다.

ⓑ 물에 **잠겨서** 바깥이 보이지 않았다.

ⓒ 오늘은 직접 만든 **단팥죽**을 먹었다.

ⓓ 창밖을 보니 들판에 **달맞이꽃**이 피었다.

ⓔ 아이는 새침하게 **토라졌던** 마음을 풀었다.

① ⓐ의 단어 '퍼'는 한 개의 ㉠만으로 분석된다.

② ⓑ의 단어 '잠겨서'는 세 개의 ㉣로 분석된다.

③ ⓒ의 단어 '단팥죽'은 두 개의 ㉢과 한 개의 ㉣로 분석된다.

④ ⓓ의 단어 '달맞이꽃'은 세 개의 ㉢과 한 개의 ㉣로 분석된다.

⑤ ⓔ의 단어 '토라졌던'은 두 개의 ㉠과 두 개의 ㉡으로 분석된다.

38. <보기>의 ㉠~㉤에 해당하는 예로 적절하지 <u>않은</u> 것은?

< 보 기 >

주동문이 주체 스스로 행위를 하는 것을 의미한다면, 사동문은 주체가 객체에게 어떤 행위를 하게 만드는 것을 의미한다. 타동사가 쓰인 주동문이 사동문으로 바뀔 때, 보통 주동문의 주어는 사동문의 부사어가 되고, 사동문의 주어는 새로 도입된다. 이때 사동문은 ㉠주동문의 서술어에 사동 접미사가 결합하는 파생적 방식이나 ㉡어간에 '-게 하다'가 결합하는 통사적 방식으로 형성된다. 전자는 일반적으로 ㉢직접 사동과 간접 사동의 의미를 모두 지닐 수 있지만, 후자는 대개 간접 사동으로만 해석된다. 그런데 ㉣행위를 하는 객체가 무정물일 때는 파생적 사동문만이 쓰이며, 대응하는 주동문을 설정하기 어렵다. 또 ㉤사동문의 표현이 관용적으로 쓰이는 경우에도 대응하는 주동문을 설정하기 어렵다.

① ㉠: 창밖에서 먼지가 바람에 <u>날린다</u>.
② ㉡: 선생님이 우리에게 책을 <u>읽게 했다</u>.
③ ㉢: 외출 전에 누나가 동생에게 옷을 <u>입혔다</u>.
④ ㉣: 아버지는 형에게 많은 재산을 유산으로 <u>남겼다</u>.
⑤ ㉤: 나는 친구의 목소리를 처음 듣고 낯을 <u>붉혔다</u>.

39. 다음은 외래어 표기법과 관련한 수업의 일부이다. <보기>의 [A]에 들어갈 말로 적절하지 <u>않은</u> 것은?

< 보 기 >

학생: 선생님, '로봇' 같은 외래어의 원래 종성은 't'인데, 왜 한글로 적을 때는 '트'이 아닌 'ㅅ'으로 적나요?
선생님: 외국어와 국어의 음운 체계는 서로 다르므로, 외국어를 수용할 땐 국어의 표기 원칙에 맞게 변환해야 합니다. '로봇' 뒤에 모음으로 시작하는 말이 오면, 한국인은 '로봇이[로보시]'로 발음합니다. 이를 반영하여 '트'가 아닌 'ㅅ'으로 쓰는 것이지요. 이와 같은 예는 영어의 'sh[ʃ]'가 우리말에서는 'ㅣ'라는 모음 앞에 위치하기 때문에 '쉬'가 아니라 '시'로 표기되는 것을 통해서도 찾아볼 수 있지요. 그럼 다음 외래어 표기의 기본 원칙을 보면서 이와 관련한 외래어 표기 사례를 찾아볼까요?

제1항 외래어는 국어의 현용 24 자모만으로 적는다.
제2항 외래어의 1 음운은 원칙적으로 1 기호로 적는다.
제3항 받침에는 'ㄱ, ㄴ, ㄹ, ㅁ, ㅂ, ㅅ, ㅇ'만을 쓴다.
제4항 파열음 표기에는 된소리를 쓰지 않는 것을 원칙으로 한다.
제5항 이미 굳어진 외래어는 관용을 존중한다.

학생: [A] 적겠군요.

① 영어 'fighting'의 경우, 제1항을 고려하여 영어에 있는 '[f]'를 그와 비슷한 'ㅍ'으로 옮겨 '파이팅'으로
② 영어 'membership'의 경우, 제2항을 고려하여 'sh[ʃ]'를 그와 비슷한 'ㅅ'으로 옮겨 '멤버쉽'으로
③ 영어 'racket'의 경우, 제3항 및 모음 앞에서 '라켓을[라케슬]'처럼 발음된다는 점을 고려하여 '라켇'이 아닌 '라켓'으로
④ 프랑스어 'Paris'의 경우, 제4항을 고려하여 원래 소리가 '빠리'와 비슷하게 들리더라도 된소리를 쓰지 않는 '파리'로
⑤ 포르투갈어 'pão'의 경우, 외래어 표기법의 원칙을 그대로 반영하면 '팡'처럼 써야 하지만 제5항을 고려하여 '빵'으로

〔40~43〕 (가)는 텔레비전 뉴스이고, (나)는 (가)를 본 학생이 제작한 카드 뉴스이다. 물음에 답하시오.

(가)

진행자: 미디어 관련 뉴스를 전달합니다. '미디어 지금'의 김○○입니다. 최근 많은 언론사가 1분 내외의 길이로 영상을 편집해 뉴스를 전달하는 '숏폼 뉴스'를 활용하고 있는데요. ⓐ오늘은 이에 대해 박□□ 기자와 이야기를 나눠 보도록 하겠습니다. 박 기자, 안녕하세요.
기자: 안녕하세요.
진행자: 우선 숏폼이란 무엇인지 알려 주시겠습니까?
기자: 네. 숏폼이란 말씀하신 것처럼 짧은 동영상으로 제작된 콘텐츠를 말합니다. TV나 신문과 같은 전통 매체보다 모바일 기기가 더 익숙한 Z세대가 콘텐츠의 주요 소비자로 등장하면서 활발하게 소비되고 있습니다.
진행자: Z세대의 등장과 숏폼 콘텐츠는 어떤 관계가 있나요?

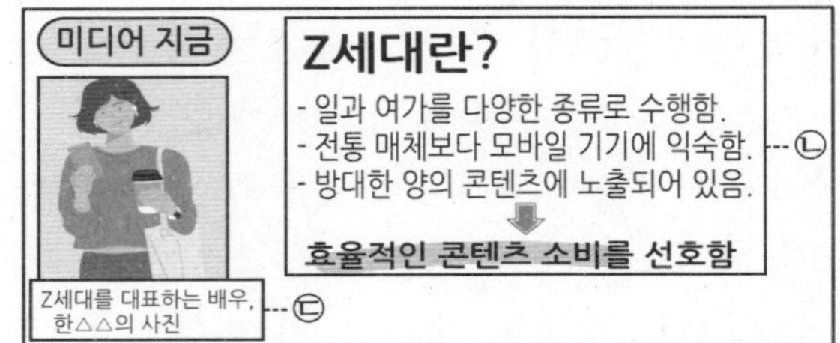

기자: Z세대는 일과 여가를 이전 세대보다 다양하게 수행하는 한편, 방대한 양의 콘텐츠를 소비할 수 있는 환경에 있습니다. ⓑ따라서 이들은 이동 시간과 같이 남는 시간을 활용해 콘텐츠를 효율적으로 소비하기를 선호하는데요, 그런 성향이 숏폼 콘텐츠의 인기 요인으로 분석됩니다.
진행자: 실제로 숏폼 뉴스, 많이 봅니까?

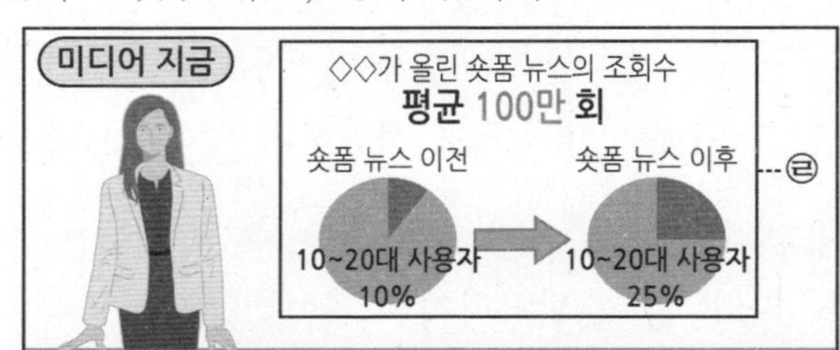

기자: ⓒ저희 ◇◇ 방송국도 지난해 7월부터 숏폼 뉴스를 제공했는데요. 이 숏폼 뉴스의 평균 조회 수는 100만 회에 달합니다. 또한 이전까지 ◇◇에서 뉴스의 주된 시청자가 30~40대였던 것과 달리 10~20대의 유입이 많아진 것으로 나타났습니다. ◇◇ 숏폼 뉴스 제작팀과의 인터뷰를 함께 보시죠.
영상 속 기자: ⓓ작년 7월부터 숏폼 뉴스를 꾸준히 올리고 있다고 들었습니다. 그런데 숏폼 형태는 내용을 충실히 전달하는 데 한계가 있다는 우려도 있는 것으로 압니다.

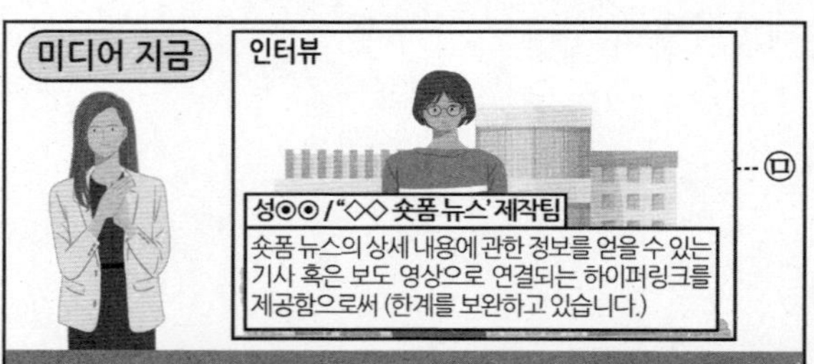

영상 속 관계자: 그래서... 저, 숏폼 뉴스의 상세 내용에 관한 정보

를 얻을 수 있는 기사나… 그, 보도 영상으로 연결되는 하이퍼링
크를 제공함으로써…

진행자: ⓔ숏폼 콘텐츠가 뉴스 전반에 대한 Z세대의 관심을 끌어
올릴 수 있을지 기대가 됩니다. 오늘 '미디어 지금'은 여기까지
입니다. 시청해 주셔서 감사합니다.

(나)

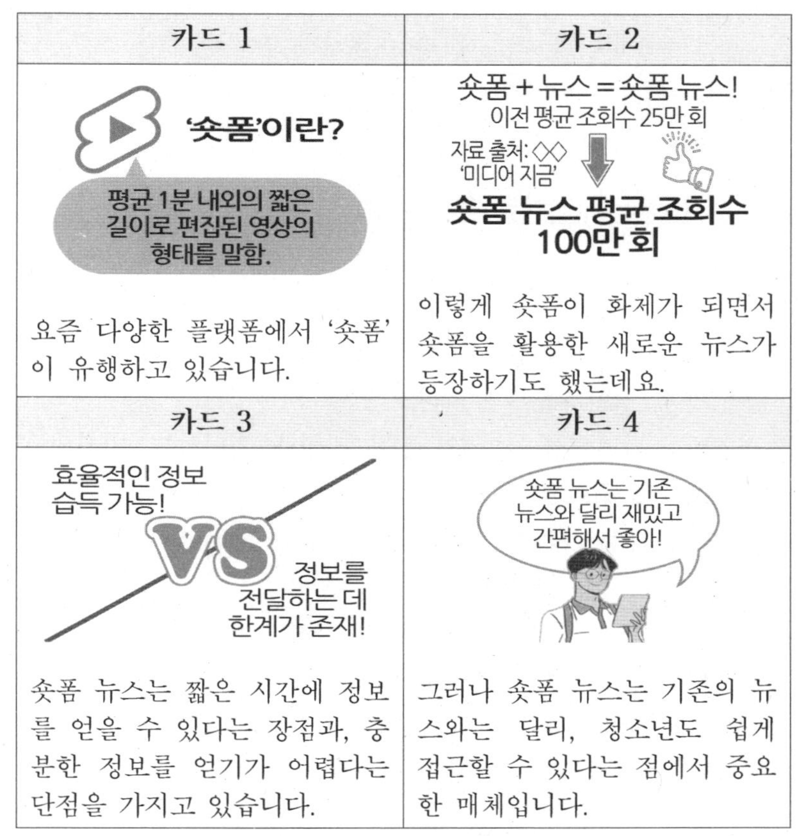

40. ㉠~㉤에 대한 이해로 적절하지 <u>않은</u> 것은?

① ㉠은 뉴스의 표제로, 중심 화제에 대한 흥미를 유도하기 위해
비유적 표현을 활용하였군.

② ㉡은 기자의 발화 내용에 대한 이해를 돕기 위해 화살표를 활용
해 원인과 결과를 연결하였군.

③ ㉢은 사진과 뉴스 내용 간의 관련성을 보여 주기 위해 사진에
관한 설명을 하단에 삽입하였군.

④ ㉣은 정보를 효율적으로 전달하기 위해 특정 연령층의 시청자가
감소한 상황을 구체적으로 드러내었군.

⑤ ㉤은 의미를 정확하게 전달하기 위해 관계자의 발화 내용을 실
제 발화보다 정리된 형태로 제시하였군.

41. ⓐ~ⓔ에 대한 설명으로 적절하지 <u>않은</u> 것은?

① ⓐ: 격 조사 '와'를 사용하여 함께 이야기를 나눌 대상을 시청자
에게 소개하고 있다.

② ⓑ: 접속 부사 '따라서'를 사용하여 Z세대의 특성과 콘텐츠 소비
성향을 연결하고 있다.

③ ⓒ: 대명사 '저희'를 사용하여 자신이 소속된 단체를 낮춰 말함
으로써 시청자를 높이고 있다.

④ ⓓ: 보조사 '부터'를 사용하여 관계자가 숏폼 뉴스를 올리기 시
작한 시점을 언급하고 있다.

⑤ ⓔ: 연결 어미 '-을지'를 사용하여 숏폼 뉴스가 Z세대에 미칠
영향에 관한 확신을 드러내고 있다.

42. (가)를 시청한 학생들의 휴대 전화 대화방의 내용이다. 학생들
의 수용 태도에 대한 설명으로 적절하지 <u>않은</u> 것은? [3점]

> **학생 1**: 뉴스 주제였던 숏폼 뉴스는 나도 즐겨 보고 있어. 물론
> 깊은 내용을 담고 있지는 않지만 중요한 이슈가 무엇인지
> 점검할 수 있다는 점에서 유용하다고 생각해.
> **학생 2**: 관심이 생겨서 더 찾아보니까 숏폼 뉴스가 일반 뉴스에
> 비해 영상을 끝까지 보는 비율이 더 높다고 해. 숏폼이 앞
> 으로 보도의 주류가 될 것이라고 생각해.
> **학생 3**: 곰곰이 생각해 보니 나도 콘텐츠를 소비할 때 효율성을
> 많이 따지는 것 같아. 그래서 뉴스에서 숏폼 뉴스의 등장
> 을 Z세대의 특징과 연결한 게 뭔가 새로웠어.
> **학생 4**: 얼마 전에 TV에서 숏폼 시청이 청소년의 문해력 저하
> 의 원인이 된다는 얘기가 나왔어. 솔직히 숏폼에서 우리가
> 맥락을 이해하는 능력을 기르기는 어렵다고 봐.
> **학생 5**: 그렇지만 뉴스에서도 말했듯 하이퍼링크로 제공되는 기
> 사나 보도 영상으로 청소년은 얼마든지 정보를 더 얻을 수
> 있어. 고쳐야 할 건 숏폼이 아니라 이용자의 태도야.

① 학생 1은 사회적 이슈를 확인할 수 있는 숏폼 뉴스의 기능을 언
급하며, 숏폼 뉴스가 유용하다고 판단하였다.

② 학생 2는 숏폼 뉴스와 일반 뉴스의 시청 지속률을 비교한 내용
을 언급하며, 숏폼 뉴스의 전망을 긍정적으로 판단하였다.

③ 학생 3은 자신의 콘텐츠 소비 성향을 점검한 내용을 언급하며, Z
세대의 특징을 언급한 보도가 참신하다고 판단하였다.

④ 학생 4는 숏폼의 부정적인 면을 지적한 매체를 언급하며, 전통
매체가 문해력 상승에 도움이 된다고 판단하였다.

⑤ 학생 5는 숏폼의 한계를 보완하는 방법을 언급하며, 숏폼의 이용
자가 주체적으로 정보를 탐색해야 한다고 판단하였다.

43. (나)의 정보 구성 및 제시 방식에 대한 이해로 적절하지 <u>않은</u>
것은?

① (가)에 제시된 숏폼의 정의와 인기 요인을 설명하기 위해 질문에
대답하는 형식을 활용하였군.

② (가)에 제시된 숏폼 뉴스 관련 수치 자료의 출처를 밝혀 카드 뉴
스의 신뢰도를 높이고 있군.

③ (가)에 제시된 숏폼 뉴스의 파급력을 강조하기 위해 ◇◇ 숏폼
뉴스의 평균 조회수를 큰 글자로 나타내었군.

④ (가)에 제시된 숏폼 뉴스의 장단점을 드러내기 위해 화면을 분할
하여 두 요소를 시각적으로 대비시켰군.

⑤ (가)에 제시된 숏폼 뉴스의 기대 효과를 구체화하기 위해 청소년
이 말하는 이미지를 활용하였군.

[44~45] 다음은 학생들의 온라인 화상 회의이다. 물음에 답하시오.

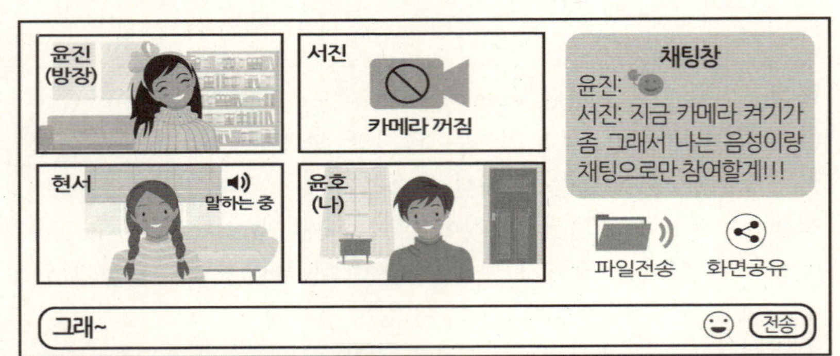

윤진 : 안녕. 이제 화상 회의 시작하자! (채팅을 읽고) 서진이는 카메라 켜기 힘든 상황인가 보구나.

현서 : 그럼 시작해 볼까?

윤호 : 지금 현서가 말하는 중이라고 화면에는 뜨는데 목소리가 안 들려. 마이크 볼륨이 너무 작은 거 아닐까?

현서 : 아! 마이크 볼륨을 올렸는데, 지금은 어때?

윤호 : 잘 들린다! 고마워!

현서 : 아, 그리고 화면을 보면서 손으로 메모를 적기는 힘들 수 있으니, 이 회의를 녹화해도 될까?

윤진 : 그렇게 하자! 나중에 보면서 놓쳤던 정보를 다시 확인할 수 있으니까 좋을 것 같아.

서진, 윤호 : 좋아!

> | 채팅 | **현서 님이 화상 회의 녹화를 시작합니다.** |

현서 : 우리 △△시에서 열리는 청소년 영화제 홍보 포스터 제작 회의를 하기로 한 거지? 다들 포스터 공모 공지는 읽어 봤어?

서진 : 응. 특히 이번 영화제는 우리나라 청소년을 넘어 아시아 각 국의 청소년이 참가하는 첫 회라서 뜻깊어.

윤호 : 그런 점을 포스터에 내보이려면 어떻게 해야 할까?

윤진 : 내가 가진 이미지 중에 괜찮은 게 있나 볼래?

> | 채팅 | **윤진 님이 화면 공유를 시작합니다.** |

서진 : 음, 2번도 좋기는 한데 다양한 나라의 학생들이 모인다는 의미를 생각하면 1번이 낫겠다.

현서 : 나도 그렇게 생각해. 1번을 중심 이미지로 쓰자.

윤호 : 그리고 청소년 영화제의 부제인 '우주'를 나타내기 위해 우주 배경을 활용하자!

윤진 : 응, 좋아. 그리고 청소년 영화제에 대한 기대를 높이기 위해선 어떻게 해야 할까?

서진 : 아무래도 지난 수상작을 보는 게 제일 효과적일 것 같아. 동영상 플랫폼에 모두 공개되어 있거든.

현서 : 헉, 나 몰랐어. 주소 보내 줄 수 있어?

> | 채팅 | 서진 : http://videozip.co.kr/abc121352 |

윤호 : 이 링크를 포스터에 적으면 되겠다!

윤진 : 음.. 그것보다는 동영상 플랫폼 '비디오집'에 들어가서 '제X X회 청소년 영화제'를 검색해 보라고 하는 게 어때?

현서 : 그러는 게 좋겠다. 종이로 된 포스터에 적은 하이퍼링크를 누른다고 활성화되지는 않으니까 말이야.

윤진 : 그리고 포스터에는 장소도 들어가야 하지?

현서 : 약도를 함께 넣으면 찾아오기 쉬울 거야. 주변에 △△백화점이 유명하니까, 약도에 같이 표기해 주자.

윤진 : 맞아! 그리고 저번에 보니까 청소년 영화제가 매일 진행되는 걸 잘 모르더라고. 영화제는 매일 진행된다는 걸 포스터에서 강조해 주면 좋을 것 같아.

44. 위 회의에 나타난 매체 활용 방식으로 가장 적절한 것은?

① '서진'은 자신이 음성 언어를 사용하기 어려운 상황임을 채팅 기능을 통해 참여자들에게 알리고 있다.

② '윤호'는 화면에서 '현서'의 발화 사실을 확인하고, 자신의 음량 크기를 조정하고 있다.

③ '현서'는 화상 회의를 녹화하려는 이유를 밝히고 녹화에 대한 참여자들의 동의를 구하고 있다.

④ '윤진'은 주제와 관련하여 자신이 가지고 있던 이미지를 참여자들에게 파일 형태로 전송하고 있다.

⑤ '서진'은 온라인 화상 회의에 참여할 수 있는 하이퍼링크를 전달하여 새로운 참여자를 초대하고 있다.

45. 화상 회의를 바탕으로 다음과 같은 포스터를 만들었다고 할 때, 포스터에 대해 이해한 내용으로 적절하지 <u>않은</u> 것은?

① '서진'의 의견을 바탕으로, 청소년 영화제에 참가하는 다양한 국가의 국기를 그려 넣었다.

② '윤호'의 의견을 바탕으로, 청소년 영화제의 부제와 연관된 이미지를 배경으로 삽입했다.

③ '윤진'의 의견을 바탕으로, 청소년 영화제의 지난 수상작을 시청할 수 있는 방법을 제시했다.

④ '현서'의 의견을 바탕으로, 약도에는 청소년 문화광장 근처의 유명한 건물을 함께 표기했다.

⑤ '윤진'의 의견을 바탕으로, 청소년 영화제가 행사 기간 매일 진행된다는 사실을 강조했다.

제 1 교시　# 국어 영역(언어와 매체)

〔35~36〕 다음을 읽고 물음에 답하시오.

　현대 국어에서 나타나는 공시적 구개음화는 받침 'ㄷ, ㅌ'이 모음 'ㅣ'나 반모음 'ㅣ'로 시작하는 형식 형태소를 만날 때 'ㅈ, ㅊ'으로 변하는 동화 현상이다. 음운의 동화가 한 음운이 다른 음운의 영향을 받아 조음 위치나 조음 방법이 닮게 되는 현상이라고 할 때, 구개음화는 조음 위치 동화로 이해할 수 있다. 'ㄷ, ㅌ'은 치조음으로서 파열음인 반면 'ㅈ, ㅊ'은 경구개음으로서 파찰음이기에 조음 위치와 조음 방법이 모두 변화하는 경우이지만, 동화를 일으키는 'ㅣ'나 반모음 'ㅣ'는 모음이므로 조음 위치로서의 성질만 분석되기 때문이다. 이러한 공시적 구개음화는 표준 발음으로는 인정되지만 표기에 반영하지는 않는다.

　그렇다면 중세 국어 시기에도 구개음화가 일어났을까? 15세기 중반에 간행된 『석보상절』에서는 '사롭ᄀ티(>사람같이)'라는 구절을 볼 수 있다. 소리대로 적었던 당시의 표기법으로 보아 어근 '같-' 뒤에 접사 '-이'가 왔으나 구개음화가 일어나지 않았던 것이다. 'ᄀ티'에 구개음화가 일어나 표기에 반영되기 시작한 것은 17세기 말에서 18세기 초였고, 이러한 변동은 18세기 말에 종료되었다. 이러한 현상을 역사적 구개음화라고 한다.

　흥미로운 것은 역사적 구개음화가 'ㄷ, ㅌ'이 'ㅣ' 모음 계열('ㅣ'나 반모음 'ㅣ'로 시작하는 이중 모음)과 만난다는 조건에 부합하기만 하면 비록 그것이 형태소 내부라 할지라도 일어났다는 점이다. 가령 '텬(天)>천(天)'의 사례를 보면, '텬'은 [ㅌ+ㅣ+ㅓ+ㄴ]으로 분석되는데 이는 'ㅌ'이 반모음 'ㅣ'와 만난다는 조건에 부합하기에 한 형태소의 내부임에도 불구하고 구개음화가 일어났던 것이다. 이를 역사적 구개음화가 일어났던 시기와 관련지어 살펴보면, 구개음화가 일어나지 않았던 15세기에는 '먹- + -디 → 먹디'였던 것이 18세기 중반에는 '먹- + -지 → 먹지'의 형태로 나타나 현대 국어에서도 '먹- + -지 → 먹지'로 쓰임을 확인할 수 있다.

　물론 '잔디', '어디' 등과 같이 현대 국어에 이르기까지도 여전히 구개음화가 일어나지 않은 것처럼 보이는 사례들도 있다. 이는 지시 대명사 '어디'가 15세기 문헌에서 '어듸'로 나타나는 것을 통해 그 이유를 확인할 수 있다. 자음 아래의 이중 모음 'ㅢ'가 'ㅣ'로 바뀌는 단모음화 현상은 역사적 구개음화가 종료된 후인 19세기 중반 이후에 나타났기 때문이다.

35. 윗글에 대한 이해로 적절하지 <u>않은</u> 것은?

① 현대 국어에서 공시적 구개음화는 표기에 반영되지 않는다.
② 현대 국어에서 구개음화가 일어나는 데에는 음운적 조건뿐만 아니라 형태소의 종류도 영향을 미친다.
③ 음운을 조음 위치와 조음 방법으로 분석한다면 모음은 조음 위치로만 분석할 수 있다.
④ 18세기 말 이후에는 한 형태소 내부에서 구개음화가 일어난다.
⑤ 동화는 동화의 대상이 되는 음운이 다른 음운의 조음 위치나 조음 방법을 닮아 교체되는 현상이다.

36. 윗글을 참고로 하여 <보기>에 대해 이해한 내용으로 가장 적절한 것은?

〈 보 기 〉

ㄱ. 밭이랑[반니랑]에 가서 보았다.
　　밭이랑[바치랑] 논이랑 모두 팔았다.
ㄴ. 굳어[구더], 굳이[구지], 굳히다[구치다]
ㄷ. 그티(15C) > 꿋치(18C) > 끝이[끄치](현대)
ㄹ. 명을 타 나미 쎈르며 더듸요미 잇느니
　　(운명을 타고 나는 것이 빠르며 더딤이 있느니)
ㅁ. 됴ᄒᆞ 식(色)은 사롭의 ᄒᆞ고져 ᄒᆞᄂᆞᆫ 배어늘
　　(좋은 색은 사람이 하고자 하는 바이거늘)

① ㄱ : 현대 국어에서는 음운적 조건에 부합하더라도 파생어를 형성할 때에는 구개음화가 일어나지 않는군.
② ㄴ : 음운의 축약이 나타나는 경우에는 구개음화가 일어나지 않는군.
③ ㄷ : 구개음화가 표기에 반영되었던 18세기와 달리 15세기와 현대에는 구개음화가 일어나도 표기에 반영되지 않는군.
④ ㄹ : 역사적 구개음화가 일어났던 시기와 단모음화가 일어난 시기가 서로 달랐기에 '더듸다'는 '더지다'가 되지 않았군.
⑤ ㅁ : '됴ᄒᆞ>좋은'과 달리 '먹디>먹지'는 'ㄷ'이 'ㅣ' 모음 계열의 영향을 받아 역사적 구개음화가 일어나 'ㅈ'이 된 사례로군.

37. <보기>의 ㄱ~ㄷ을 이해한 내용으로 가장 적절한 것은? [3점]

〈 보 기 〉

ㄱ. 작년처럼 올해에도 너의 일이 잘 되기를 바란다.
ㄴ. 내가 어제 책을 산 서점은 학교 바로 옆에 있다.
ㄷ. 정부가 마침내 외국인도 이곳에 살도록 허가했다.

① ㄱ의 '올해에도'는 안긴문장의 주어이면서 안은문장의 부사어이군.
② ㄴ의 '서점은'은 안긴문장의 생략된 부사어이면서 안은문장의 목적어이군.
③ ㄷ의 '정부가'는 안은문장과 안긴문장 모두의 주어이군.
④ ㄱ의 안긴문장에는 보어가 있지만, ㄴ의 안긴문장에는 목적어가 있군.
⑤ ㄴ과 ㄷ의 안은문장에는 모두 부사어가 있군.

38. <보기>의 ⓐ~ⓗ에 대한 설명으로 적절하지 <u>않은</u> 것은?

─────── 〈 보 기 〉 ───────

윤재 : (은지의 수정 테이프를 손에 들고) ⓐ <u>이거</u> 좀 빌려 줄래?

은지 : 나 지금 ⓑ <u>그거</u> 써야 하는데…… 수빈이 거 빌려 쓰는 게 어때? 지금 ⓒ <u>그거</u> 안 쓰고 있을걸.

윤재 : 그래? 어제 샀어야 했는데…… 은지야, ⓓ <u>우리</u> 이따 매점 갈래? 너 ⓔ <u>뭐</u> 살 것 없어?

은지 : 그럴까? 안 그래도 나 연필 사야 하는데 잘 됐다. 그런데 ⓕ <u>거기</u> 생각보다 ⓖ <u>물건</u>이 많이 없어. 차라리 학교 앞 문구점에 가자. ⓗ <u>우리</u> 엄마 친구가 운영하시는 덴데, 더 좋아.

① ⓐ와 ⓑ는 화자와의 물리적 거리가 다르다.

② ⓒ는 화자가 이미 언급한 대상을 가리키는 표현이다.

③ ⓓ는 청자를 포함하는 표현인 반면, ⓗ는 청자를 포함하지 않는다.

④ ⓔ와 ⓖ는 동일한 대상을 가리킨다.

⑤ ⓕ는 청자가 앞서 언급한 장소를 다시 이르는 표현이다.

39. <보기>를 참고로 하여 밑줄 친 시제 선어말 어미에 대해 탐구한 내용으로 적절하지 <u>않은</u> 것은?

─────── 〈 보 기 〉 ───────

시제 선어말 어미에는 과거를 나타내는 '-았/었-', '-더-', 현재를 나타내는 '-는/ㄴ-', 미래를 나타내는 '-겠-' 등이 있는데, 이들은 단순히 시제만 드러내는 것이 아니라 동작의 완료, 결과의 지속, 미래에 대한 부정적 감정, 예정된 미래, 현재와의 단절감, 현재나 미래에 대한 추측, 화자의 의지나 가능성 등의 의미 또한 함께 나타내는 경우가 있다.

	자료	설명
①	제훈 : 너 자리에 서 있니? 현준 : 아니, 의자에 <u>앉았어</u>.	과거 시제 선어말 어미 '-았-'을 사용하여 결과의 지속을 드러냈다.
②	유림 : 동주 내일 뭐해? 예빈 : 응. 시험 보러 <u>간대</u>.	현재 시제 선어말 어미 '-ㄴ-'을 사용하여 예정된 미래를 드러냈다.
③	재우 : 수학 30번 어렵냐? 승빈 : 아니, 그 정도는 나도 <u>풀겠다</u>.	미래 시제 선어말 어미 '-겠-'을 사용하여 미래에 대한 추측을 드러냈다.
④	예진 : 숙제 다 했니? 누리 : 아니. 오늘 밤은 다 <u>잤어</u>.	과거 시제 선어말 어미 '-았-'을 사용하여 미래에 대한 부정적 감정을 드러냈다.
⑤	지섭 : 애들 다 어디 갔냐? 명원 : 방금 전까지만 해도 <u>있었었</u>는데?	과거 시제 선어말 어미 '-었-'을 겹쳐 사용하여 현재와의 단절감을 드러냈다.

〔40~42〕 다음은 학생이 과제 수행을 위해 접속한 인터넷 카페의 화면이다. 물음에 답하시오.

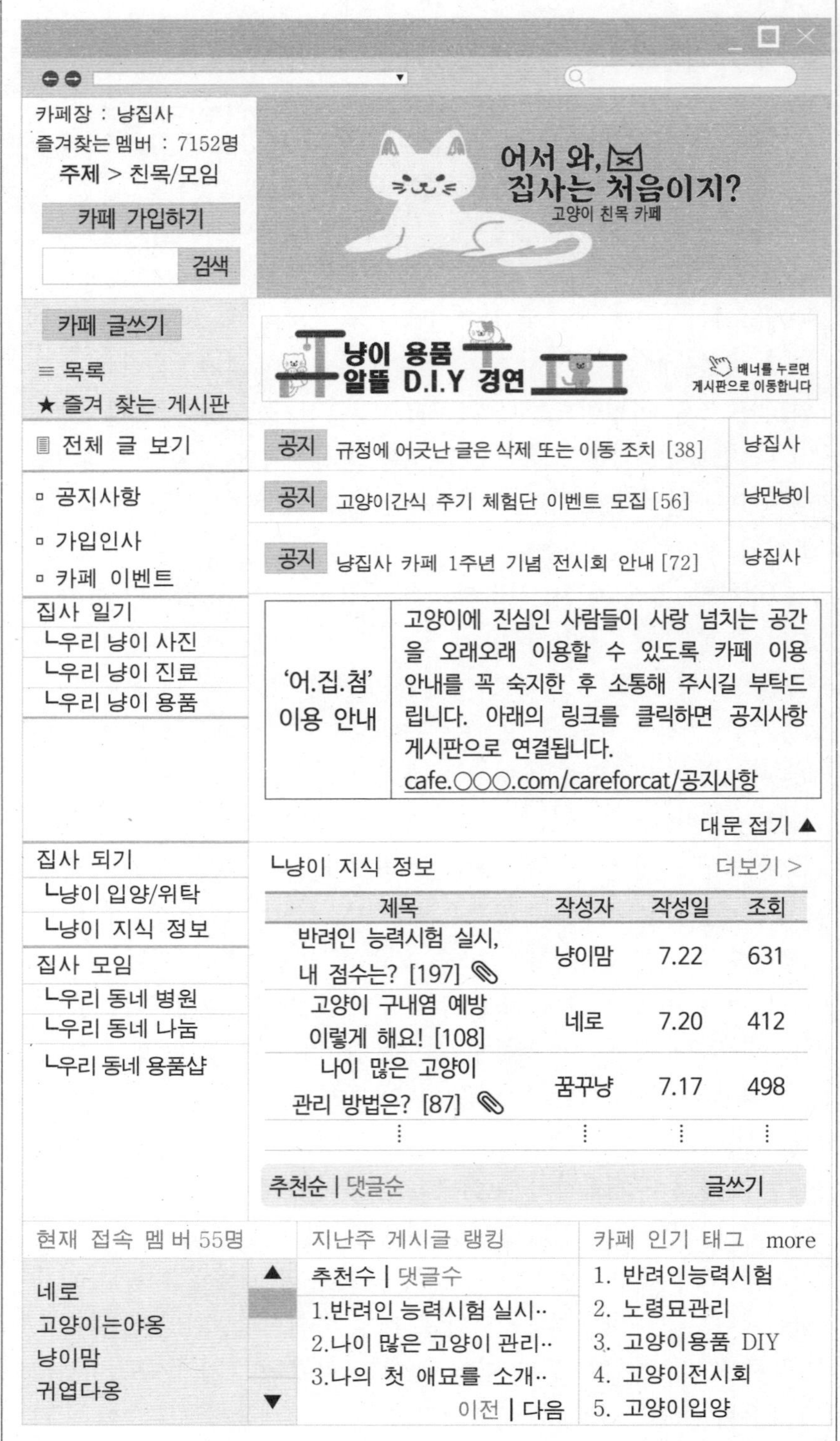

40. 위 화면을 통해 매체의 특성을 이해한 학생의 반응으로 가장 적절한 것은?

① 게시판별 이용자가 명시되어 있으니, 다른 수용자가 게시물을 열람한 횟수를 확인할 수 있겠군.

② 게시판이 하이퍼링크 기능을 통해 연결되어 있으니, 글에 제시된 정보의 정확성을 강화할 수 있겠군.

③ 게시판에 올린 각 글에 대한 이용자의 반응을 확인할 수 있으니, 정보가 신속하게 확산될 수 있겠군.

④ 게시글의 배열 기준을 조정할 수 있으니, 수용자의 편의에 따라 게시물을 재배열할 수 있겠군.

⑤ 게시판에 올린 글의 내용과 연관된 자료를 첨부할 수 있으니, 글의 내용을 수용자가 직접 수정할 수 있겠군.

41. <보기>를 참고할 때, 위 화면에 대한 반응으로 적절하지 <u>않은</u> 것은? [3점]

> ─── 〈 보 기 〉 ───
>
> 인터넷 카페는 공통의 주제나 관심사를 바탕으로 형성된다. 인터넷 카페에서 사람들은 대부분 익명으로 활동하며, 게시판의 카테고리별 성격에 맞게 글을 게재한다. 게시판에 게재된 게시물을 매개로, 이용자들은 정보를 공유함과 동시에 다른 이용자들과의 동질감이나 친밀감을 느낄 수 있다. 이때 게시판 카테고리의 성격에 어긋나거나 카페에서의 소통에 방해가 되는 활동은 카페 관리자에 의해 규제의 대상이 될 수 있다.

① 카페의 이름과 배너로 보아, 고양이를 반려동물로 삼은 사람들이 친목을 도모하기 위해 가입할 것임을 알 수 있군.

② 카페 게시판의 제목으로 보아, 각 게시판의 성격에 따른 게시물을 통해 이용자들이 정보를 공유할 것임을 알 수 있군.

③ 카페 대문의 이용 안내로 보아, 카페 형성의 목적이 소통을 통해 이용자들의 관심사를 널리 퍼뜨리는 데 있음을 알 수 있군.

④ 카페 공지사항 글의 제목으로 보아, 카페의 규정을 따르지 않은 게시물은 관리자에 의해 제재의 대상이 될 것임을 알 수 있군.

⑤ 카페에서 활동하는 사람들의 이름으로 보아, 온라인 매체의 특성상 이용자들이 익명으로 활동하여 글을 게재하고 있음을 알 수 있군.

42. 다음은 학생이 과제 수행을 위해 작성한 메모이다. 메모를 반영한 카드 뉴스 제작 계획으로 적절하지 <u>않은</u> 것은?

수행 과제 : 반려동물 문화에 관한 카드 뉴스 구성하기
바탕 자료 : '어서 와, 집사는 처음이지?' 카페 게시물 및 검색한 연관 자료
수집한 정보 정리 : 반려인 능력시험의 취지, 동물보호연대장이 인터뷰에서 밝힌 반려동물 문화 정착에 대한 동참 제안, 동물보호연대 웹페이지에서 검색한 시험 접수 및 진행 방식·성적 관련 사항 등
제작 계획 :
· 첫째 슬라이드 : 카페 이름의 특정 단어를 활용한 카드 뉴스 제목을 제시.
· 둘째 슬라이드 : 반려동물 문화에 관한 통념을 지적하고 반려인 능력시험의 취지를 함께 제시.
· 셋째 슬라이드 : 시험 접수와 응시 관련 정보를 아울러 순차적으로 제시.
· 넷째 슬라이드 : 시험 응시율을 높이기 위한 보상 계획을 항목화하여 한 화면에 제시.
· 다섯째 슬라이드 : 동물보호연대에서 밝힌 제안을 인용하여 올바른 반려동물 문화 전파에 따른 긍정적 전망 제시.

	카드 뉴스 제작 계획	
	장면 스케치	장면 구상
①	초보 집사라면 반려인 능력시험 어떠세요?	[1] 카드 뉴스의 제목에 권유의 대상이 명확히 드러나도록 표현.
②	반려동물, 먹이만 제때 준다고 잘 기르는 게 아니에요 / 반려인 능력시험 자격있는 반려인으로서 제대로 알고 돌볼 수 있어요	[2] 반려동물 문화에 관한 통념을 지적하고, 시험의 취지가 자격있는 반려인을 늘리는 것임을 부각하기 위해 글씨체를 진하게 표현.
③	반려인 능력시험, 어떻게 진행되나요? 접수관련 → 응시관련 ▪ 7/26~31 ▪ 동물보호연대 웹페이지 →시험접수 게시판 ▪ 9/12 ▪ 응시 URL 통한 비대면 진행 ▪ 11~12시 : 강아지 부문 ▪ 13~14시 : 고양이 부문	[3] 시험 접수 및 응시 관련 정보를 항목화하여, 진행 흐름에 따라 한눈에 이해하기 쉽도록 제시.
④	반려동물에 대해 공부하는 기회 ☞ 응시자 전원에게 응시 인증서 발급 ☞ 성적 우수자 100명에게 반려동물 용품 제공	[4] 시험의 긍정적 측면을 언급하면서 보상 계획을 항목화하여 제시.
⑤	동물보호연대에서는 이렇게 권합니다. "반려인 능력시험을 통해 올바른 반려동물 문화를 전파하는 뜻깊은 시간을 보내보는 건 어때요?"	[5] 의문문을 활용하여 동물보호연대에서 표명한 바를 전달하며 마무리.

〔43~45〕 (가)는 TV 뉴스이고, (나)는 잡지에 실린 인쇄 광고이다. 물음에 답하시오.

(가)

[장면1]
진행자 : 요즘 커피 전문점의 음료를 집에서 비슷하게 만들어 먹는, 이른바 홈카페가 유행인데요. ㉠ 이러한 유행 속에서 한 유명 커피 전문점의 음료 제조법이 유출되자, 해당 업체가 보인 대응이 소비자들 사이에 새로운 반향을 불러일으키고 있습니다.

[장면2]
이 기자 : 인터넷상에 음료 제조법이 공개되자 해당 커피 업체는 신메뉴를 출시했습니다. 음료 제조법에 대한 고객들의 호응이 크다는 점에 착안하여, 고객 참여형 메뉴를 개발한 겁니다. 해당 신메뉴는 주문 시 고객들이 직접 선택한 조합으로 제조되어, 같은 듯하지만 언제나 다른 맛으로 소비자들을 만나고 있습니다. ㉡ 이에 대한 고객들의 반응은 어떠할까요?

[장면3]
신△△ : 각종 토핑을 자유롭게 가감할 수 있는 게 가장 큰 매력인 것 같아요. 저 같은 경우에는 휘핑크림을 좋아해서…… 원래는 휘핑크림이 올라가지 않는 메뉴인데

이렇게 주문할 수 있어서 만족스러워요.

[장면4]
이 기자 : 해당 업체에서는 아예 고객들을 대상으로 '3M(My choice, My taste, My menu) 음료 대결 이벤트'를 진행하고 있습니다. 업체에 따르면, 커피 내리는 방법에서부터 각종 토핑까지 총 5단계에 걸친 음료 조합을 소비자들로부터 평가받아, ⓒ 그중 가장 인기 있는 조합을 실제 매장에서 정식 메뉴로 출시할 예정이라고 합니다.

[장면5]
이 기자 : ⓔ 이처럼 '고객 참여형-맞춤 상품' 개발은 식품 이외의 시장에서도 뜨거운 감자라고 하는데요. 한 가전 업체가 무려 300여 개의 색상과 소재를 소비자가 원하는 대로 고를 수 있는 냉장고를 내놓았는데, 시중가보다 비싼 가격임에도 해당 냉장고가 국내 매출의 67%를 차지하기도 했습니다.

[장면6]
이 기자 : 자기만의 취향이 소비로 표현되는 시대. ⓜ 소수의 취향도 반영하는 제품들이 더욱 많아질 수 있도록 소비자들의 똑부러지는 선택이 중요합니다.

(나)

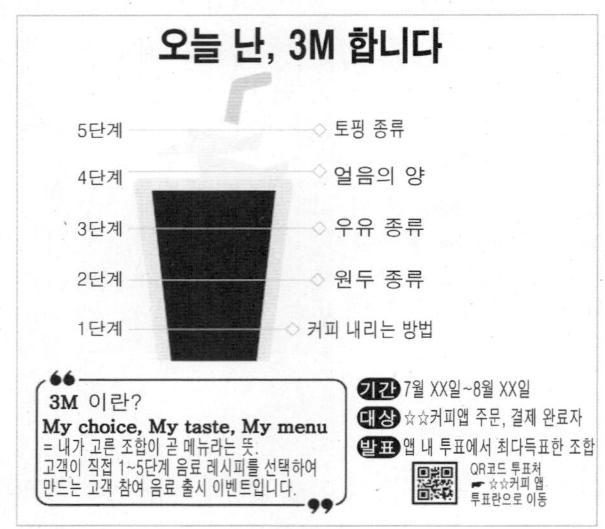

43. (가), (나)에 대한 설명으로 가장 적절한 것은?

정보의 제공 속도	• (가)는 수용자가 프로그램의 정보를 순차적으로 파악할 수 있다는 점에서, (나)에 비해 정보를 신속하게 전달하고 있음을 알 수 있다. ································ ①
정보의 성격	• (가)는 특정 상품을 제조하는 과정 전체를 구체적으로 밝히고 있다는 점에서, 정확성을 갖춘 정보로 구성되어 있음을 알 수 있다. ···················· ②
	• (나)는 이벤트의 대상자를 명시하고 있다는 점에서, 신뢰도가 높은 정보로 구성되어 있음을 알 수 있다. ································ ③
정보의 양과 질	• (가)는 소비자와의 인터뷰 영상을 함께 보여 준다는 점에서, (나)에 비해 정보를 현장감 있게 전하고 있음을 알 수 있다. ···················· ④
	• (나)는 한 면 안에 정보를 집약해서 제시하고 있다는 점에서, (가)에 비해 다양하고 많은 양의 정보를 제공함을 알 수 있다. ···················· ⑤

44. (가)의 언어적 특성을 고려할 때, ⊙~ⓜ에 대한 설명으로 적절하지 <u>않은</u> 것은?

① ⊙ : '~고 있다'를 사용하여 뉴스에서 주목한 상황이 진행 중임을 드러내고 있다.

② ⓛ : 의문형 어미를 사용하여 앞으로 이어질 뉴스 내용을 예고하고 있다.

③ ⓒ : 인용 표현을 사용하여 앞서 언급된 내용의 공정성을 높이고 있다.

④ ⓔ : 지시 표현을 사용하여 뉴스에서 다룬 정보를 응집성 있게 제시하고 있다.

⑤ ⓜ : 뉴스 내용에 따른 제품 선택을 '똑부러지는 선택'으로 표현하여 시청자들에게 기대하는 바를 전달하고 있다.

45. (가)를 본 학생이 (나)를 활용하여 다음의 학습 활동을 수행한 결과로 적절하지 <u>않은</u> 것은?

① (나)는 QR 코드를 삽입하여, 지면에 반영하기 어려운 정보를 수용자에게 부가적으로 제공하고 있다.

② '자료'는 광고 메시지를 복합 양식으로 구성하여, 수용자가 연관된 정보에 쉽게 접근할 수 있도록 하고 있다.

③ (나)는 '자료'보다 전달하고자 하는 바를 세부적으로 제시하여, 광고 메시지에 대한 수용자의 이해를 돕고 있다.

④ (나)와 '자료'는 모두 축약된 단어를 제목으로 내세움으로써 수용자의 주목을 집중시키고 있다.

⑤ 제목에서 (나)는 단정적 어조를, '자료'는 청유형 어미를 활용한 표현을 사용하여 수용자의 대안 제시를 유도하고 있다.

2026학년도 대학수학능력시험 대비 전형태 모의고사 11회

제 1 교시　**국어 영역(언어와 매체)**

[35~36] 다음을 읽고, 물음에 답하시오.

　유의 관계는 뜻이 같거나 비슷한 단어 간의 관계를 의미하며, 이 때 유의 관계를 이루는 말들은 유의어라고 한다. 유의어 간에는 의미와 용법에서 세부적인 차이가 있어 유의어의 적절한 사용은 풍요로운 언어생활에 이바지한다.

　ㄱ. 나는 학교를 향해 (달렸다 / 뛰었다).
　　　철로를 따라 기차가 (달린다 / *뛴다).
　ㄴ. 맑다↔흐리다 / 깨끗하다↔더럽다
　ㄷ. 실개천-개울-시내-내-하천-강-대하 (*은 비문임.)

　유의어를 적절히 활용하기 위해서는 유의 관계를 검증하는 한편, 유의어 간의 차이를 변별해야 하는데, 이때 교체 검증, 대립 검증, 배열 검증과 같은 ㉠ 유의 관계의 검증이 이루어진다. 교체 검증은 문맥 속에서 한 단어를 그 유의어로 바꾸어 유의 관계를 밝히는 방법이다. ㄱ의 '달리다'와 '뛰다'는 유의 관계이지만, 모든 문맥에서 교체되지는 않는데, 이를 통해 두 단어의 차이가 드러난다. 대립 검증은 유의 관계인 단어들의 대립어를 비교함으로써 유의어 간의 차이를 밝히는 방법이다. ㄴ의 '맑다'와 '깨끗하다'는 그 의미를 직접 변별하기 어렵지만, 각각의 대립어인 '흐리다'와 '더럽다'를 비교하면 그 의미 차이가 비교적 선명해진다. 배열 검증은 유의성의 정도가 모호한 단어들을 일정한 계열에 따라 배열하여 그 차이를 밝히는 방법이다. ㄷ의 단어들은 모두 유사한 대상을 가리키지만, 규모라는 기준에 따라 배열할 때 그 차이가 드러나고 있다.

　유의어 간의 차이는 크게 의미나 문장 구조에서 나타난다. 이때 의미 차이는 개념적 의미와 정서적 의미, 화용적 의미의 차이 등으로 나타난다. 개념적 의미는 가장 중심적인 단어의 의미인데, 주로 의미 성분의 대조로 구별된다. 가령, '틈'과 '겨를'은 물리적 공간과 관련하여 의미가 나뉘는데, 이때 '틈'은 [+공간성]을, '겨를'은 [-공간성]을 의미 성분으로 취한다. 정서적 의미는 주체의 평가, 태도 등이 담긴 의미로, '작다'와 '왜소하다'의 관계에서 후자에 담긴 부정적 어감 등이 이에 해당한다. 화용적 의미는 담화 맥락에서 드러나는 의미로, '아프다'와 '편찮다'를 구분하는 존대의 의미 등을 말한다. 유의어 간에 존재하는 문장 구조의 차이는 필수적 문장 성분의 종류나 성립 가능한 문장 유형의 차이 등을 말한다.

35. 윗글을 바탕으로 추론한 내용으로 가장 적절한 것은?

① '능력'은 '과시하다'와 어울려 쓸 수 없다는 점에서 '실력'과 용법에서의 차이를 보이는군.

② '빠르다'와 '재빠르다'는 [유정물]이라는 의미 성분의 대조를 통해 그 의미를 구별할 수 있겠군.

③ '나'의 유의어인 '저'에는 자신을 낮추어야 하는 담화 상황에 따른 화용적 의미가 반영되어 있겠군.

④ '입다'와 '신다'의 의미를 구별할 때는 그 대립어를 비교하는 대립 검증의 방법을 사용할 수 있겠군.

⑤ '염화나트륨'은 '소금'과 개념적 의미가 동일하지만, 더 일상적인 상황에 사용되어 풍요로운 언어생활을 돕는군.

36. <보기>의 ⓐ~ⓔ에 대해 ㉠을 수행한 결과로 적절하지 <u>않은</u> 것은? [3점]

───〈 보 기 〉───
　ⓐ 안 - 속　　　　ⓑ 아마 - 혹시
　ⓒ 많다 - 수많다　ⓓ 오래되다 - 케케묵다
　ⓔ 시원하다 - 상쾌하다

① ⓐ: '안'과 '속'의 대립어인 '밖'과 '겉'을 비교할 때, '속'보다 '안'이 '학교, 병원'과 더 어울림을 알 수 있다.

② ⓑ: '혹시 철수는 곧 도착할 거예요.'가 비문이 되는 것을 볼 때, '아마'와 '혹시'는 [확신]의 여부로 변별할 수 있다.

③ ⓒ: '사람이 너무 많다.'의 '많다'를 '수많다'로 바꿀 수 없는 데서 두 단어가 쓰이는 문장 구조가 서로 다름을 알 수 있다.

④ ⓓ: '오래된 관습'의 '오래된'을 '케케묵은'으로 교체할 때 개념적 의미는 달라지지 않지만, 정서적 의미는 달라질 수 있다.

⑤ ⓔ: '시원하다'와 '상쾌하다'는 기온이 높고 낮은 정도에 따라 '서늘하다', '쌀쌀하다'와 함께 일정한 계열을 이룰 수 있다.

37. <보기>의 ㉠에 해당하는 사례로 가장 적절한 것은?

───〈 보 기 〉───
　한 단어가 둘 이상의 품사로 실현되는 것을 ㉠ 품사 통용이라고 한다. 그런데 동사와 형용사 모두로 쓰이는 단어의 경우, 특정 문맥에서 그 품사를 판단하기가 쉽지 않다. 이때 형용사가 사물의 일정한 속성이나 상태를 나타내는 것과 달리, 동사는 사물의 작용으로 인한 상태의 변화를 전제한다는 점을 고려하여 품사를 판단해 볼 수 있다.

①　빵이 딱딱하게 <u>굳어</u> 먹을 수가 없다.
　　한번 습관이 <u>굳어</u> 버리면 고치기 어렵다.

②　그녀는 제 나이보다 훨씬 <u>젊어</u> 보였다.
　　시청 광장에는 <u>젊은</u> 사람들이 모여 있었다.

③　그는 <u>늙으신</u> 부모님을 모시고 살고 있다.
　　그 사건의 충격으로 그는 폭삭 <u>늙어</u> 버렸다.

④　그는 내일 날이 <u>밝는</u> 대로 떠나겠다고 말했다.
　　새로 산 조명으로 바꾸었더니 방안이 전보다 <u>밝다</u>.

⑤　아버지는 시골에서 <u>커서</u> 꽃 이름을 많이 안다.
　　팽나무가 다 <u>크면</u> 키가 약 20미터에 이른다고 한다.

38. <보기>의 ㉠에 해당하는 예로 가장 적절한 것은?

─── 〈 보 기 〉 ───

선생님 : 국어의 파생어는 어근에 파생 접사가 붙어 만들어집니다. 이때 접사는 어근의 의미를 제한하기도 하고, ㉠ 주동문을 사동문으로 바꾸거나, 능동문을 피동문으로 바꾸는 등의 문법적인 변화를 일으키기도 합니다. 그러면 ㉠에 해당하는 접사가 들어간 단어를 찾아볼까요?

① 삼촌은 평생 낚시꾼으로 살아왔다.
② 축제로 교통이 혼잡하여 차가 밀리다.
③ 나는 아이들에게 따뜻한 우유를 먹였다.
④ 그의 말을 듣자 화가 머리끝까지 치솟았다.
⑤ 갑자기 그 아이의 얼굴이 새파랗게 질렸다.

39. [가]에 들어갈 내용으로 적절하지 않은 것은?

학습 자료	[중세 국어] 내 어루 ㉠ 이르수보리이다 [현대 국어] 내가 능히 세우겠습니다. [중세 국어] ㉡ 나랏 말쏘미 ㉢ 듕귁에 달아 [현대 국어] 나라의 말이 중국과 달라 [중세 국어] ㉣ 내 아드리 목수믈 ㉤ 일케 ᄒᆞ야뇨 [현대 국어] 내 아들이 목숨을 잃게 하였는가.
학습 활동	㉠~㉤을 통해 중세 국어의 특징을 탐구해 보자. ([가])

① ㉠을 보니, 청자를 높이는 선어말 어미로 '-이-'가 쓰이는군.
② ㉡을 보니, 선행 체언이 무정물을 가리킬 때 관형격 조사 'ㅅ'이 쓰이는군.
③ ㉢을 보니, 부사격 조사 '에'가 비교의 의미를 나타내기도 하였군.
④ ㉣을 보니, 모음으로 끝나는 체언 뒤에서는 주격 조사 'ㅣ'로 실현되는군.
⑤ ㉤을 보니, 어간과 어미가 결합할 때 형태를 밝혀 적지 않고 소리 나는 대로 표기하는군.

[40~42] 다음은 학생이 과제 수행을 위해 인터넷에서 열람한 신문사의 웹 페이지 화면이다. 물음에 답하시오.

≡ □□ 신문 🔍

도서 정가제 개정, '책들의 죽음' 예고

도서 정가제를 둘러싼 논쟁이 거세다. 도서 정가제는 출판물의 건전한 거래 질서 확립을 위하여 책의 소매가격을 10% 이상 할인하지 못 하도록 강제하는 제도이다. 도서 정가제는 3년마다 재검토 대상이 되는데, 특히 이번 재검토 시기에는 문화체육관광부가 발표한 개정안을 중심으로 출판업계와 소비자 사이의 대립이 치열하다.

[A] 전자책의 할인율을 최대 30%로 확대하고, 웹 소설과 같은 웹 기반 콘텐츠를 도서 정가제 대상에서 제외하는 내용을 포함하는 이번 개정안은 결국 대형 서점에만 유리하게 작용할 것이란 우려가 크다. 개정안이 실시되면 대형 서점은 전자책과 웹 기반 콘텐츠를 대상으로 각종 할인 행사를 시작할 텐데, 대형 서점의 자본력을 따라갈 수 없는 독립 서점은 어려움을 겪을 수밖에 없기 때문이다. 도서 정가제 시행 전과 마찬가지로 대형 서점이 출판 시장을 독과점하는 상황이 되면, 독립 서점들이 제공하는 다양한 종류의 책들은 시장에서 자취를 감추게 된다. 이른 바 '책들의 죽음'이 초래되는 것이다.

도서 정가제 시행 이후 독립 서점의 수는 2015년에 49개, 2017년에 301개, 2019년에는 344개로 늘어났다. 이는 도서 분야에서 다양성이 존중되고 있음을 의미한다. 이○○ 정책연구가는 "서점과 소비자가 '윈윈'하는 도서 정가제를 위해 불필요한 논쟁은 줄이고 현행 도서 정가제의 원활한 시행에 주목할 필요가 있다"라고 말했다.

2022.12.19. 07:02:01 최초 작성 / 2022.12.20. 08:11:22 수정
저작권자 ⓒ □□ 신문 무단전재 및 재배포 금지

관련 기사(제목을 눌러 바로 가기)
▶ 독립 서점의 매력? 다양한 종류의 책 만날 수 있어…
▶ [책을 읽읍시다 특집 ②] 웹툰·웹소설의 열풍, 그 이유는?

댓글   최신순✔ | 오래된순
다독다독 : 우리 동네에도 독립 서점들이 몇 개 생겼어요. 대형 서점에선 볼 수 없는 책들이 많이 있어 좋습니다.   22.12.20. 09:20
조아책 : 엥? 웹툰이나 웹 소설은 종이책이랑 아예 다른 개념 아닌가요? 도서 정가제 대상에 포함되는 게 더 이상한데요?
           22.12.19. 12:00

40. 위 화면을 통해 매체의 특성을 이해한 학생의 반응으로 가장 적절한 것은?

① 기사의 최초 작성 시각과 수정 시각이 명시되어 있으니, 기사에 제시된 정보의 신뢰도를 검증할 수 있겠군.
② 기사 내용과 관련한 다른 기사를 열람할 수 있으니, 특정 분야에 연관된 다각적인 정보를 획득할 수 있겠군.
③ 기사 내용과 관련 없는 광고가 노출될 경우 신고할 수 있으니, 수용자가 광고 분야를 직접 선택할 수 있겠군.
④ 기사가 문자, 이미지 등을 활용해 복합적으로 구성되어 있으니, 수용자가 선호에 따라 기사의 양식을 고를 수 있겠군.
⑤ 기사의 댓글을 정렬하는 방법을 구분하고 있으니, 기사 내용에 관해 형성된 지배적 의견을 쉽게 확인할 수 있겠군.

41. <보기>를 참고할 때, [A]에 대한 반응으로 적절하지 <u>않은</u> 것은?

〈 보 기 〉

의견 대립이 존재하는 주제를 다룰 때, 기사 작성자는 기사에서 편향적인 시선을 내비칠 수 있다. 따라서 이러한 기사를 분석할 때는 특정 표현에 담긴 의도, 이미지와 같은 시각 자료의 활용 방식, 정보를 나열하는 방식 등을 세심히 살펴봄으로써 사실과 견해를 철저히 구분해야 한다.

① 도서 정가제 개정안에 대한 견해를 부각하기 위해 개정안 실행 이후의 상황을 설명하는 비유적 표현을 활용한 것이겠군.
② 도서 정가제로 인한 변화를 부각하기 위해 웹 기반 콘텐츠의 성장과 독립 서점의 증가에 대한 자료를 제시한 것이겠군.
③ 도서 정가제 개정안이 초래할 문제의 심각성을 부각하기 위해 위태롭게 흔들리는 책의 이미지를 제시한 것이겠군.
④ 도서 정가제로 인한 긍정적 효과를 부각하기 위해 독립 서점의 수와 함께 화살표 모양의 부호를 활용한 것이겠군.
⑤ 도서 정가제 개정안에 대한 필자의 견해를 부각하기 위해 같은 입장을 피력하는 전문가의 말을 인용한 것이겠군.

42. 다음은 학생이 과제 수행을 위해 작성한 메모이다. 메모를 반영한 영상 제작 계획으로 적절하지 <u>않은</u> 것은?

수행 과제 : 기사 하나를 선정해서 영상으로 제작하기
바탕 자료 : <도서 정가제 개정, '책들의 죽음' 예고> 인터넷 기사와 댓글
영상 내용 : 새로 발표된 도서 정가제 개정안 소개
 ○첫째 장면(#1) : 기사의 제목을 활용한 영상 제목으로 시작
 ○둘째 장면(#2) : 도서 정가제의 내용과 그로 인해 기대되는 효과를 한 화면에 제시
 ○셋째 장면(#3) : 문화체육관광부가 발표한 도서 정가제 개정안의 내용을 항목화하여 제시
 ○넷째 장면(#4) : 도서 정가제 개정안이 실시된 이후 상황을 시각·청각적으로 대비하여 표현
 ○다섯째 장면(#5) : 기사의 댓글을 참고해서 도서 정가제 개정안에 대한 다른 의견도 있음을 제시

영상 제작 계획		
	장면 스케치	**장면 구상**
①	도서 정가제 개정안은 책들의 죽음?	#1 제목의 내용을 시각화한 이미지 아래에 영상의 제목이 나타나도록 구성.
②	10% 이상 할인 X ⇨ 건전한 거래 질서 확립 O	#2 도서 정가제와 건전한 거래 질서 확립 간의 인과 관계가 나타나도록 제시.
③	새로 시행되는 개정안은… ① 전자책 할인율 최대 30%까지 확대 ② 웹 기반 콘텐츠는 도서 정가제에서 제외	#3 문화체육관광부가 발표한 도서 정가제 개정안의 내용을, 발표 전 도서 정가제의 내용과 비교하여 제시.
④	밝고 경쾌한 음악 ⇨ 어둡고 무거운 음악 CLOSED	#4 밝고 경쾌한 음악을 배경으로 운영 중인 서점의 모습을 제시한 후, 어둡고 무거운 음악으로 바뀌면서 서점 폐업을 암시하는 이미지를 제시.
⑤	웹툰, 웹 소설은 종이책과는 다른 개념!	#5 말풍선을 활용하여 도서 정가제 개정안에 대한 긍정적인 견해도 존재함을 제시.

[43~45] 다음은 '온라인 수업 확대'에 대한 보도를 다루는 텔레비전 방송 프로그램의 일부이다. 물음에 답하시오.

진행자 : 안녕하세요. '토론 투데이'의 임◇◇입니다. ㉠ 최근 온라인 수업을 실시하는 학교가 많아지고 있습니다. 사실 온라인 수업은 일 년 전부터 실시된 제도인데, 아직 교육계에서는 이를 둘러싼 의견이 분분합니다. 그래서 오늘은 교육부에 근무하시는 송△△ 정책연구가를 모시고, '온라인 수업 확대'에 관한 보도들을 살펴보도록 하겠습니다. ㉡ 먼저 □□ 신문, 함께 보시죠.

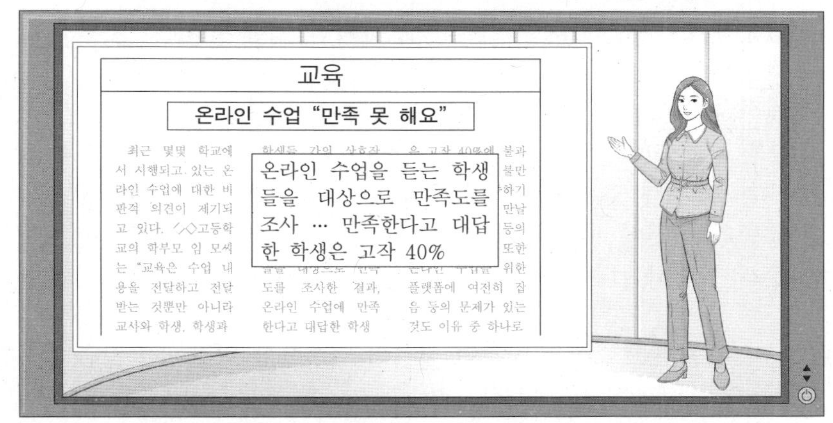

진행자 : 표제부터가 온라인 수업에 대한 부정적인 시선을 내포하고 있군요. ㉢ 온라인 수업을 듣는 학생들을 대상으로 만족도를 조사했는데, '만족한다'고 답한 학생이 절반도 안 된다고 합니다. 왜 이렇게 저조할까요?

전문가 : 저는 교육부에 근무하고 있기도 하지만, 한 아이의 학부모이기도 합니다. 저희 아이도 온라인 수업을 시행하는 학교에 다니고 있는데요. 아무래도 비대면으로 수업을 진행하다 보니, 수업을 열심히 들어야겠다는 동기가 아이에게 부여되지 않는 것 같습니다. 선생님이나 친구가 지켜보고 있지 않다는 것에 영향을 받는 거죠.

진행자 : 그렇군요. □□ 신문에서는 학생들 간의 학력 격차도 심

각한 문제로 지적하고 있는데, 실제로도 그런가요?

전문가 : 네, 맞습니다. 지난 7월에 온라인 수업을 진행하는 학교의 교사들을 대상으로 조사한 결과를 보면, 학력 격차가 '매우 커졌다'고 대답한 교사는 약 32%, '커졌다'고 대답한 교사는 약 46%로, 둘을 합치면 거의 80%에 달하는 교사들이 학생들의 학력 격차가 오히려 증가했다고 답했습니다. 이는 온라인 수업이 균등한 정보 전달이라는 순기능이 있다고 본 것과는 상반되는 결과입니다.

진행자 : 방송 시간이 충분하지 않으니 △△ 신문은 간단히 보겠습니다. 여기선 온라인 수업 확대보다는 플랫폼 개선이 시급하다고 말하네요. 제가 듣기로는 교육부가 자체적인 플랫폼 개발에 힘쓰고 있다고 하던데, 맞습니까?

전문가 : 네. 교육부에서는 온라인 수업이 앞으로 우리 교육 발전에 큰 변화를 가져올 출발점이라고 인식하고, 온라인 수업 플랫폼 개발에 많은 지원을 하고 있습니다. 즉, 학력 격차와 같은 문제를 해결할 수 있는 '한국형 온라인 수업 플랫폼'을 구축하는 데에 힘을 쏟고 있습니다.

진행자 : 완성된 플랫폼이 대단히 기대됩니다. 그럼 다음은 ○○ TV에서 방송되었던 인터뷰를 같이 보시겠습니다.

[화면 전환]

교사 : 최근 교육의 패러다임이 변함에 따라 학교 현장도 함께 변화하고 있습니다. ㉣ <u>따라서 한국 교육이 발전하기 위해서는 전통적인 대면 수업만을 고집할 것이 아니라, 다양한 교수·학습 방식을 개발하는 것이 필요합니다.</u> 한국형 온라인 수업 플랫폼을 개발하고, 온라인 수업을 전면적으로 실시한다면 기초 학력 저하를 해소할 수 있을 뿐만 아니라, 학력 격차도 줄일 수 있을 것입니다.

[화면 전환]

진행자 : 실제 고등학교 교사의 인터뷰입니다. □□ 신문이나 정책 연구가님이 말씀하신 조사 결과와 달리 온라인 수업 확대에 대해 우호적인 입장인데요. 어떻게 생각하시나요?

전문가 : 온라인 수업에서는 영상의 재생 속도를 조정하거나, 이해가 되지 않았던 부분을 다시 확인하는 등의 방법을 활용한 학습이 가능하지요. 이런 부분이 지금 실질적으로 잘 적용되지 않고 있는데요. ㉤ <u>앞으로는 이를 보완하여 학생들의 학습 능력에 따라 개별적이면서도 능동적인 학습이 이루어질 수 있도록 하는 것이 필요하다고 생각합니다.</u>

진행자 : 네, 말씀을 듣고 보니 학생과 교사 그리고 여러 교육 관계자 모두가 만족할 수 있는 교육이 이루어질 때 진정한 한국 교육의 발전이 이루어질 수 있다는 생각이 드네요. 오늘 함께해 주셔서 감사합니다.

43. 위 방송 프로그램을 시청한 학생의 반응으로 적절하지 <u>않은</u> 것은?

① 진행자는 □□ 신문과 △△ 신문에 대한 언급 분량을 조절함으로써 제한적인 방송 시간을 효율적으로 활용하고 있군.

② 최근의 정보를 다룬 기사들을 제시함으로써 사회적으로 주목할 가치가 있는 사안에 대한 다양한 정보를 전달하고 있군.

③ 진행자는 □□ 신문과 △△ 신문의 기사 내용을 선별하여 언급함으로써 특정 화제에 대한 비판적 견해를 전달하고 있군.

④ 진행자는 전문가에게 질문을 던짐으로써 □□ 신문에서 제시한 문제 상황에 대한 구체적인 설명을 요구하고 있군.

⑤ 진행자는 방송 내용을 요약함과 동시에 방송을 진행하며 느낀 소감을 언급함으로써 방송을 마무리하고 있군.

44. ㉠~㉤에 대한 설명으로 적절하지 <u>않은</u> 것은?

① ㉠ : 연결 어미와 보조 용언 '-고 있-'을 통해 언급하는 사건이 진행 중임을 드러내고 있다.

② ㉡ : 선어말 어미 '-시-'를 통해 행동의 주체를 존중하는 태도를 보이고 있다.

③ ㉢ : 연결 어미 '-는데'를 통해 뒤 절에서 제시한 사건과 앞 절에서 제시한 사건이 연관됨을 나타내고 있다.

④ ㉣ : 접속 부사 '따라서'를 통해 학교 현장의 변화가 다양한 교수·학습 방식 개발이 필요한 원인임을 밝히고 있다.

⑤ ㉤ : 부사격 조사 '고'를 통해 자신과 동일한 견해를 가진 타인의 말을 간접적으로 인용하고 있음을 드러내고 있다.

45. 다음은 위 방송 프로그램 '시청자 게시판'의 내용이다. 시청자의 수용 태도에 대한 설명으로 가장 적절한 것은? [3점]

<table>
<tr><td>시청자 게시판</td></tr>
<tr><td>

• **시청자 1** 방송에서는 교사의 의견이나 학부모인 정책연구가의 의견을 중점적으로 다루고 있을 뿐, 정작 교육의 당사자인 학생의 의견은 별로 언급하지 않네요.

• **시청자 2** 외국에서 만든 온라인 수업 플랫폼을 국내 교육 현장에서 그대로 활용하면서 실제로 여러 문제가 많았어요. 한국형 온라인 수업 플랫폼을 기다리던 저에게는 정말 유용한 정보네요.

• **시청자 3** 저는 온라인으로 수업을 듣는 게 집중도 잘 되고 학습 효율이 높아진다고 생각했는데, 정말 온라인 수업에 만족하지 않는 학생이 저렇게 많은가요?

• **시청자 4** 저는 일부 과목을 온라인 수업으로 진행하는 학교에 다니고 있습니다. 저희 학교 선생님들께서도 학력 격차를 실감하고 계시는지 궁금하네요.

• **시청자 5** 온라인 수업이 확대되어야 한다는 의견에 동의하기만 했을 뿐, 그러한 주장의 근거는 잘 몰랐어요. 저처럼 그 근거를 궁금해하던 사람들에게 방송이 도움이 되었을 것 같아요.

</td></tr>
</table>

① 시청자 1과 2는 ○○ TV 인터뷰의 내용과 관련하여, 온라인 수업 확대에 대한 의견을 공평하게 다뤘는지 점검하였다.

② 시청자 1과 4는 □□ 신문 기사의 내용과 관련하여, 온라인 수업의 문제점에 대한 정보의 양이 충분한지 평가하였다.

③ 시청자 2와 5는 ○○ TV 인터뷰의 내용과 관련하여, 한국형 온라인 수업 플랫폼이 어떤 사람에게 유용한지 점검하였다.

④ 시청자 3과 4는 □□ 신문 기사의 내용과 관련하여, 온라인 수업을 경험한 대상들의 실제 반응에 대한 궁금증을 표했다.

⑤ 시청자 3과 5는 ○○ TV 인터뷰의 내용과 관련하여, 온라인 수업 확대를 지지하는 견해의 근거가 타당한지 점검하였다.

[35~36] 다음 글을 읽고 물음에 답하시오.

우리말의 음절은 '초성-중성-종성'으로 이루어지는데, 중성에는 음절의 중심이 되는 모음이 반드시 와야 하며, 초성과 종성에는 선택적으로 자음이 위치한다. 그리고 초성이나 종성 자리에는 둘 이상의 자음이 위치할 수 없다는 음절 구조 제약이 적용되는데, 이러한 이유로 우리 말에서 둘 이상의 자음이 이어서 발음되는 경우는 앞 음절의 종성과 뒤 음절의 초성이 이어질 때로 한정된다. 두 자음이 연결되는 음절 경계에는 음절 연결 제약이 적용되는데, 이는 뒤 음절 초성이 앞 음절 종성보다 음운론적 강도가 크거나 같아야 하는 상황을 강제한다. 여기서 음운론적 강도란 조음부의 긴장도, 기류의 장애 정도 등에 따라 결정되는 소리의 상대적 세기로, '유음(ㄹ) - 비음(ㄴ, ㅁ, ㅇ) - 안울림 예사소리 - 된소리·거센소리'의 순으로 커지며 울림도와는 반비례 관계에 놓인다. 음절 연결 제약에 따라 앞 음절 종성의 음운론적 강도가 뒤 음절 초성보다 크다면 제약을 위배하는 상황을 해소하고자 음운 변동이 발생하게 된다. 이처럼 뒤 음절 초성의 강도를 높게 유지하는 음절 연결 제약은 음절 간 경계를 명확히 하려는 언중들의 무의식적 노력의 산물로 볼 수 있다.

[A]
음절 연결 제약의 위배를 해소하는 음운 변동은 다음의 유형으로 이루어진다. 첫째는 앞 음절 종성이 강도가 상대적으로 낮은 음운으로 교체되는 유형으로, 이때 일어나는 음운 교체는 조음 위치는 그대로 둔 채 음운론적 강도를 결정하는 조음 방법이 바뀌는 방향으로 이루어진다. 둘째는 뒤 음절 초성이 강도가 상대적으로 높은 음운으로 교체되는 유형이다. 셋째는 앞 음절 종성이 강도가 더 낮은 음운으로, 뒤 음절 초성이 강도가 더 높은 음운으로 교체되어 두 자음의 강도가 같아지는 유형인데, 이는 앞서 제시된 두 유형이 모두 실현된 결과로 볼 수도 있다. 한편, 음절 연결 제약의 적용에 예외가 존재하는데, 'ㄹ' 뒤에 'ㄴ'이 오는 상황은 음절 연결 제약을 위배하지 않지만, 'ㄹ' 뒤에 'ㄴ'이 올 수 없다는 음운 연결 제약이 음절 연결 제약보다 강하게 작용함에 따라 후행하는 'ㄴ'이 'ㄹ'로 교체되거나 선행하는 'ㄹ'이 탈락하는 음운 변동이 발생하게 된다.

35. 윗글을 바탕으로 추론한 내용으로 적절하지 <u>않은</u> 것은?

① '곰'에서 음운 'ㄱ', 'ㅁ'과 달리 'ㅗ'는 음절을 이루는 중심으로 기능한다.

② 'ㅂ'은 'ㄴ'보다 음운론적 강도는 높지만, 'ㅉ'보다 울림도는 낮은 음운이다.

③ '값'에서 'ㅂ'과 'ㅅ'은 서로 이어서 발음될 수 있는 조건을 만족하지 못한다.

④ '몫도'는 음절 구조 제약을 위배하는 데 반해, 음절 연결 제약은 위배하지 않는다.

⑤ 언중은 '강물'의 음절 간 경계보다는 '빈손'의 음절 간 경계를 더 명확하게 느낄 것이다.

36. [A]를 바탕으로 할 때, <보기>의 ⓐ~ⓔ에 대한 설명으로 적절한 것은?

〈 보 기 〉
ⓐ 섭리[섬니]　　　ⓑ 권력[궐력]　　　ⓒ 달님[달림]
ⓓ 생산량[생산냥]　　　ⓔ 톱날[톰날]

① ⓐ의 음운 변동은 ⓑ와 ⓔ 유형의 음운 변동이 순서대로 일어난 결과이다.

② ⓑ에서는 앞 음절 종성의 강도와 뒤 음절 초성의 강도가 모두 변화하는 음운 교체가 일어난다.

③ ⓒ는 음절 연결 제약이 아닌, 음운 연결 제약이 적용된 예이다.

④ ⓓ는 'ㄹ' 앞에 'ㄴ'이 위치한다는 점에서 음절 연결 제약을 위배하지 않는다.

⑤ ⓔ에서는 음운 변동으로 인해 뒤 음절 초성의 강도가 앞 음절 종성의 강도보다 높아진다.

37. <보기 1>을 참고하여 <보기 2>에서 밑줄 친 부분을 중심으로 ㉠~㉤을 이해한 내용으로 적절하지 <u>않은</u> 것은? [3점]

〈 보 기 1 〉
피동 표현은 능동문의 서술어에 피동 요소를 결합하여 형성된다. 피동문은 타동사 어근에 피동 접사가 결합한 파생적 피동이나 '-아/어지다'가 결합한 통사적 피동으로 나뉜다. 이때 '-아/어지다'가 형용사나 자동사에 결합하면 상태 변화의 의미를 갖기도 한다. 한편, 피동문은 목적어가 없는 문장이지만, 특수하게 목적어를 요구하는 문장도 있다. 중세 국어에서도 파생적 피동과 통사적 피동이 쓰였는데, 피동 요소가 결합하지 않고 타동사가 바로 피동의 의미를 나타내기도 한다.

〈 보 기 2 〉
㉠ 뫼해 살이 <u>박거늘</u> [산에 화살이 박히거늘]
㉡ 七寶ㅣ 이러 짜 우희 차 <u>두피고</u>
　　[칠보가 되어 땅 위에 가득 차 덮이고]
㉢ 내 아드리 … 사오나ᄫ써 나라ᄒᆞᆯ <u>앗이리니</u>
　　[내 아들이 … 사나워서 나라를 빼앗길 것이니]
㉣ 오늘 밤에는 이 책이 잘 안 <u>읽힌다</u>.
㉤ 이 멋진 그림이 언제 <u>그려졌는지</u> 알고 싶다.

① ㉠ : 피동 요소가 결합하지 않고 타동사가 바로 피동사로 쓰이고 있다.

② ㉡ : 파생적 피동 표현으로, 타동사 어근에 피동 접사 '-이-'가 결합하고 있다.

③ ㉢ : 피동 접사가 결합한 피동사가 목적어 '나라ᄒᆞᆯ'을 필수로 요구하고 있다.

④ ㉣ : 어근에 피동 접사가 결합하여 목적어가 없는 자동사를 형성하고 있다.

⑤ ㉤ : 통사적 피동 표현으로, 형용사 어근에 '-어지다'가 결합하여 상태 변화를 나타내고 있다.

38. <보기>의 ㉠~㉤에 해당하는 예로 적절하지 <u>않은</u> 것은?

───── 〈 보 기 〉 ─────

과거를 나타내는 시제 표현에는 크게 ㉠ <u>선어말 어미를 활용하는 방법</u>과 ㉡ <u>관형사형 전성 어미를 활용하는 방법</u>이 있다. 그런데 과거 시제 선어말 어미 중 일부는 특정 문맥에서 과거 시제가 아닌 다른 의미를 나타내기도 한다. 가령, '-았/었-'은 ㉢ <u>과거의 일이 현재까지도 지속됨을 나타내거나</u>, ㉣ <u>어떤 사건이 미래에 실현되리라는 인식을 나타내기도 한다.</u> 그리고 '-었었/았었-'은 ㉤ <u>상황이 바뀌어 과거의 사태가 현재까지 이어지지 않음을 나타내기도 한다.</u>

① ㉠: 너희 형 아침 일찍 학교에 가더라.
② ㉡: 높은 목표를 세워야 성장할 수 있다.
③ ㉢: 심한 감기에 걸려서인지 목이 잠겼다.
④ ㉣: 비가 계속 내리니 오늘 소풍은 다 갔다.
⑤ ㉤: 작년까지는 여기 울타리에 장미꽃이 피었었다.

39. <보기>의 ㉠~㉤에 대한 이해로 적절하지 <u>않은</u> 것은?

───── 〈 보 기 〉 ─────

하나의 문장이 다른 문장 속에서 안긴문장으로 쓰일 때, 안긴문장이 어떤 문장 성분으로 기능하느냐에 따라 그 종류를 나눌 수 있다. 아래의 문장에서 안긴문장을 찾고, 어떤 문장 성분으로 쓰이는지 알아보자.

㉠ 어제 산 꽃이 벌써 시들어 버렸다.
㉡ 그 일을 다 끝내라고 하는데 어떡하지?
㉢ 그녀가 그 사건의 진짜 범인임이 밝혀졌다.
㉣ 나는 발에 땀이 나도록 운동장을 내내 뛰었다.
㉤ 내 말을 듣기 싫거든 지금 당장 집 밖으로 나가라.

① ㉠의 안긴문장은 관형절로 쓰였다.
② ㉡의 안긴문장은 인용절로 쓰였다.
③ ㉢의 안긴문장은 조사와 결합하여 주성분으로 쓰였다.
④ ㉣의 안긴문장은 조사와 결합하지 않고 부속 성분으로 쓰였다.
⑤ ㉤의 안긴문장은 조사와 결합하지 않고 부속 성분으로 쓰였다.

〔40~43〕 (가)는 텔레비전 뉴스이고, (나)는 이를 바탕으로 교내에 게시하기 위해 만든 포스터이다. 물음에 답하시오.

(가)

진행자 : 생활 속 유용한 정보를 알려드리는 시간이죠. 생활 속 정보 콕콕, 송 기자. ㉠ <u>오늘은 우리나라 유아와 청소년의 당류 과잉 섭취 문제에 대해 알려 주신다면서요?</u>

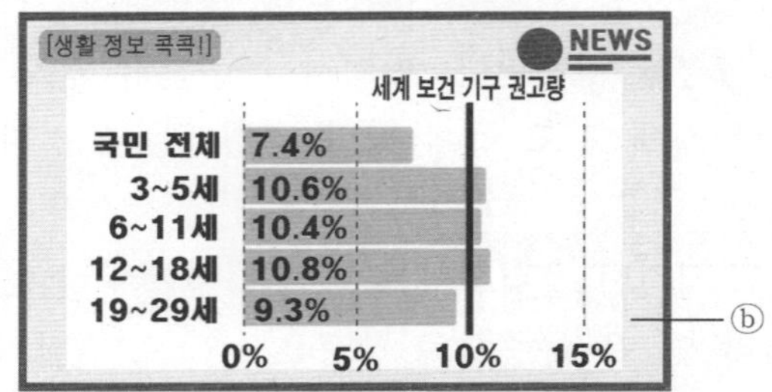

기자 : 네. 그렇습니다. 식품의약품안전평가원이 최근 3년간 우리나라 국민의 당류 섭취량을 조사한 결과에 따르면 우리나라 국민의 일일 칼로리 대비 평균 당류 섭취량은 세계보건기구의 하루 권고 기준량인 10%보다 낮은 7.4%라고 합니다. ㉡ <u>그러나 유아와 청소년에서는 이 권고 기준량이 초과된다는 점이 문제입니다.</u>

㉢ <u>특히 여름철에는 탄산음료와 빙과류의 섭취량이 늘어나므로, 다른 계절에 비해 당류 섭취량이 증가합니다.</u> 어린 시절 형성된 당류 섭취 습관은 성인 시기까지 이어질 수 있어 유의해야 합니다.

의사 : 당류의 과잉 섭취는 기억력의 중추 역할을 하는 해마를 위축시켜 혈관성 치매 위험을 높입니다. 또한 후천성 당뇨병을 넘어 다양한 암의 위험도 높아질 수 있습니다.

기자: ㉣ 그럼 당류를 과잉 섭취하지 않기 위해서는 어떻게 해야 할까요? 가장 일상적으로 쉽게 실천할 수 있는 방법은 수분 보충을 위해 탄산음료를 대신해 시원한 물을 선택하는 것입니다. ㉤ 다음으로 여름철에는 빙과류보다는 비타민과 무기질이 풍부한 제철 과일을 섭취할 수 있어야 합니다. 또 음료를 고를 때에는 품질인증 마크가 있는 제품을 선택해야 합니다. 품질인증을 받은 음료의 당류가 일반 음료에 비해 낮기 때문입니다.

(나)

40. ⓐ~ⓔ에 대한 이해로 적절하지 <u>않은</u> 것은?

① ⓐ는 이후의 방송 순서를 안내하여 이에 대한 시청자의 관심을 유도하였다.

② ⓑ는 기자의 발화에서 언급되지 않은 정보까지 표출하여 정보의 구체성을 강화하였다.

③ ⓒ는 기자의 발화 내용을 보완하는 자료를 제시하여 그 내용에 대한 시청자의 이해를 도왔다.

④ ⓓ는 전문가의 발화 내용과 관련한 정보들을 새로 추가하여 정보 간의 인과 관계를 드러내었다.

⑤ ⓔ는 그림과 기호를 겹치는 방식을 활용하여 권고 사항을 명확히 제시하였다.

41. ㉠~㉤에 대한 설명으로 가장 적절한 것은?

① ㉠: 연결 어미 '-ㄴ다면서'를 사용해 두 가지 행동이 동시에 일어나고 있음을 표현하였다.

② ㉡: 보조사 '는'을 사용해 유아와 청소년의 당류 섭취량이 국민 전체의 당류 섭취량과 대비됨을 나타내었다.

③ ㉢: 부사 '특히'를 사용해 여름철에 발생하는 식생활의 변화가 드물다는 점을 강조하였다.

④ ㉣: 종결 어미 '-ㄹ까'를 사용해 당류 섭취를 줄여야 하는 이유에 대한 시청자의 이해를 점검하였다.

⑤ ㉤: 의존 명사 '수'를 사용해 당류 섭취량의 감소로 인한 효과를 예측하였다.

42. (가)를 시청한 학생들의 인터넷 메신저 대화방의 내용이다. 학생들의 수용 태도에 대한 설명으로 적절하지 <u>않은</u> 것은? [3점]

> **학생 1:** 이제 막 온도가 높아지면서 여름에 접어드는 시점에서 여름철에 당류 섭취량이 높아질 수 있음을 경고했다는 점에서 의미가 있어.
>
> **학생 2:** 당류 섭취를 일일 칼로리의 10% 이하로 조정해야 한다는 건 처음 알았어. 이것만 기억하고 있으면 당류의 하루 섭취량을 조절할 때 편리하겠어.
>
> **학생 3:** 제철 과일에도 어느 정도 당류가 포함되어 있을 텐데, 과일에 포함된 당류와 탄산음료나 빙과류에 포함된 당류가 다른 종류의 당류인 걸까?
>
> **학생 4:** 품질인증 마크라고 들으면 뭔지 잘 몰랐을 텐데 이미지를 같이 보여 줘서 좋았어. 다음에 음료를 구매할 때에는 꼭 품질인증 마크를 확인해야겠어.
>
> **학생 5:** 당류 과잉 섭취가 혈관성 치매 위험을 높이는 원인은 해마의 위축 때문이라고 설명했지만, 암의 위험이 왜 증가하는지는 설명해 주지 않아서 아쉬웠어.

① 학생 1은 당류 섭취량이 증가하는 시기에 주목해 보도 내용의 시의성 측면을 긍정적으로 평가하였다.

② 학생 2는 당류 섭취량의 권고 기준량에 주목해 보도 내용의 효용성 측면을 긍정적으로 평가하였다.

③ 학생 3은 당류 과잉 섭취에 대비하는 방안에 주목해 보도 내용의 타당성 측면을 부정적으로 평가하였다.

④ 학생 4는 품질인증 마크에 관한 정보에 주목해 보도의 자료 활용 방식을 긍정적으로 평가하였다.

⑤ 학생 5는 당류 과잉 섭취의 결과에 주목해 보도 내용의 충분성 측면을 부정적으로 평가하였다.

43. (나)의 정보 구성 및 제시 방식에 대한 이해로 적절하지 <u>않은</u> 것은?

① (가)에 제시된 국민의 당류 섭취량에 대한 조사 결과 중에서 정보 수용자와 직접 관련된 정보만을 선별하였군.

② (가)에 제시된 수용자보다 수용자 범위를 한정하고 비격식체를 활용하여 메시지의 전달 효과를 강화하였군.

③ (가)에 제시된 당류 과잉 섭취 문제가 청소년에게 중요한 이유를 학생이 말하는 이미지로 나타내었군.

④ (가)에 제시된 당류 과잉 섭취를 완화하는 방법 중 일상에서 쉽게 실천할 수 있는 것을 선택하여 표현하였군.

⑤ (가)에 제시된 당류 과잉 섭취의 부정적 영향을 압축적으로 표현하기 위해 당류가 포함된 음식들을 병렬하였군.

[44~45] 다음은 실시간 인터넷 방송의 일부이다. 물음에 답하시오.

안녕하세요! 오늘도 5시가 되었으니 우리 빵 구워 볼까요? 빵빵이들 지금 200명 정도 들어왔는데, 500명 되면 본격적으로 시작할게요. 오늘은 크루아상을 만들 건데요, 혹시 크루아상이 무슨 뜻인지 아시나요? 정답을 맞히는 분께 제가 오늘 크루아상을 만드는 데 사용할 '□□버터'를 보내 드릴게요. 저에게만 보이게 비밀 댓글을 체크하고 보내 주세요.

[A]
> 마카롱 : 정답! 크루아상은 초승달이란 뜻입니다!
> (방송 진행자에게만 보이는 댓글입니다.)

정답이 나왔네요! 마카롱님, 맞아요. 크루아상은 초승달 모양을 한 빵이라는 뜻입니다. 마카롱님, 사은품을 받아 볼 주소를 지금 아래 보이는 메일로 보내 주세요.

딱 500명이 되었네요! 이제 크루아상을 만들어 볼까요? 준비물을 먼저 알려줄게요. (그림을 보여 주며) 자, 이게 오늘 필요한 준비물입니다. 혹시 필요하신 분은 지금 이 화면을 카메라로 찍어서 저장해 두시면 좋을 것 같아요.

[B]
> 빵순이 : 중간에 오타가 있는 것 같아요.

어머, 그러네요. '강력분'이라고 적었어야 하는데, 죄송합니다. 이건 방송 끝나고 수정하도록 할게요.

오늘 사용할 □□버터는 일반 버터보다 가소성이 높은 드라이 버터인데요. 드라이 버터를 사용하면 크루아상의 결을 유지하기에 좋아요. 먼저 반죽을 해 볼게요. 따뜻한 물에 설탕, 소금, 이스트를 녹이고요. 데운 우유와 밀가루를 넣고 잘 섞습니다. 반죽이 탄성이 생길 때까지 치대는 게 중요해요. 탄성이 생긴 반죽은 1~2시간 그대로 둡니다. (미리 준비한 반죽을 꺼내며) 짠! 시간 관계상 반죽은 미리 해 왔어요.

[C]
> 비행기 : 어! 저는 아직 반죽을 만드는 중인데ㅜㅜ

비행기님, 걱정 마세요. 방송이 끝나면 바로 제 계정에 오늘 방송이 그대로 올라가니까요. 잠깐 방송 멈추셨다가 반죽 완성되면 다시 방송 보면서 진행하시면 됩니다.

자, 이제 버터 층을 만들 거예요. 왁스 페이퍼를 도마 위에 깔고, 차갑게 굳힌 버터를 놓습니다. 왁스 페이퍼로 이렇게 버터를 덮고 밀대로 밀어 직사각형 모양으로 만들어요.

[D]
> 똥손 : 어, 버터 다 녹은 거 아닌가요?

앗, 제가 실온에 두었더니 버터가 많이 녹긴 했네요. 알려 주셔서 감사해요. 이럴 때는 버터를 냉장고에 넣어 좀 차갑게 해 주시면 됩니다.

이제 반죽 위에 버터를 겹칩니다. 이걸 3등분 해서 이렇게 포개

는 거예요. 그리고 밀대로 밀어주고, 다시 3등분. 이걸 반복하고 다시 랩으로 감싸 냉장고에 또 2시간 이상 둡니다.

[E]
> 빵덕후 : 오늘 처음 왔는데 친절하게 잘 알려 주시네요! 완전 재밌어요♡

빵덕후님, 감사합니다. 오늘 처음 오신 분들은 왼쪽 아래 구독을 누르시면 새로운 영상이 올라갈 때마다 알림을 받으실 수 있어요. 구독하면 빵빵이가 될 수 있답니다.

44. 위 방송에 반영된 기획 내용으로 가장 적절한 것은?

① 화면에 표출할 수 있는 정보의 양에는 한계가 있으니, 정보를 저장할 수 있는 방법을 안내해야겠군.

② 실시간으로 진행되어 자막을 덧붙일 수 없으니, 반죽을 만드는 과정을 최대한 자세히 보여 주어야겠군.

③ 방송의 시청자 수를 유지해야 하니, 방송을 시작하면서 방송 끝부분에 사은품을 증정할 것임을 알려야겠군.

④ 방송 화면에 구독자 수를 표시하고 있으니, 구독 기능을 통해 방송에 대한 알림을 받을 수 있음을 설명해야겠군.

⑤ 특정 제품에 대한 광고를 포함하고 있으니, 해당 제품을 구매할 수 있는 경로를 화면에 지속적으로 제시해야겠군.

45. [A]~[E]에서 파악할 수 있는 위 방송에 대한 이해로 적절하지 <u>않은</u> 것은?

① [A] : 수용자는 자신의 글이 노출되는 범위를 한정할 수 있다.

② [B] : 방송 내용에 대한 수용자의 직접적인 평가가 반영될 수 있다.

③ [C] : 수용자는 시공간적 제약 없이 방송의 정보를 수용할 수 있다.

④ [D] : 수용자의 반응에 따라 방송에 새로운 정보가 추가될 수 있다.

⑤ [E] : 진행자는 다수의 수용자와 일대다 소통만을 시도할 수 있다.

문법 필수 개념 및 모의고사 해설집

파이널 문법 필수 개념

√ 1. 품사와 문장 성분

2. 겹문장

3. 단어의 형성

4. 문장 표현

5. 음운의 변동

1 품사와 문장 성분

★ 품사 – 단어의 종류

종류			
종류	체언	명사	사람이나 사물의 이름을 나타내는 단어
		대명사	사람이나 사물의 이름을 대신하여 나타내는 단어
		수사	수량이나 순서를 나타내는 단어
	용언	동사	주어의 동작이나 작용을 나타내는 단어
		형용사	주어의 성질이나 상태를 나타내는 단어
	수식언	관형사	체언 앞에 놓여 체언(주로 명사)을 꾸며 주는 단어
		부사	주로 용언이나 문장 전체를 꾸며 주는 단어
	관계언	조사	체언 등의 뒤에 붙어 문법적인 관계를 나타내거나 의미를 더해 주는 단어
	독립언	감탄사	놀람이나 느낌, 부름, 응답 따위를 나타내며, 다른 성분들에 비하여 비교적 독립적인 단어

★ 문장 성분

구분	성분	설명
주성분	주어	• 문장의 주체가 되는 문장 성분 • 체언+주격 조사(격 조사는 생략되거나 보조사와 결합되기도 한다.) 　예) 영희가 범인이다. 선생님께서 오셨다. 　　학교에서(주어) 가정통신문을 발송했다. ↔ 학교에서(부사어) 운동을 했다. 　　: 단체를 나타낼 때는 주어, 처소(장소)를 나타낼 때는 부사어로 보면 된다.
	서술어	• 주어를 풀이하는 기능을 하는 문장 성분 • 동사, 형용사, 체언+서술격 조사(이다) • 서술어의 성격에 따라 문장 성분의 개수가 결정된다.(서술어의 자릿수) • 본용언과 보조 용언의 결합은 두 개가 아닌 하나의 서술어로 취급한다. 　예) 철수가 집에 가 버렸다(하나의 서술어).
	목적어	• 서술어의 대상이 되는 문장 성분 • 체언+목적격 조사(격 조사는 생략되거나 보조사와 결합되기도 한다.) 　예) 철수는 영수를 좋아한다. 나는 철수가 성공하기를 바란다. 　　철수는 영수만 좋아한다. 철수는 영수만을 좋아한다.
	보어	• 서술어 '되다, 아니다' 앞에 놓여 불완전한 뜻을 보충해 주는 문장 성분 • 체언+보격 조사(이/가) 　예) 철수는 대학생이 되었다. 　　그는 남자가 아니다.
부속 성분	관형어	• 체언을 수식하는 문장 성분 • 관형사, 용언의 관형사형, 체언+관형격 조사(의) 　예) 새 옷, 헌 옷, 예쁜 옷, 철수의 책
	부사어	• 주로 용언, 부사어 등을 수식하는 문장 성분 • 부사, 용언의 부사형, 체언+부사격 조사 　예) 나는 책을 매우 좋아한다. 철수는 그녀에게 사과를 주었다. 　　너는 밥을 참 빠르게 먹는구나. 철수는 학교로 갔다.
독립 성분	독립어	• 문장의 어느 성분과도 직접적인 관련이 없는 문장 성분 • 감탄사, 체언+호격 조사, 제시어+쉼표 　예) 아, 벌써 새벽이구나.　　철수야, 이따 보자.　　사랑, 내 삶의 에너지여.

★ 어간과 어미

어간과 어미	실질적 의미를 가지면서 활용할 때 변화하지 않는 줄기 부분을 어간이라 하고, 문법적 의미를 가지면서 활용할 때 변화하는 꼬리 부분을 어미라 한다.		
	어말 어미	용언의 맨 끝에 와서 단어를 이룬다.	
		종결 어미	문장의 끝에 와서 문장을 종결시키는 어미 ㉔ 평서형 '-다', 의문형 '-느냐/-냐', 감탄형 '-구나', 명령형 '-어라/-아라', 청유형 '-자' 등이 있다.
		연결 어미	단어나 문장을 연결시키는 어미 ㉔ 대등적 연결 어미 '-고, -(으)며', 종속적 연결 어미 '-(으)면, -어서/-아서, -(으)니', 보조적 연결 어미 '-아/-어, -게, -지, -고' 등이 있다.
		전성 어미	품사는 바꾸지 못하지만 다른 품사의 기능을 수행하게 하는 어미 ㉔ 명사형 전성 어미 '-(으)ㅁ, -기', 관형사형 전성 어미 '-(으)ㄴ, -(으)ㄹ, -던', 부사형 전성 어미 '-게, -도록' 등이 있다.
	선어말 어미	어간과 어말 어미 사이에 오는 형태소로, 문법적 의미를 나타낸다. ㉔ 주체 높임 선어말 어미 : -(으)시- 　시제 선어말 어미 : -ㄴ-/-는-, -었-/-았-, -겠-, -었었-/-았었- 　공손 선어말 어미 : -옵-, -사옵-		

★ 조사

격 조사	앞에 오는 체언이 문장 안에서 일정한 자격을 가지도록 하는 조사이다.	
	주격 조사	이/가, 께서(높임), 에서(단체)
	서술격 조사	이다
	목적격 조사	을/를
	보격 조사	이/가 ('되다, 아니다'의 지배를 받음)
	관형격 조사	의
	부사격 조사	에게, 에서(처소), 에, (으)로, 와/과 등
	호격 조사	아/야, (이)여
보조사	앞말에 특별한 뜻을 더하여 주는 조사로, 체언이 아닌 단어에도 결합을 한다.	
	종류	• '은, 는, 도, 만' 등과 같이 문장 성분에 붙는 것을 말한다. 　㉔ 우리만 극장에 가서 미안하다. 　　이곳에서는 수영을 하면 안 됩니다. 　　영수도 수련회에 갔다. • '요'는 상대 높임을 나타내며, 어절이나 문장의 끝에 결합하는 독특한 성격을 가진다. 　㉔ 나는요, 오빠가요, 좋아요.
접속 조사	단어나 문장을 같은 자격으로 이어 주는 구실을 하는 조사이다.	
	종류	'와/과'(문어(文語)에서 잘 쓰임), '(이)랑, 하고, (이)며'(구어(口語)에서 잘 쓰임) ㉔ 봄이 되면 개나리(와/랑/하고) 진달래가 가장 먼저 핀다.

Free note.

megastudy

문법 필수 개념 및
모의고사 해설집

파이널 문법
필수 개념

1. 품사와 문장 성분

 2. 겹문장

3. 단어의 형성

4. 문장 표현

5. 음운의 변동

2 겹문장

★ 문장의 종류

문장의 종류는 일반적으로 서술어를 중심으로 판별한다. 서술어가 하나이면 홑문장, 서술어가 두 개 이상이면 겹문장이다.

홑문장	주어와 서술어의 관계가 한 번만 이루어지는 문장		
겹문장	안은문장		하나의 문장이 다른 문장의 문장 성분으로 안긴 형태의 문장 서술어의 형태가 문장 성분에 맞게 변화되어 있어 서술어의 활용 모습을 보면 쉽게 판별됨.
		명사절을 안은 문장	체언의 자리에 절이 들어간 경우, 명사형 어미 '-(으)ㅁ, -기'가 사용됨. 예 철수가 범인임이 밝혀졌다.
		서술절을 안은 문장	서술어의 자리에 절이 들어간 경우, '주어+[주어+서술어]'의 형태를 취함. 예 철수는 키가 크다.
		관형절을 안은 문장	관형어의 자리에 절이 들어간 경우, 관형사형 어미 '-(으)ㄴ, -는' 등이 사용됨. 예 이것은 내가 읽은 책이다.
		부사절을 안은 문장	부사어의 자리에 절이 들어간 경우, 부사형 어미 '-게, -도록'이나 부사화 접사 '-이'가 사용됨. 예 비가 소리도 없이 내린다.
		인용절을 안은 문장	절이 인용의 형태를 취해 안긴 경우, 인용 조사 '고, 라고'가 사용됨. 예 철수는 책을 좋아한다고 나에게 말했다.
	이어진문장		서술어가 연결형으로 활용되어, 다른 문장과 이어져 있는 형태의 문장
		대등하게 이어진 문장	대등적 연결 어미(-고, -며, -나, -지만, -든지, -거나 등)를 사용하여 대등한 관계를 표시한 문장 예 • 인내는 쓰고, 열매는 달다. • 여름에는 날씨가 덥지만, 겨울에는 날씨가 춥다
		종속적으로 이어진 문장	종속적 연결 어미(-므로, -니까, -면, -거든, -더라면, -려고, -고자 등)를 사용하여 종속적인 관계를 표시한 문장 예 눈이 내리니, 풍경이 아름답다.

문법 필수 개념 및
모의고사 해설집

파이널 문법
필수 개념

1. 품사와 문장 성분

2. 겹문장

 3. 단어의 형성

4. 문장 표현

5. 음운의 변동

3 단어의 형성

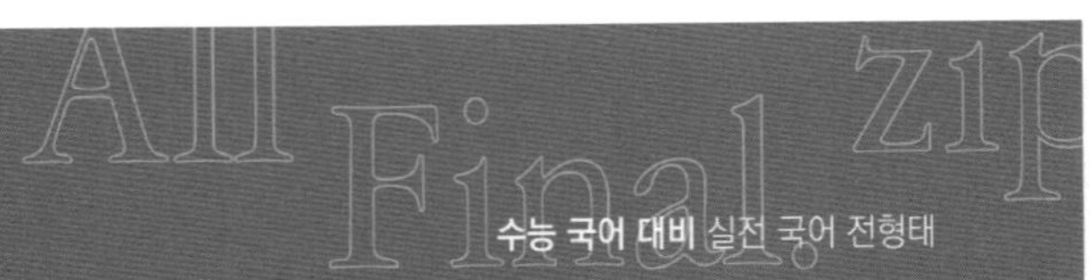

- 단일어 : 하나의 어근으로 이루어진 단어 예 하늘, 시나브로, 먹다

- 복합어 ─ 파생어 ┬ 접두사+어근 예 군말, 날고기, 돌배, 엿보다, 치솟다
  - └ 어근+접미사 예 미장이, 멋쟁이, 웃음, 넓이, 공부하다
  - └ 합성어 : 어근+어근 ┬ 통사적 합성어 예 큰집, 밤낮, 눈물, 이슬비
    - └ 비통사적 합성어 예 덮밥, 검붉다, 부슬비

★ 꼭 암기해야 하는 접두사

접두사	의 미	예
강-	다른 것이 섞이지 않은 / 마른, 물기가 없는 억지스러운 / 호된, 매우 센	강굴, 강술, 강참숯 / 강기침, 강모 / 강울음, 강호령 강행군, 강추위, 강타자
개-	야생의 / 질이 떨어지는 / 쓸데없는	개살구, 개꿀 / 개떡 / 개수작, 개죽음, 개꿈
군-	쓸데없는 / 가외로 더한	군소리, 군살, 군침, 군불, 군말, 군기침 / 군식구, 군사람, 군입
날-	생 것의, 아직 익지 않은 / 아주 지독한	날것, 날고기, 날김치 / 날도둑, 날강도
덧-	본래 있는 위에 더, 거듭된, 겹쳐	덧니, 덧신, 덧저고리
돌-	야생으로 자라는, 품질이 떨어진	돌미나리, 돌배, 돌감
들-	야생으로 자라는	들깨, 들국화, 들장미, 들소
막-	거친, 품질이 낮은 / 닥치는 대로 하는	막고무신, 막과자, 막국수 / 막노동, 막말, 막벌이
맏-	같은 항렬 등에서 손위로서 첫째인	맏아들, 맏며느리, 맏손자, 맏이
맨-	오직 그것뿐인, 다른 것이 없는	맨몸, 맨발, 맨주먹, 맨땅
민-	꾸미거나 딸린 것이 없는	민얼굴, 민머리, 민소매
선-	익숙하지 않고 서툰, 충분치 않은	선무당, 선웃음, 선잠
시(媤)-	시집의, 시가의	시부모, 시동생, 시삼촌
알-	덮어 싼 것을 다 제거한 / 진짜	알몸, 알밤 / 알거지, 알부자
애-	어린	애호박, 애벌레, 애순
찰-	찰기가 있는 / 매우 심한	찰떡, 찰흙 / 찰거머리, 찰가난
참-	진짜의, 진실하고 올바른 / 품질이 우수한	참뜻, 참사랑 / 참숯, 참흙
풋-	덜 익은, 처음 나온 / 미숙한, 깊지 않은	풋사과, 풋나물, 풋고추 / 풋사랑, 풋잠
헛-	보람 없는	헛고생, 헛농사, 헛수고, 헛걸음
홀-	짝이 없이 혼자뿐인	홀아비, 홀어미, 홀몸, 홀시아버지

홑-	하나인, 한 겹으로 된, 혼자인	홑이불, 홑몸, 홑바지, 홑옷
되-	도리어, 도로, 다시	되걸리다, 되새기다
뒤-	몹시, 마구, 온통 / 반대로, 뒤집어	뒤끓다, 뒤덮다 / 뒤바꾸다, 뒤엎다
드-	정도가 한층 높게	드높다, 드세다
들-	마구, 몹시	들끓다, 들볶다, 들쑤시다
빗-	잘못	빗나가다, 빗디디다
엇-	비뚜로, 어긋나게	엇가다, 엇깎다
엿-	남몰래	엿듣다, 엿보다
짓-	함부로, 흠씬	짓누르다, 짓밟다, 짓씹다, 짓찧다
치-	위로	치솟다, 치닫다

★ 꼭 암기해야 하는 접미사

접미사	의미	예
-꾼	어떤 일을 전문적으로 하는 사람 또는 어떤 일을 습관적으로 하는 사람	노름꾼, 사기꾼, 사냥꾼, 도굴꾼
	어떤 일 때문에 모인 사람	구경꾼
-꾸러기	그것이 심하거나 많은 사람	잠꾸러기, 심술꾸러기, 욕심꾸러기, 장난꾸러기
-내기	그 지역에서 태어나고 자라서 그 지역 특성을 지니고 있는 사람	서울내기, 시골내기
-보	그러한 행위를 특징으로 하는 사람	꾀보, 잠보
-뱅이	그런 것을 특성으로 가진 사람	게으름뱅이, 가난뱅이, 주정뱅이
-장이	전문적 기술을 가진 사람	양복장이, 땜장이
-쟁이	그것의 속성을 많이 가진 사람	멋쟁이, 담쟁이, 욕심쟁이
-배기	나이가 듦 / 그와 같은 물건	한 살배기 / 진짜배기(진짜를 속되게 이르는 말)
-박이	무엇이 박혀 있는 사람이나 물건	점박이, 금니박이, 차돌박이
-다랗-	정도가 꽤 뚜렷함	굵다랗다, 높다랗다, 기다랗다
-들	여럿(복수 표시)	사람들, 나무들
-뜨리-/ -트리-	강세	넘어뜨리다, 넘어트리다
-치-	강세	밀치다, 넘치다, 놓치다
-이, 히, 리, 기-	사동과 피동	먹이다, 남기다, 먹히다
-질	노릇과 짓(때론 비하의 의미를 지니기도 함)	낚시질, 도둑질, 톱질

★ 품사를 바꾸는 특히 중요한 접미사

㉠ 동사화 접미사

접미사	예
-하-	운동하다, 공부하다, 구경하다, 커트하다
-이, 히, 리, 기, 우, 구, 추-	밝히다, 높이다, 낮추다, 좁히다
-거리-/-대-	출렁거리다, 바동거리다, 머뭇거리다
	출렁대다, 바동대다, 머뭇대다, 으스대다, 뻗대다
-이-	반짝이다, 글썽이다, 홀쩍이다
-애-	없애다

㉡ 명사화 접미사

접미사	예
-음/-이	웃음, 얼음, 걸음, 믿음, 게으름 / 놀이, 벌이, 높이, 넓이
	오뚝이, 깜빡이, 덜렁이, 배불뚝이, 꿀꿀이, 쌕쌕이
-기	말하기, 쓰기, 보기, 뛰기, 본보기, 굵기
-개	덮개, 지우개, 이쑤시개, 가리개
-애	마개(막+애), 얼개(얽+애)
-게	지게, 집게
-어지	나머지(남+어지)
-엄	무덤(묻+엄), 주검(죽+엄)
-웅	마중(맞+웅)

㉢ 형용사화 접미사

접미사	예
-하-	가난하다, 씩씩하다, 울퉁불퉁하다, 반듯반듯하다, 스마트하다
-스럽-	자랑스럽다, 걱정스럽다, 복스럽다
-답-	너답다, 신사답다
	정답다, 참답다, 꽃답다
-롭-	향기롭다, 평화롭다, 자유롭다, 새롭다

㉣ 부사화 접미사

접미사	예
-이/-히	많이, 고이, 높이, 반듯이, 깨끗이, 느긋이, 끔찍이, 깊숙이, 나날이 / 급히, 꾸준히, 넉넉히, 똑똑히
-오/-우/-아	비로소(비롯+오) / 너무(넘+우), 마주(맞+우), 바투(밭+우) / 차마(참+아)

문법 필수 개념 및
모의고사 해설집

파이널 문법
필수 개념

1. 품사와 문장 성분

2. 겹문장

3. 단어의 형성

✓ 4. 문장 표현

5. 음운의 변동

4 문장 표현

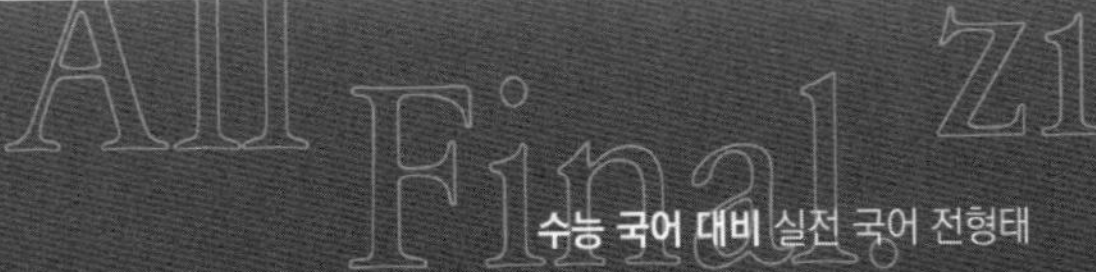

★ 높임 표현

<table>
<tr><td rowspan="2">주체
높임법</td><td>개념</td><td>화자가 문장의 주체(주어)가 자기보다 우위에 있다고 판단했을 때, 문장의 주체(주어)를 높이는 방법이다.</td></tr>
<tr><td>표현
형식</td><td>㉠ 주체 높임 선어말 어미 '-(으)시-'를 쓴다.
　㉵ 저기 아버지가 오신다.
㉡ 높임의 주격 조사 '께서'를 쓴다.
　㉵ 저기 아버지께서 오신다.
㉢ 특수 어휘 '계시다, 잡수다, 편찮다' 등으로 실현된다.
　㉵ 저기에 아버지가 계신다.</td></tr>
<tr><td rowspan="2">객체
높임법</td><td>개념</td><td>화자가 문장 속의 객체(목적어나 부사어)를 높이는 방법이다.</td></tr>
<tr><td>표현
형식</td><td>㉠ 부사격 조사 '에게' 대신 '께'를 사용한다.
　㉵ 나는 선생님께 과일을 드렸다.
㉡ 특수 어휘 '여쭙다, 모시다, 뵙다, 드리다' 등을 사용한다.
　㉵ 나는 아버지를 모시고 병원으로 갔다.
　　동장님이 잠시 할아버님을 뵙자고 합니다.</td></tr>
<tr><td rowspan="2">상대
높임법</td><td>개념</td><td>화자가 특정한 종결 어미를 씀으로써 청자를 높이거나 낮추는 것을 말한다.
크게 '격식체'와 '비격식체'로 나뉜다.
'격식체'는 격식을 차려 심리적인 거리감을 나타내지만, '비격식체'는 격식을 덜 차리는 표현이다.</td></tr>
<tr><td>표현
형식</td><td>

문형	격식체				비격식체	
	해라체	하게체	하오체	하십시오체	해체 (반말)	해요체
평서법	간다	가네, 감세	가(시)오	가십니다	가, 가지	가요
의문법	가냐?, 가니?	가는가?, 가나?	가(시)오?	가십니까?	가?, 가지?	가요?
감탄법	가는구나	가는구먼	가는구려	-	가, 가지	가(세/셔)요
명령법	가(거)라, 가렴, 가려무나	가게	가(시)오, 가구려	가십시오	가, 가지	가(세/셔)요
청유법	가자	가세	갑시다	가시지요	가, 가지	가(세/셔)요

㉵ 학문에 매진해라. - 해라체
　학문에 매진하게. - 하게체
　학문에 매진하오. - 하오체
　학문에 매진하십시오. - 하십시오체
　학문에 매진해. - 해체
　학문에 매진해요. - 해요체

</td></tr>
</table>

★ 사동과 피동 표현

사동 표현	파생적 사동	① 접사 '-이-, -히-, -리-, -기-, -우-, -구-, -추-' 등으로 실현됨. ② 직접과 간접의 의미를 모두 가지므로, 중의적 문장의 유형에 속함. ㉎ 아이가 우유를 먹었다. (주동) → 어머니가 아이에게 우유를 먹였다. (사동) 새로운 사동주 도입　　　(먹+이+었+다)
	통사적 사동	① 보조 용언인 '-게 하다'를 사용함. ② 간접 사동의 의미만을 가짐. ㉎ 아이가 우유를 먹었다. (주동) → 어머니가 아이에게 우유를 먹게 하였다. (사동)
피동 표현	파생적 피동	접사 '-이-, -히-, -리-, -기-'로 실현됨. ㉎ 경찰이 도둑을 잡았다. (능동) → 도둑이 경찰에게 잡혔다. (피동) 주어　목적어 능동사　　　　주어　부사어　피동사 　　　　　　　　　　　　　　　　(잡+히+었+다)
	통사적 피동	보조 용언 '-어지다', '-게 되다'로 실현됨. ㉎ 철수가 문제를 풀었다. (능동) → 문제가 철수에 의해 풀어졌다. (피동)

사동문의 오류	① 의미상 불필요한 경우에 사동 표현을 남발해서는 안 된다. ㉎ 들판을 헤매이다. (헤매+이+다 → 헤매다) 오랜만에 그를 보니 가슴이 설레였다. (설레+이+었+다 → 설렜다) ② '-시키다'를 '-하다'로 고칠 수 있는 경우는 고치도록 한다. ㉎ 내가 친구 한 명 소개시켜 줄게. (→ 소개해) 이 공간을 분리시킬 벽을 설치했다. (→ 분리할) 우리의 환경을 개선시켜 나가야 한다. (→ 개선해) 공장의 기계를 가동시켜야 한다. (→ 가동해야)
피동문의 오류	① 피동 접사 '-이-, -히-, -리-, -기-'+'-어지다'의 표현은 이중 피동의 경우로, 사용하지 않는다. ㉎ 앞으로 경제가 좋아질 것으로 보여집니다. (보+이+어집니다 → 보입니다) 이 책의 글씨는 잘 읽혀지지 않아요. (읽+히+어지지 → 읽히지) 이 문제가 잘 풀려지지 않는다. (풀+리+어지지 → 풀리지) 내가 합격한 것이 사실인지 믿겨지지 않는다. (믿+기+어지지 → 믿기지) ② '-되어지다', '-지게 되다' 등의 표현은 사용하지 않는다. ㉎ 앞으로 이 문제가 잘 풀릴 것이라고 생각되어진다.(×) → 생각된다(○) 결국 그 문제는 해결되어지지 않았다.(×) → 해결되지(○) 그는 오랫동안 숨어 있었으나 결국 잡혀지게 되었다.(×) → 잡혔다(○) ③ '불리우다, 잘리우다, 갈리우다, 팔리우다' 등은 잘못된 표기이다. ㉎ 그는 훌륭한 가수로 불리웠다. → 불렸다(○) 남북으로 갈리운 분단의 고통을 극복해야 한다. → 갈린(○)

Free note.

문법 필수 개념 및 모의고사 해설집

파이널 문법
필수 개념

1. 품사와 문장 성분

2. 겹문장

3. 단어의 형성

4. 문장 표현

✓ 5. 음운의 변동

5 음운의 변동

★ 자음 체계

조음 방법 \ 조음 위치			양순음(입술소리)	치조음 설단음(혀끝소리)	경구개음(센입천장소리)	연구개음(여린입천장소리)	후음(목청소리)
무성음(안울림소리)	파열음	예사소리	ㅂ	ㄷ		ㄱ	
		된소리	ㅃ	ㄸ		ㄲ	
		거센소리	ㅍ	ㅌ		ㅋ	
	파찰음	예사소리			ㅈ		
		된소리			ㅉ		
		거센소리			ㅊ		
	마찰음	예사소리		ㅅ			ㅎ
		된소리		ㅆ			
유성음(울림소리)	비음		ㅁ	ㄴ		ㅇ	
	유음			ㄹ			

★ 모음 체계

단모음 체계

혀의 높이 \ 입술 모양 \ 혀 최고점 위치	전설 모음		후설 모음	
	평순	원순	평순	원순
고모음(폐모음)	ㅣ	ㅟ	ㅡ	ㅜ
중모음	ㅔ	ㅚ	ㅓ	ㅗ
저모음(개모음)	ㅐ		ㅏ	

이중 모음 체계

- 반모음 'ㅣ'로 시작되는 이중 모음(j계) : ㅑ, ㅕ, ㅛ, ㅠ, ㅒ, ㅖ
- 반모음 'ㅗ/ㅜ'로 시작되는 이중 모음(w계) : ㅘ, ㅙ, ㅝ, ㅞ
- 반모음 'ㅣ'로 끝나는 이중 모음 : ㅢ (단모음 'ㅡ' + 반모음 'ㅣ')

★ 자주 나오는 발음 규정

제8항	받침소리로는 'ㄱ, ㄴ, ㄷ, ㄹ, ㅁ, ㅂ, ㅇ'의 7개 자음만 발음한다.

제13항	홑받침이나 쌍받침이 모음으로 시작된 조사나 어미, 접미사와 결합되는 경우에는, 제 음가대로 뒤 음절 첫소리로 옮겨 발음한다.

깎아[까까]　　　　옷이[오시]　　　　있어[이써]
낮이[나지]　　　　꽂아[꼬자]　　　　꽃을[꼬츨]
쫓아[쪼차]　　　　밭에[바테]　　　　앞으로[아프로]
덮이다[더피다]

제14항	겹받침이 모음으로 시작된 조사나 어미, 접미사와 결합되는 경우에는, 뒤엣것만을 뒤 음절 첫소리로 옮겨 발음한다.(이 경우, 'ㅅ'은 된소리로 발음함.)

넋이[넉씨]　　　　앉아[안자]　　　　닭을[달글]
젊어[절머]　　　　곬이[골씨]　　　　핥아[할타]
읊어[을퍼]　　　　값을[갑쓸]　　　　없어[업ː써]

제15항	받침 뒤에 모음 'ㅏ, ㅓ, ㅗ, ㅜ, ㅟ'들로 시작되는 실질 형태소가 연결되는 경우에는, 대표음으로 바꾸어서 뒤 음절 첫소리로 옮겨 발음한다.

밭 아래[바다래]　　　늪 앞[느밥]　　　젖어미[저더미]
맛없다[마덥따]　　　겉옷[거돋]　　　헛웃음[허두슴]
꽃 위[꼬뒤]

다만, '맛있다, 멋있다'는 [마싣따], [머싣따]로도 발음할 수 있다.

[붙임] 겹받침의 경우에는, 그중 하나만을 옮겨 발음한다.
넋 없다[너겁따]　닭 앞에[다가페]　값어치[가버치]　값있는[가빈는]

제17항	받침 'ㄷ, ㅌ(ㄾ)'이 조사나 접미사의 모음 'ㅣ'와 결합되는 경우에는, [ㅈ, ㅊ]으로 바꾸어서 뒤 음절 첫소리로 옮겨 발음한다.

곧이듣다[고지듣따]　　　굳이[구지]　　　미닫이[미ː다지]
땀받이[땀바지]　　　　밭이[바치]　　　벼훑이[벼훌치]

[붙임] 'ㄷ' 뒤에 접미사 '히'가 결합되어 '티'를 이루는 것은 [치]로 발음한다.
굳히다[구치다]　　　닫히다[다치다]　　　묻히다[무치다]

제18항	받침 'ㄱ(ㄲ, ㅋ, ㄳ, ㄺ), ㄷ(ㅅ, ㅆ, ㅈ, ㅊ, ㅌ, ㅎ), ㅂ(ㅍ, ㄼ, ㄿ, ㅄ)'은 'ㄴ, ㅁ' 앞에서 [ㅇ, ㄴ, ㅁ]으로 발음한다.

먹는[멍는]　　　　국물[궁물]　　　　깎는[깡는]
키읔만[키응만]　　몫몫이[몽목씨]　　긁는[긍는]
흙만[흥만]　　　　닫는[단는]　　　　짓는[진ː는]

제19항	받침 'ㅁ, ㅇ' 뒤에 연결되는 'ㄹ'은 [ㄴ]으로 발음한다.

담력[담ː녁]　　　　침략[침ː냑]　　　　강릉[강능]
항로[항ː노]　　　　대통령[대ː통녕]

[붙임] 받침 'ㄱ, ㅂ' 뒤에 연결되는 'ㄹ'도 [ㄴ]으로 발음한다.
막론[막논 → 망논]　　　　백리[백니 → 뱅니]
협력[협녁 → 혐녁]　　　　십리[십니 → 심니]

제20항	'ㄴ'은 'ㄹ'의 앞이나 뒤에서 [ㄹ]로 발음한다.

(1)
난로[날ː로]　　　　신라[실라]　　　　천리[철리]
광한루[광ː할루]　　대관령[대ː괄령]
(2)
칼날[칼랄]　　　　물난리[물랄리]　　　줄넘기[줄럼끼]
할는지[할른지]

제29항	합성어 및 파생어에서, 앞 단어나 접두사의 끝이 자음이고 뒤 단어나 접미사의 첫음절이 '이, 야, 여, 요, 유'인 경우에는, 'ㄴ' 음을 첨가하여 [니, 냐, 녀, 뇨, 뉴]로 발음한다.

솜-이불[솜ː니불]　　　　　홑-이불[혼니불]
막-일[망닐]　　　　　　　삯-일[상닐]
맨-입[맨닙]　　　　　　　꽃-잎[꼰닙]

Free note.

megastudy

[언어와 매체]

35	⑤	36	②	37	④	38	②	39	③
40	②	41	③	42	①	43	②	44	⑤
45	①								

35. ⑤
*** 정답 해설**

⑤ 3문단에 따르면 '드러나다(들다+나다)'는 어근을 밝혀 '들어나다'로 표기하지 않고 발음대로 표기하는데, 이는 합성어의 의미에서 어근의 의미를 추론하기 어렵기 때문이다. 선지의 '드러내다'는 '가려 있거나 보이지 않던 것을 보이게 하다.'나 '알려지지 않은 사실을 보이거나 밝히다.'와 같은 뜻으로 쓰인다. 이는 합성어의 의미로부터 '들다'와 '내다'라는 어근의 의미를 추론하기 어려우므로, 어근을 밝히지 않고 발음대로 표기한 것이다. 한편, '물건을 들어서 밖으로 옮기다.'나 '사람을 있는 자리에서 쫓아내다.'의 의미인 '들어내다'의 경우, '들다'와 '내다'라는 어근의 의미를 추론할 수 있으므로 원형을 밝혀 '들어내다'로 표기하는 것이다. 따라서 어근의 의미를 추론할 수 있는 합성어는 '들어내다'로, 그렇지 않은 합성어는 '드러내다'로 적는 것이 적절하다.

*** 오답 해설**

① '콧날'은 '코'와 '날'의 합성어로, 어근 사이에 'ㅅ[ㄷ]'이 첨가된 후 뒤에 오는 'ㄴ'의 영향을 받아 'ㄴ'으로 바뀌어 [콘날]로 발음된다. 그러나 '날'에 있는 'ㄴ'은 첨가된 것이 아니므로 선지의 내용은 적절하지 않다.

② 2문단에 따르면, 'ㅅ[ㄷ]'이 첨가될 수 없는 환경에서는 뒤 어근의 첫소리가 된소리로 바뀌기도 하는데, 이는 'ㅅ[ㄷ]'이 잠재적으로 첨가되었다가 음운 환경에 의해 탈락한 것으로 해석할 수 있다. 그러나 '뒤'와 '끝'의 합성어인 '뒤끝'은 뒤 어근의 첫소리가 본래부터 [ㄲ]이므로 선지의 내용은 적절하지 않다.

③ 1문단에 따르면 합성어의 어근 경계에서만 나타나는 음운 변동이 있으며, 그 음운 변동의 표기 반영 여부는 단어의 합성 양상에 따라 달라진다. 이는 합성어처럼 어근끼리 결합해 단어가 형성되는 것이 그 합성어에서 일어나는 음운 변동에 영향을 미친다는 의미이므로 선지의 내용은 적절하지 않다.

④ 2문단에 따르면 '좁쌀'의 'ㅂ'과 '머리카락'의 'ㅋ(ㅎ+ㄱ)'은, 역사적으로는 사라진 '쌀'의 'ㅂ'과 '머리'의 'ㅎ'이 단어

합성 과정에서 복원된 것이다. 이는 특정 단어의 소리가 역사적인 변화를 거쳤음에도 그 단어를 포함한 합성어에는 그 변화가 반영되지 않았음을 보여 주므로 선지의 내용은 적절하지 않다.

36. ②
*** 정답 해설**

② [A]에 따르면, ㉠('ㅅ[ㄷ]' 첨가)은 합성어에서 앞 어근이 모음으로 끝날 때 어근 사이에 'ㅅ[ㄷ]'이 첨가되는 현상이며, ㉡('ㄴ'첨가)은 뒤 어근이 모음 'ㅣ'나 반모음 'j'로 시작할 때 어근 사이에 'ㄴ'이 첨가되는 현상이다. '나뭇잎(나무+잎)'의 경우 합성어에서 앞 어근이 모음으로 끝나 'ㅅ[ㄷ]'이 첨가되고, 뒤 어근 '잎'이 모음 'ㅣ'로 시작해 'ㄴ'이 첨가되어 최종적으로 [나문닙]으로 발음된다. 그러나 '눈요기(눈+요기)'의 경우 뒤 어근이 반모음 'j'로 시작하여 어근 사이에 'ㄴ'이 첨가되어 [눈뇨기]로 발음되는데, 이때 [ㄴㄴ]으로 발음되는 첫 번째 'ㄴ'은 첨가된 'ㅅ[ㄷ]'이 교체된 것이 아니라, 앞 어근 '눈'에 본래부터 존재했던 것이다. 따라서 '나뭇잎'은 ㉠과 ㉡이 함께 일어난 사례이지만, '눈요기'는 ㉡만 일어난 사례이다.

*** 오답 해설**

① [A]에 따르면, ㉠은 '냇가(내+가)'와 같은 합성어에서 앞 어근이 모음으로 끝날 때 어근 사이에 'ㅅ[ㄷ]'이 첨가되는 현상이다. '촛불'은 '초'와 '불'이 결합하면서 어근 사이에 'ㅅ[ㄷ]'이 첨가된 것으로, ㉠이 그대로 일어난 사례로 볼 수 있다. 한편, [A]에 따르면 'ㅅ[ㄷ]'이 첨가될 수 없는 환경에서는 뒤 어근의 첫소리가 된소리로 바뀌기도 하는데, 이는 'ㅅ[ㄷ]'이 잠재적으로 첨가되었다가 음운 환경에 의해 탈락한 것으로 해석할 수 있다. '손등'은 '손'과 '등'이 결합하면서 어근 사이에 'ㅅ[ㄷ]'이 첨가되었으나, 이미 앞 어근의 종성과 뒤 어근의 초성이 존재하기에 첨가된 'ㅅ[ㄷ]'이 후행하는 'ㄷ'을 된소리로 만든 후 탈락한 것으로, ㉠이 잠재적으로 일어난 사례로 볼 수 있다.

③ [A]에 따르면, ㉢('ㄹ' 탈락)은 일부 합성어에서 'ㄴ, ㅅ, ㅈ' 앞에 놓인 어근의 끝소리 'ㄹ'이 탈락하는 현상이다. '겨우내'는 '겨울'과 '내'가 결합하면서 'ㄴ' 앞에 놓인 '겨울'의 'ㄹ'이 탈락한 것이므로 ㉢의 사례로 추가할 수 있다. 한편, '녹슨 (칼)'은 어간 '녹슬-'에서 ㄹ이 탈락한 것이나, 합성어의 어근 경계에서 나타나는 음운 변동에 대한 [A]에 부합하는 경우가 아니므로 ㉢의 사례로 추가할 수 없다.

④ [A]에 따르면, ㉣('ㅂ' 첨가)은 일부 합성어에서 어근 사이에 'ㅂ'이 첨가되는 현상으로, 'ㅂ'계 합용 병서의 첫소리

‘ㅂ’이 역사적으로 소실되었다가 단어 합성 과정에서 복원된 것으로 볼 수 있다. ‘해’라는 어근과 ‘쌀’이라는 어근이 결합한 ‘햅쌀’은 [A]에서 예시로 든 ‘좁쌀’과 마찬가지라는 점에서 ㄹ의 사례로 추가할 수 있다. 따라서 ‘쌀’의 과거 초성은 ‘ㅂ’계 합용 병서였을 것이라고 추론할 수 있다. 참고로 ‘햇곡식’에서는 ㄹ이 일어나지 않고, ‘햇곡식’의 ‘햇-’은 ‘당해에 난’의 뜻을 더하는 접두사이므로 합성어인 ㄹ의 사례에 추가할 수 없다.

⑤ [A]에 따르면, ㅁ(‘ㅎ’ 첨가)은 일부 합성어에서 어근 사이에 ‘ㅎ’이 첨가되는 현상으로, ‘ㅎ’ 종성 체언의 끝소리 ‘ㅎ’이 역사적으로 소실되었다가 단어 합성 과정에서 복원된 것으로 볼 수 있다. 이를 고려할 때 ‘수탉(수+닭)’이나 ‘수캐(수+개)’와 같이 ‘수’가 동물을 뜻하는 어근과 결합한 합성어는 모두 ㅁ의 사례로 추가할 수 있으므로, ‘수’가 과거에 ‘ㅎ’ 종성 체언이었을 것이라고 추론할 수 있다.

37. ④
* 정답 해설
④ ‘구단의 주전으로 뽑힐’ 사건은 발화시보다 미래에 일어날 것으로 예상되는 일이므로, 발화시가 사건시에 앞선다. 따라서 ㄴ이 실현되었다. 그러나 해당 문장에서 사용된 서술어 ‘거두다’와 ‘뽑히다’ 중, ‘뽑히다’는 ‘주전으로’와 같은 부사어를 필수 성분으로 요구한다. 즉, 해당 문장에서는 ㄷ 또한 실현되었으므로 선지의 내용은 적절하지 않다.

* 오답 해설
① ‘엊저녁 비가 본격적으로 내리기’라는 명사절이 관형어로서 ‘전’이라는 체언을 수식하고 있으므로 ㄱ은 실현되었다. 또한 비가 내리기 전에 빨래를 걷은 사건은 발화시보다 이전에 일어난 것이므로, 사건시가 발화시에 앞선다. 따라서 ㄴ은 실현되지 않았다.
② ‘친구가 실수로 나를 밀치는’이라는 관형절이 관형어로서 ‘바람’이라는 체언을 수식하고 있으므로 ㄱ은 실현되었다. 또한 해당 문장에서 사용된 서술어 ‘밀치다’와 ‘고꾸라졌다’는 모두 부사어를 필수 성분으로 요구하지 않으므로 ㄷ은 실현되지 않았다.
③ ‘그녀는 한동안 마음의 상처에서 벗어나지 못하겠다.’는 미래에 대한 추측을 나타내는 것이므로, 발화시가 사건시에 앞선다. 따라서 ㄴ은 실현되었다. 또한 해당 문장은 ‘-니’라는 연결 어미를 통해 이어진 문장일 뿐, 관형어로 기능하는 안긴문장은 나타나지 않으므로 ㄱ은 실현되지 않았다.
⑤ 해당 문장에서 사용된 서술어 ‘달려가다’와 ‘일쑤였다’ 중, ‘달려가다’는 ‘개울가로’와 같은 부사어를 필수 성분으로 요구하므로 ㄷ은 실현되었다. 그리고 해당 문장에서는 ‘친구들과 개울가로 달려가기’라는 명사절이 주격 조사 ‘가’가 생략된 상태로 ‘일쑤였다’라는 서술어의 주어 기능을 하고 있으므로 ㄱ은 실현되지 않았다.

38. ②
* 정답 해설
② ‘할머니 밑’에서 ‘밑’은 구체적인 공간을 나타내는 것이 아니라, ‘앞에 오는 명사의 지배, 보호, 영향 따위를 받는 처지임을 나타내는 말’이다. 즉, 이는 할머니와의 관계에서 ‘나’의 위치를 나타내는 것이므로 ㄱ이 아닌 ㄴ의 예에 해당한다.

* 오답 해설
① ‘차창 밖’의 ‘밖’은 차창의 바깥이라는 구체적인 공간을 나타내므로 ㄱ의 예로 적절하다.
③ ‘국가의 보호 아래’의 ‘아래’는 구체적인 공간을 나타내는 것이 아니라, ‘조건, 영향 따위가 미치는 범위’를 뜻하므로 ㄴ의 예로 적절하다.
④ ‘회사 안에서’의 ‘안’은 구체적인 공간을 나타내는 것이 아니라, ‘조직이나 나라 따위를 벗어나지 않은 영역’을 뜻하므로 ㄴ의 예로 적절하다.
⑤ ‘과거의 일이 달라지지는 않는다.’라는 문맥을 고려할 때, ‘뒤를 돌아본다’의 ‘뒤’는 구체적인 공간을 나타내는 것이 아니라 ‘어떤 일이 진행된 다음에 나타난 자취나 흔적 또는 결과’의 의미임을 알 수 있으므로 ㄴ의 예로 적절하다.

39. ③
* 정답 해설
③ ㄷ에는 초성 ‘ㅈ’이나 ‘ㅊ’ 뒤에 ‘ㅑ, ㅕ, ㅛ, ㅠ’와 같은 상향 이중모음이 들어가야 한다. 제시된 〈자료〉에서 이에 해당하는 것은 ‘쥬희’와 ‘향쵸’뿐이므로 선지의 내용은 적절하다.

* 오답 해설
① ㄱ에는 초성에 둘 이상의 자음이 온 형태가 들어가야 한다. 제시된 〈자료〉에서 이에 해당하는 것은 ‘둛째’뿐이므로 선지의 내용은 적절하지 않다.
② ㄴ에는 초성에 ‘ㆁ(옛이응)’이 온 형태가 들어가야 한다. 제시된 〈자료〉에서 이에 해당하는 것은 ‘흔그에’뿐만 아니라 ‘묏보오리’도 있으므로 선지의 내용은 적절하지 않다.
④ ㄹ에는 종성에 ‘ㅅ’이 온 형태가 들어가야 한다. 제시된 〈자료〉에서 이에 해당하는 것은 ‘첫가슴’, ‘묏보오리’뿐만 아니라 ‘둛째’도 포함되므로 선지의 내용은 적절하지 않다.
⑤ ‘첫가슴’은 종성에 ‘ㅅ’이 쓰여 ㄹ에는 들어갈 수 있으나 초성에 ‘ㆁ’이 쓰이지 않아 ㄴ에는 들어갈 수 없다. ㄴ과 ㄹ에 공통으로 들어갈 수 있는 형태는 ‘묏보오리’뿐이므로 선지의 내용은 적절하지 않다.

40. ②
* 정답 해설
② ‘다희’는 “기사를 읽어 보니까 작년 캠페인에 참여했던 학생 수가 재작년보다 많이 늘었다고 하더라.”라고 말한 뒤,

자신의 발언 내용을 확인할 수 있도록 기사 링크(https:// ○○.news.com/145686174)를 제시하였으므로 선지의 내용은 적절하다.

＊ 오답 해설
① ‘지용’은 “지난 회의 때, 환경부가 주최하는 ‘탄소 중립, 우리부터 시작’ 캠페인에 학생들의 참여를 독려하기 위한 안내문을 작성해서 우리 동아리 카페에 올리기로 했잖아.”라며 지난 회의의 내용을 요약하고, “오늘 회의에서는 이 안내문에 어떤 내용이 들어가면 좋을지 이야기를 나눠 보자.”라며 오늘 회의의 내용을 안내하였다. 그러나 회의의 진행 순서를 안내하지는 않았다.
③ ‘대영’은 엄지를 치켜드는 모양의 이모티콘을 사용하여 “자정까지 활동 내용을 제출해야 한다는 점을 강조”하자는 ‘다희’의 의견에 동의하는 뜻을 표출하였으므로 선지의 내용은 적절하지 않다.
④ ‘대영’의 “‘친구들과 같이 활동에 참여하니까 더 재밌고 동기 부여도 됐습니다.’ 이 인터뷰 내용 말이지?’와 ‘윤아’의 ‘아니, 그거 말고. “일상에서도 탄소 중립을 실천할 수 있는 여러 방법이 있다는 걸 알게 됐어요.” 이 내용 말한 거였어.’를 통해, ‘대영’과 ‘윤아’ 모두 ‘다희’가 공유한 기사의 내용을 읽었음을 알 수 있다. 그러나 둘 다 자료의 내용의 진위를(참과 거짓) 확인하지는 않았다.
⑤ ‘다희’는 “아, 그리고 지난번엔 캠페인 종료일과 마감 시각을 몰랐던 학생들이 많았어.”에서, ‘윤아’는 “포인트 적립에 필요한 활동은 앱 상단에 표시되는 세 가지니까, 그 부분만 캡처해서 제시하면 깔끔할 것 같아.”에서 답장 기능을 활용해 이전 대화 내용에 관한 추가 의견을 제시하고 있다. 그러나 둘 다 답장 기능을 활용해 지난 대화 내용 중 잘못된 부분을 수정하고 있지는 않다.

41. ③
＊ 정답 해설
③ ‘공지 게시판’의 게시글 중 카페 ‘관리자’가 작성한 ‘[고정글]’을 통해 ‘관리자’가 카페 사용자들에게 카페 활동명을 ‘○학년 ○반 ○○○(실명)’으로 바꿔줄 것을 요청하고 있음을 확인할 수 있다. 이는 관리자가 사용자들의 카페 활동명을 사용자들이 직접 수정하도록 요청하는 것이므로, 관리자가 다른 사용자들의 이름을 수정할 수 있도록 하는 기능이 제공되고 있다고 볼 수 없다.

＊ 오답 해설
① ‘홈 화면’의 상단에 ‘2025년 환경 학술 대회 참가 사진’이 제시되고 있다. 이는 카페를 대표하는 사진에 해당하며, 옆에 ‘◎◎고등학교 환경 동아리 온라인 카페에 오신 것을 환영합니다.’라는 간략한 설명이 있음을 확인할 수 있으므로 선지의 내용은 적절하다.
② “‘탄소 중립, 우리부터 시작’ 캠페인 안내문”에서, 작성자의 이름 옆에 ‘쪽지 보내기’라는 버튼이 있음을 확인할 수

있다. 이를 통해 카페 사용자들은 게시글 작성자와 일대일로 소통할 수 있음을 알 수 있으므로 선지의 내용은 적절하다.
④ ‘공지 게시판’의 가장 위에 작성일이 ‘1년 전’인 ‘[고정글]’이 제시되고 있다. 이를 통해 작성일과는 무관하게 작성자가 원활한 카페 운영에 필요한 글을 게시판 상단에 고정할 수 있음을 알 수 있으므로 선지의 내용은 적절하다.
⑤ “‘탄소 중립, 우리부터 시작’ 캠페인 안내문”의 하단을 보면, ‘작성자에 의해 댓글 작성이 제한된 글입니다.’라는 안내가 제시되고 있다. 이는 게시글의 작성자가 자신이 작성한 글에 다른 사용자들이 댓글을 작성하지 못하도록 설정한 것이므로 선지의 내용은 적절하다.

42. ①
＊ 정답 해설
① ㉠에서는 ‘우리 모두’라는 명사구를 사용하여, ‘방학’을 기다리는 주체를 나타내고 있다. 해당 안내문이 환경 동아리 카페에 게시된 글임을 고려해 볼 때, 이는 ‘방학’을 기다리는 주체에 동아리원들이 포함됨을 드러낸다고 볼 수 있다.

＊ 오답 해설
② ㉡에서는 앞말이 뒷말의 원인이나 근거, 전제 따위가 됨을 나타내는 연결 어미인 ‘-니’를 사용하여 해당 안내문을 작성하는 이유가 캠페인에 대한 학생들의 관심과 참여를 독려하기 위함임을 드러내고 있을 뿐, 해당 안내문의 작성이 학생들의 건의에서 비롯되었음을 드러내고 있지는 않다.
③ ㉢에서는 둘 이상의 사물이나 사람을 같은 자격으로 이어 주는 접속 조사인 ‘과’를 사용하여 ‘탄소 중립 활동을 잘 실천한 학생들’에게 ‘상금’과 ‘상장’의 두 보상이 모두 수여됨을 드러내고 있다. 즉, 모든 캠페인 참가자에게 보상이 주어짐을 드러낸 것이 아니므로 선지의 내용은 적절하지 않다.
④ ㉣에서는 ‘낱낱이 모두’의 뜻을 나타내는 보조사인 ‘마다’를 사용하여 ‘실천일기’, ‘환경 퀴즈’, ‘환경 정보’ 활동을 실천할 때면 항상 일정 수준의 포인트를 적립할 수 있음을 드러내고 있다. 이는 각 활동을 실천함에 따라 얻는 포인트가 다름을 드러낸 것이 아니므로 선지의 내용은 적절하지 않다.
⑤ ㉤에서는 ‘생각이나 바람대로 어떤 일이나 상태가 이루어지거나 그렇게 되었으면 하고 생각하다.’의 의미인 동사 ‘바라다’를 사용하여 ◎◎고등학교의 학생들 또한 캠페인에 참여해 소중한 경험을 하면 좋겠다는 마음을 드러내고 있다. 작년과 마찬가지로 많은 학생이 캠페인에 참여했으면 좋겠다는 마음을 드러낸 것이 아니므로 선지의 내용은 적절하지 않다.

43. ②

＊ 정답 해설

② (가)에서 "지난번에 포인트 적립 방법 등 참여 방법에 관한 질문이 많았으니까, 이번엔 안내문에서 캠페인 참여 방법을 간략히라도 설명하면 좋을 것 같아."라는 '다희'에 말에, '지용'은 "앱을 통한 여러 참여 방법을 각각 설명"하자는 견해를 제시했다. (나)에서는 이를 반영하여 '탄소 중립 앱'에 제시된 활동, 즉 '실천일기'와 '환경 퀴즈', '환경 정보' 활동을 실천하는 방법을 각각 설명하고 있다. 그러나 여기서 활동별로 적립되는 포인트 수치를 구체적으로 언급하지는 않았으므로 선지의 내용은 적절하지 않다.

＊ 오답 해설

① (가)에서 '대영'은 "이번 캠페인도 지난 캠페인과 마찬가지로 방학 때 진행된다는 걸 알려 주자."라고, '다희'는 "아, 그리고 지난번엔 캠페인 종료일과 마감 시각을 잘 몰랐던 학생들이 많았어. 자정까지 활동 내용을 제출해야 한다는 점을 강조하는 것 어때?"라고 말하였다. (나)에서는 이를 반영하여 캠페인의 '기간'을 제시하고, 그 아래에 '실천 내용은 캠페인 종료일 24시 이전까지 제출되어야 인정됩니다.'라는 문구를 '※' 기호를 사용해 강조하였다.

③ (가)에서 "앱 화면을 캡처해서 함께 삽입하면 효과적일 거야."라는 '윤아'의 말에, '대영'은 "그거 괜찮은 생각인데? 특히 '실천일기'는 20회 이상 작성하지 않으면 자격 미달로 캠페인 참여에서 제외되니까 반드시 언급해 줄 필요가 있어."라며 동의했다. (나)에서는 이를 반영하여 탄소 중립 앱의 실행 화면을 일부만 보여 주면서, '실천일기'에 관해 '20회 이상 작성 필수!'라는 문구를 삽입하였다.

④ (가)에서 "기사를 읽어 보니까 작년에 캠페인에 참여했던 학생 수가 재작년보다 많이 늘었다고 하더라."라는 '다희'의 말에, '윤아'는 "오, 그럼 그 내용을 넣어서 많은 학생이 이미 캠페인에 참여하고 있다는 점을 알려 주자."라는 의견을 제시했다. (나)에서는 이를 반영하여 작년 캠페인에 재작년보다 약 2배 많은 학생이 참여했다는 내용을 제시함으로써 캠페인의 참가 규모가 커지고 있다는 사실을 부각하였다.

⑤ (가)에서 '윤아'는 '다희'가 제시한 기사를 읽고 "일상에서도 탄소 중립을 실천할 수 있는 여러 방법이 있다는 걸 알게 됐어요."라는 내용을 넣자고 제안했으며, 이에 '지용'은 "윤아가 말한 부분을 넣자."라며 "그럼 우리 학교 학생들도 참여해 보고 싶다는 마음이 들 거야."라고 설명했다. (나)에서는 이를 반영하여 캠페인에 참가했던 한 학생의 인터뷰 내용을 인용하여 캠페인의 효과를 강조함으로써 학생들의 참여를 유도하였다.

44. ⑤

＊ 정답 해설

⑤ ㉤에서는 '교수'가 제시한 자료의 출처를 밝혀 자료에 대한 신뢰성을 높이고 있을 뿐, 생성형 AI에 관해 시청자들이 추가 정보를 얻는 방법을 안내하지는 않았다.

＊ 오답 해설

① ㉠에서는 방송 주제인 '생성형 AI와 청소년'을 제시하여 방송 중간에 유입된 시청자도 방송 주제를 쉽게 확인할 수 있도록 돕고 있다.

② ㉡은 방송 시청자들이 실시간으로 방송 내용에 관한 이야기를 나눌 수 있도록 하는 실시간 채팅이며, 진행자는 실시간 채팅을 확인하며 시청자들과 소통하는 방식으로 방송을 진행하고 있다. 이는 시청자들이 방송에 참여할 수 있도록 하여 방송에서 전달되는 정보의 구성을 다양화한 것이므로 선지의 내용은 적절하다.

③ ㉢은 방송에 만족한 시청자들이 방송에 대한 호감도를 표출할 수 있도록 하는 기능이다. 방송 진행자는 이를 확인하며 "태양 님, '좋아요' 감사합니다. 지금 방송 보고 계신 다른 분들도 방송이 재밌으시다면 화면 하단에 있는 하트 버튼을 꼭 눌러 주세요."라고 말하였으므로 선지의 내용은 적절하다.

④ ㉣은 '교수'가 미리 보낸 자료, 즉 '생성형 AI 관련 연령대별 답변 비율'을 그래프로 도식화한 것이다. 이는 해당 내용에 대한 시청자들의 이해를 돕는 기능을 수행한다.

45. ①

＊ 정답 해설

① [A]에서 '태양'은 '생성형 AI와 청소년'이라는 방송 주제에 대해 '제가 요즘 관심이 많았던 주제'라고 언급하였다. 그러나 이를 두고 '태양'이 해당 주제에 대한 보편적 관심이 높아지고 있음을 언급하였다고 볼 수는 없다.

＊ 오답 해설

② [A]에서 '나무'는 자신이 과제를 할 때 생성형 AI를 가끔 사용하기도 하며, 사실과 전혀 다른 정보를 제공하는 생성형 AI로 인해 수업에서 창피를 당했던 경험이 있음을 언급하였다. 이는 앞선 "아직은 불완전해서 조금 불편하기는 하지만요."에서 드러나는, 진행자가 '생성형 AI'를 사용하며 느낀 불편함에 공감하는 발언이라고 볼 수 있다.

③ [B]에서 '홍차'는 앞서 교수가 언급한, '중고등학생 중 67.9%가 생성형 AI를 사용한 경험이 있다는 연구 결과'와 관련한 정보를 자신 또한 기사를 통해 보았음을 언급하였다. 또한 '홍차'는 이에 덧붙여 교수가 설명하지 않은 '요즘 청소년들'이 '신기술에 거부감이 없다는 내용'을 제시하였다.

④ [C]에서 '바위'는 화면에 제시된 그래프 자료를 해석하여, '생성형 AI와 대화하면서 감정까지 충분히 교류할 수 있다고 생각하는가?'라는 질문에 '그렇다'고 대답한 비율이 10대보다 20대에서 더 높다는 점을 언급하였다. 그리고 이를 바탕으로, '왜 청소년만 문제라고 하시는 건가요?'라고 물으며, 해당 문제를 청소년에 한정하는 것에 대한 의문을 제기하였다.

⑤ [C]에서 '산길'은 '생성형 AI를 바라보는 청소년의 시각에 관해 몰랐던 것들을 알게 되네요.'라고 말하며, 방송을 통해 새로운 사실을 알게 되었음을 언급하였다. 그리고 '저도 청소년인데, 다른 친구들에게 이 방송을 꼭 보라고 추천해야겠어요.'라며, 방송의 유익함을 긍정적으로 평가하였다.

[언어와 매체]

35	④	36	③	37	③	38	②	39	④
40	④	41	③	42	①	43	②	44	③
45	②								

35. ④
*** 정답 해설**

④ 2문단에 따르면, 'ㄷ'의 변이음은 [t], [d], [t ̚]이고, 'ㅂ'의 변이음은 [p], [b], [p ̚]이다. '듣고'에서 '듣'의 초성 'ㄷ'이 [t]로, 종성 'ㄷ'이 [t ̚]로 발음되므로, '듣고'에서 나타나는 'ㄷ'의 변이음 개수는 2개이다. 또한, '법무부'에서 '법'의 초성 'ㅂ'이 [p]로, '부'의 초성 'ㅂ'이 울림소리인 모음 사이에 놓여 [b]로 발음되므로, '법무부'에서 나타나는 'ㅂ'의 변이음 개수도 2개이다. 이때 '법'의 종성 'ㅂ'은 비음화에 의해 'ㅁ'으로 발음되므로 'ㅂ'의 변이음을 확인할 수 없다. 1문단에서는 '동일 음운이 각기 다른 음성으로 실현된 것'을 '변이음'이라고 하였다. 비음화는 음운 자체가 다른 음운으로 바뀌는 음운 변동이므로, 비음화의 결과인 음운 'ㅁ'을 음운 'ㅂ'의 변이음이라 할 수는 없다.

*** 오답 해설**

① 2문단에 따르면, 'ㅂ'은 어두에서 안울림소리 [p], 울림소리 사이에서 [b], 어말 혹은 안울림소리 앞에 놓였을 때 [p ̚]로 변이음이 실현된다. '밥주발'에서는 '밥'의 초성 'ㅂ'에서 [p]를, '밥'의 종성 'ㅂ'에서 [p ̚]를, '발'의 'ㅂ'에서 [b]를 확인할 수 있다. 즉, 해당 단어에서는 'ㅂ'의 변이음 세 가지를 모두 확인할 수 있으므로 선지의 내용은 적절하지 않다.

② 3문단에 따르면, 음성은 음운과 달리 의미 변별에 기여하지 못하기 때문에 특정 언어의 화자는 자신의 언어에 있는 변이음 간 차이를 식별하지 못하고, 그 변이음들을 한 음운으로 인식한다. 또한, 1문단을 통해 [k]와 [g]가 'ㄱ'의 변이음임을 알 수 있다. 이를 고려하면 한국어 화자는 [k]와 [g]의 차이를 식별하지 못하고 한 음운인 'ㄱ'으로 인식할 것이므로 선지의 내용은 적절하지 않다.

③ 1~2문단에 따르면, 'ㄱ'은 어두에서 안울림소리 [k]로, 울림소리 사이에서 울림소리 [g]로, 어말이나 안울림소리 앞에서 불파음 [k ̚]로 변이음이 실현된다. 이를 고려하면, '고객'의 '고'의 초성 'ㄱ'은 어두에 있으므로 안울림소리 [k]로 발음되고, '객'의 종성 'ㄱ'은 어말에 있으므로 불파음 [k ̚]으로 발음될 것임을 알 수 있다.

⑤ 1문단에 따르면, 머릿속에 존재하는 추상적 말소리를 음운이라 하고, 실제로 발음되는 구체적 말소리를 음성이라 한다. 즉 언어 사용자가 머릿속에서 구성한 말소리는 음운에, 실제 발음한 말소리는 음성에 해당하므로 선지의 내용은 적절하지 않다.

36. ③
*** 정답 해설**

③ [A]에 따르면, 'ㅅ[s]', 'ㄴ[n]'은 변이음 차원에서의 구개음화로 인해 단모음 'ㅣ'나 반모음 'ㅣ[j]' 앞에서 'ㅅ[ɕ]', 'ㄴ[ɲ]'로 실현된다. '시내'의 'ㅅ'은 단모음 'ㅣ' 앞에 있으므로 구개음화된 'ㅅ[ɕ]'로, '남녘'의 '녘'에서 발음되는 'ㄴ'은 반모음 'ㅣ[j]' 앞에 있으므로 구개음화된 'ㄴ[ɲ]'으로 실현된다. 즉, '시내'의 'ㅅ'도 '남녘'의 'ㄴ'과 마찬가지로 ⓒ의 예로 추가할 수 있으므로 선지의 내용은 적절하지 않다.

*** 오답 해설**

① [A]에 따르면, 'ㄱ'은 울림소리 사이에서 안울림소리 [k]가 아닌 울림소리 [g]로 발음된다. '결근'에서 먼저 발음되는 '결'의 'ㄱ'은 어두에 위치하고 있으므로, 안울림소리 [k]로 발음될 것이다. 이와 달리, 두 번째로 발음되는 '근'의 'ㄱ'은 유음 'ㄹ[ɾ/l]'과 모음 'ㅡ' 사이에 놓여 유성음화되므로 울림소리 [g]로 발음될 것이다. 즉, '결'의 'ㄱ'과 달리 '근'의 'ㄱ'은 ⓐ의 예로 추가할 수 있으므로 선지의 내용은 적절하다.

② [A]에 따르면, 'ㅂ[p]'는 어말이나 안울림소리 앞에 놓일 때 불파음 'ㅂ[p ̚]'으로 실현된다. '대답'의 'ㅂ'은 어말에 놓이는 'ㅂ'이고 '습관'의 'ㅂ'은 안울림소리 앞에 놓이는 'ㅂ'이므로, 모두 'ㅂ[p ̚]'으로 실현되며 ⓑ의 예로 추가할 수 있다.

④ [A]에 따르면, 'ㄹ'은 외래어의 어두에서는 설측음 '[l]'로, 음절 초성을 이루는 환경에서는 탄설음 '[ɾ]'로 실현된다. 이를 고려할 때, '레몬'의 'ㄹ'은 외래어의 어두에 놓였으므로 설측음 '[l]'로, '나라'의 'ㄹ'은 음절 초성에 놓였으므로 탄설음 '[ɾ]'로 실현될 것이다. 따라서 이 둘은 모두 ⓓ의 예로 추가할 수 있다.

⑤ [A]에 따르면, 'ㅎ'은 안울림소리 [h], 울림소리 사이에서 '[ɦ]', 단모음 'ㅣ'나 반모음 'ㅣ[j]' 앞에서 '[ç]', 모음 'ㅡ' 앞에서 [x]로 변이음이 실현된다. '화장'의 'ㅎ'은 어두에 위치하고 있으므로 안울림소리 [h]로, '원한'의 'ㅎ'은 비음 'ㄴ'과 모음 'ㅏ' 사이에 있으므로 '[ɦ]'로, '힘줄'의 'ㅎ'은 단모음 'ㅣ' 앞에 있으므로 '[ç]'로, '흑백'의 'ㅎ'은 모음 'ㅡ' 앞에 있으므로 '[x]'로 실현될 것이다. 즉, 네 단어의 'ㅎ'은 각기 다른 변이음으로 실현된 ⓔ의 예로 추가할 수

있으므로 선지의 내용은 적절하다.

37. ③
＊ 정답 해설
③ 해당 문장에서 사용된 부사어 '이번 스승의 날에'와 '손수', '선생님께' 중, '손수'가 관형어 '만든'을 수식하고 있으므로, ⓒ이 실현되고 있다. 참고로, '손수'는 '남의 힘을 빌리지 아니하고 제 손으로 직접'이라는 의미를 지닌 부사이다. 한편 해당 문장에서 안긴문장 '손수 만든'에는 '영희가'리는 주어와 '빵을'이라는 목적어가 생략되어 있다. 즉, 해당 문장에서는 ⓒ 또한 실현되었으므로 선지의 내용은 적절하지 않다.

＊ 오답 해설
① 해당 문장에서 안은문장의 서술어는 '보냈다'이다. 이때 '보냈다'는 주어, 목적어, 부사어를 요구하는 세 자리 서술어이므로 ㉠은 실현되고 있다. 한편, 해당 문장에서 안긴문장 '친정어머니가 일하고 있는'은 필수적인 문장 성분을 모두 갖추고 있으므로 ⓒ은 실현되지 않고 있다. 참고로, '친정어머니가 일하고 있는'의 안긴문장은 본래의 문장이 '친정어머니가 (가게에서) 일하고 있다.'로 부사어가 생략되어 있지만, '가게에서'는 필수적인 문장 성분이 아니다.
② 해당 문장에서 사용된 부사어 '엄청', '얼른', '자판기 구멍에' 중, '엄청'이 관형어 '시원한'을 수식하고 있으므로 ⓒ이 실현되고 있다. 한편, 해당 문장에서 안은문장의 서술어는 '마시려고'이다. 이때 '마시려고'는 주어와 목적어를 요구하는 두 자리 서술어이므로 ㉠은 실현되지 않고 있다.
④ 해당 문장에서 사용된 부사어 '아주', '산속에서나', '무척' 중, '아주'가 관형사 '외딴'을 수식하고 있으므로 ⓒ은 실현되고 있다. 한편, 해당 문장에서 안긴문장 '반딧불이 아주 외딴 산속에서나 서식한다는' 필수적인 문장 성분을 모두 갖추고 있으므로, ⓒ은 실현되지 않고 있다.
⑤ 해당 문장에서 안긴문장 '신입 사원이 알지 못하게'는 '신입 사원'이 '알지 못하는' 사실에 해당하는 목적어가 생략되어 있으므로 ⓒ이 실현되고 있다. 한편, 해당 문장에서 안은문장의 서술어는 '준비했다'이다. 이때 '준비했다'는 주어와 목적어만을 요구하는 두 자리 서술어이므로 ㉠은 실현되지 않고 있다.

38. ②
＊ 정답 해설
② '평소와는 다르게 오늘따라 전화가 잘 걸리지 않는다.'는 피동사 '걸리다'가 쓰인 피동문이다. 이 문장을 능동문으로 바꾸면, '평소와는 다르게 오늘따라 전화를 잘 걸지 않는다'가 된다. 이때 능동문의 주체를 설정할 수 없다는 점, 그리고 본래 피동문과 의미가 상이해진다는 점에서 적절한 능동문으로 볼 수 없다. 즉, 피동문 '평소와는 다르게 오늘따라 전화가 잘 걸리지 않는다.'는 그에 대응하는 능동문을 설정할 수 없는 경우이므로 ㉠의 예로 적절하다.

＊ 오답 해설
① '이 출판사의 책은 젊은 사람들에게 많이 읽힌다.'는 피동사 '읽히다'가 쓰인 피동문이다. 이 문장은 '이 출판사의 책은 젊은 사람들이 많이 읽는다.'라는 능동문으로 바꿀 수 있으므로, ㉠의 예로 적절하지 않다.
③ '크릴 수만 마리가 순식간에 대왕고래에게 잡아먹혔다.'는 피동사 '잡아먹히다'가 쓰인 피동문이다. 이 문장은 '대왕고래가 크릴 수만 마리를 순식간에 잡아먹었다.'라는 능동문으로 바꿀 수 있으므로, ㉠의 예로 적절하지 않다.
④ '어머니는 조심스럽게 잠든 동생을 침대에 눕히셨다.'는 사동사 '눕히다'가 쓰인 사동문으로, 피동문이 아니다. 따라서 해당 문장은 ⓒ의 예로 적절하지 않다.
⑤ '할아버지는 자랑스러워하시며 나에게 훈장을 보이셨다.'는 사동사 '보이다'가 쓰인 사동문으로, 피동문이 아니다. 따라서 해당 문장은 ⓒ의 예로 적절하지 않다.

39. ④
＊ 정답 해설
④ 선생님의 설명에 따르면, 객체 높임 선어말 어미의 기본형 '-숩-'은 앞선 어간의 끝소리가 'ㄷ, ㅈ, ㅊ'일 때 초성 'ㅅ'이 'ㅈ'으로 교체되고, 뒤따르는 어미의 첫소리가 모음으로 시작할 때 종성 'ㅂ'이 'ㅸ'으로 교체되어 '-ᅀᆞᇦ-'으로 나타난다. 즉, ㉣에는 객체 높임 선어말 어미 앞에 'ㄷ, ㅈ, ㅊ'이 오고, 뒤에 모음이 오는 환경을 이루는 형태가 들어가야 한다. 따라서 ㉣에 들어갈 형태는 '일ㅋ러'와 '조ᄎ니'이므로 선지의 내용은 적절하다.

＊ 오답 해설
① 선생님의 설명에 따르면, '-숩-'은 객체 높임 선어말 어미의 기본형이다. 즉, ㉠에는 객체 높임 선어말 어미 앞에 'ㄷ, ㅈ, ㅊ, ㄴ, ㅁ, ㄹ'이나 모음이 아닌 음운이 오고, 뒤에 자음이 오는 환경을 이루는 형태가 들어가야 한다. 따라서 ㉠에 들어갈 형태는 '갑디'뿐만 아니라 '돕고져'도 포함되므로 선지의 내용은 적절하지 않다.
② 선생님의 설명에 따르면, 객체 높임 선어말 어미의 기본형 '-숩-'은 뒤따르는 어미의 첫소리가 모음으로 시작할 때 종성 'ㅂ'이 'ㅸ'으로 교체되어 '-ᅀᆞᇦ-'으로 나타난다. 즉, ㉡에는 객체 높임 선어말 어미 앞에 'ㄷ, ㅈ, ㅊ, ㄴ, ㅁ, ㄹ'이나 모음이 아닌 음운이 오고, 뒤에 모음이 오는 환경을 이루는 형태가 들어가야 한다. 따라서 ㉡에 들어갈 형태는 '저허'뿐만 아니라 '니버'도 포함되므로 선지의 내용은 적절하지 않다.
③ 선생님의 설명에 따르면, 객체 높임 선어말 어미의 기본형 '-숩-'은 앞선 어간의 끝소리가 'ㄷ, ㅈ, ㅊ'일 때 초성 'ㅅ'이 'ㅈ'으로 교체되어 '-ᄌᆞᆸ-'으로 나타난다. 즉, ㉢에는 객체 높임 선어말 어미 앞에 'ㄷ, ㅈ, ㅊ'이 오고, 뒤에 자음이 오는 환경을 이루는 형태가 들어가야 한다. 따라서 ㉢에 들어갈 형태는 '묻고'만 해당하므로 선지의 내용은 적절하지 않다.

⑤ 선생님의 설명에 따르면, 객체 높임 선어말 어미의 기본형 ‘-습-’은 앞선 어간의 끝소리가 모음이나 ‘ㄴ, ㅁ, ㄹ’일 때 초성 ‘ㅅ’이 ‘ㅿ’으로 교체되어 ‘-습-’으로 나타난다. 즉, ㅁ에는 객체 높임 선어말 어미 앞에 모음 또는 ‘ㄴ, ㅁ, ㄹ’이 오고, 뒤에 자음이 오는 환경을 이루는 형태가 들어가야 한다. 따라서 ㅁ에 들어갈 형태는 ‘디니며’만 해당하므로 선지의 내용은 적절하지 않다.

40. ④
＊ 정답 해설

④ [화면 1]에서는 전기 사용과 현금을 나타낸 이미지와 ‘전기 아끼면 돈 준다? 주택용 에너지 캐시백’이라는 문자를 활용하여, ‘주택용 에너지 캐시백 제도’라는 화제를 드러내고 있다. 또한 [화면 3]에서는 대기 전력 유무를 나타내는 제품의 전원 버튼과 대기 전력 저감 정도를 나타내는 마크 이미지를 그에 관한 문자와 함께 제시하여 대기 전력의 유무와 대기 전력 저감 기준 달성 정도를 확인할 수 있는 방법을 드러내고 있다. 이처럼 내용과 관련한 이미지와 문자를 활용하는 것은 의미를 효과적으로 전달하기 위함이므로 선지의 내용은 적절하다.

＊ 오답 해설

① [화면 1]의 하단에서 ‘[속보] △△시 부근 2.0 규모 지진 발생’이라는 자막을 제시하고 있다. 그러나 “△△시에서 2.0 규모의 지진이 발생했다고 합니다. 이 내용은 정리되는 대로 보도해 드리겠습니다.”라는 진행자의 발화를 고려할 때, 이는 긴급한 내용을 시청자에게 곧바로 전달하려는 것일 뿐, 보도의 화제를 전환하려는 것은 아니므로 선지의 내용은 적절하지 않다.

② [화면 2]에서는 ‘주택용 에너지 캐시백’에 참여하고 있는 시민과의 인터뷰 내용을 제시하고 있다. 또한 “할인받은 금액을 고지서에서 바로 확인할 수 있으니까 재밌기도 하고 전기 절약에도 큰 동기 부여가 되더라고요.”라는 시민의 인터뷰 내용을 보여 주는 자막을 통해 시민이 해당 제도에 만족하고 있음을 알 수 있다. 그러나 뉴스 보도에서 기자의 관점이 제시되고 있지 않으며, 상반된 인터뷰 내용을 제시해 보도 내용을 균형적으로 전달하고 있지도 않으므로 선지의 내용은 적절하지 않다.

③ [화면 1]에서는 ‘주택용 에너지 캐시백’에 관한 보도가 이루어질 것이라는 점과 지진에 관한 보도를 즉각적으로 전달하기 위한 자막을 제시하고 있을 뿐, 해당 보도가 끝난 이후 이어질 내용을 제시하고 있지는 않다. 한편, [화면 2]에서는 ‘잠시 후 오후 9시부터 한국과 일본의 축구 경기가 중계됩니다.’라는 설명을 통해 보도가 끝난 후 방송될 내용을 제시하고 있다.

⑤ [화면 2]에서는 기자가 시민을 인터뷰하는 내용을, [화면 3]에서는 대기 전력 제품과 관련한 기자의 설명을 제시하고 있다. 그러나 이는 기자가 과거에 준비한 내용이지, 취재 현장에 있는 기자가 실시간으로 전달하는 내용이 아니

므로 선지의 내용은 적절하지 않다.

41. ③
＊ 정답 해설

③ 뉴스 보도에서 전문가는 “대기 전력은 기기가 현재 주된 기능을 수행하지 않는데 단지 켜짐 신호를 기다리며 소비하는 전력입니다. 주로, 리모컨을 사용하거나 작동 상태를 알려 주는 화면이 있는 제품들이 대기 전력을 많이 사용합니다.”라고 설명하였으며, 이에 대해 ‘호돌이’는 ‘리모컨을 사용하는 기기들은 모든 가정에 있지 않’냐며 ‘이런 뉴스가 더 많아져서 사람들의 인식이 바뀌면 좋겠’다고 말하였다. 이를 고려할 때, ‘호돌이’가 대기 전력에 관한 전문가의 발화 중 일부 내용에 주목한 것은 맞다. 하지만 ‘호돌이’는 모든 가정에 유용한 정보를 전달할 수 있는 뉴스가 많아졌으면 좋겠다고 평가한 것이지, ‘주택용 에너지 캐시백 제도’의 보도 내용을 보완한 후속 보도가 필요함을 제기한 것이 아니므로 선지의 내용은 적절하지 않다.

＊ 오답 해설

① 뉴스 보도에서 관계자는 ‘주택용 에너지 캐시백’ 제도 가입 가정이 늘어나고 있음을 구체적인 수치로 제시하면서, “참여 가정에 일별 전력 사용량과 사용 패턴을 시각화한 자료를 제공하거나 목표 절감률을 초과하면 알림을 제공하는 등 여러 서비스를 시행하려 준비 중입니다.”라고 말하였다. 이에 대해 ‘사랑이’는 ‘목표를 달성하기 전에 알려 주어야 제도 시행 목적에 부합하는 거 아닌가요?’라며, 관계자가 말한 내용이 제도 시행 목적에 부합하지 않을 수 있다는 비판적 시각을 드러냈으므로 선지의 내용은 적절하다.

② 뉴스 보도에서 시민은 “‘1050원’, ‘1083원’처럼 제가 할인받은 금액을 고지서에서 바로 확인할 수 있으니까 재밌기도 하고 전기 절약에도 큰 동기 부여가 되더라고요.”라고 말하였다. 이에 대해 ‘인삼이’는 ‘시민 분께서 한 달에 1083원을 할인받았다는 걸까요?’라며, 자신이 이해한 정보가 맞는지 궁금해하였으므로 선지의 내용은 적절하다.

④ 뉴스 보도에서 ‘기자’는 대기 전력 유무를 나타내는 제품의 전원 버튼과 대기 전력 저감 정도를 나타내는 마크에 관해 설명하면서, “대기 전력의 저감 기준을 달성하지 못한 제품과 대기 전력 저감 정도가 우수한 제품도 제품에 부착된 마크로 구분할 수 있습니다.”라고 말하였다. 이에 대해 ‘몽몽이’는 ‘집에 있는 전자 제품 중에 대기 전력 기준 미달 제품이 두 개나 있었’다며, 보도 내용과 관련한 경험을 언급하고 있다. 또한 ‘이번 뉴스 안 봤으면 모를 뻔했네요.’라고 말하며, 해당 내용이 보도를 통해 새롭게 알게 된 것임을 드러내고 있으므로 선지의 내용은 적절하다.

⑤ 뉴스 보도에서 ‘기자’는 “한국 전력 공사에서 추첨을 통해 제도 가입자에게 경품을 제공하는 이벤트도 개최한다고 합니다. 자세한 내용은 한국 전력 공사 누리집에서 확인할

수 있습니다.”라고 말하였다. 이에 대해 ‘지식이’는 ‘한국 전력 누리집에 가보니까 200명을 추첨해서 로봇 청소기 등을 준다네요.’라고 말하며, 자신이 얻은 추가 정보에 관해 언급하고 있다. 또한 ‘저처럼 궁금했던 분들이 계실 것 같아 글 남깁니다.’라며, 자신이 얻은 추가 정보를 다른 수용자들에게 공유하고 있으므로 선지의 내용은 적절하다.

42. ①
＊ 정답 해설

① ⓐ의 ‘대로’는 ‘어떤 상태나 행동이 나타나는 그 즉시.’라는 의미의 의존 명사로, “2.0 규모의 지진이 발생했다”는 속보의 내용이 정리되는 그 즉시 보도하겠다는 의미를 드러낸다. 즉, 지진 발생에 관한 내용이 정리되는 시점에 보도가 이루어질 것임을 드러낸 것이므로 선지의 내용은 적절하다.

＊ 오답 해설

② ⓑ의 ‘따르다’는 ‘어떤 경우, 사실이나 기준 따위에 의거하다.’라는 의미의 동사로, 주택용 에너지 캐시백에 가입한 전기 사용자가 전기 절감률에 의거해 차등적으로 캐시백 금액을 지급받는다는 내용을 전달한다. 즉, 지급되는 캐시백 금액이 전기 절감률을 기준으로 산정된다는 의미를 전달하는 것이지, 캐시백 금액 지급의 최저 기준을 언급한 것이 아니므로 선지의 내용은 적절하지 않다.

③ ⓒ의 ‘않는데’에 사용된 ‘-ㄴ데’는 뒤 절에서 어떤 일을 설명하거나 묻거나 시키거나 제안하기 위하여 그 대상과 상관되는 상황을 미리 말할 때에 쓰는 연결 어미로, 기기가 주된 기능을 수행하는 것이 아닌데도 전력을 소비한다는 내용을 전달한다. 즉, 대기 전력이 기기가 주된 기능을 수행하지 않을 때도 소비되는 전력임을 설명하는 것이지, 기기가 꺼진 상태에서도 전력을 소비하는 이유를 설명한 것이 아니므로 선지의 내용은 적절하지 않다.

④ ⓓ의 ‘또한’은 ‘그 위에 더. 또는 거기에다 더.’라는 의미의 부사로, 제품의 전원 버튼을 통해 “대기 전력의 유무를 알 수 있”을 뿐 아니라, “대기 전력의 저감 기준을 달성하지 못한 제품과 대기 전력 저감 정도가 우수한 제품”을 마크를 통해 구분할 수 있음을 전달한다. ‘또한’의 앞 문장이 대기 전력이 없는 제품의 이점을 설명하고 있지는 않으며, 뒤 문장 역시 대기 전력이 없는 제품의 이점을 설명하고 있지 않으므로 선지의 내용은 적절하지 않다.

⑤ ⓔ의 ‘에서’는 앞말이 주어임을 나타내는 격 조사로, “추첨을 통해 제도 가입자에게 경품을 제공하는 이벤트”를 개최하는 주체가 한국 전력 공사임을 드러낸다. 한국 전력 공사는 이벤트가 개최되는 구체적인 장소가 아니므로 선지의 내용은 적절하지 않다.

43. ②
＊ 정답 해설

② 포스터 상단에는 포스터를 게시하는 기간이 명시되어 있으며, 여기에는 시작 날짜와 종료 날짜가 기입되어 있다. 하지만 이는 포스터 게시 기간이지, 학생회의 행사 진행 기간이 아니다. 행사 기간은 ‘2025년 7월 XX일까지’로 종료 날짜만 기재되어 있으므로 선지의 내용은 적절하지 않다.

＊ 오답 해설

① 포스터 상단에는 “▷▷고 학생들아! 주택용 에너지 캐시백 신청하고 상품 받자!”라는 청유형 문장을 사용한 제목이 삽입되어 있다. 이는 수용자의 흥미를 끌기 위해 활용한 방법이라고 볼 수 있다.

③ 포스터 우측에는 ‘행사 내용’에 관한 설명이 제시되어 있으며 여기서는 화살표 ‘↓’를 사용해 행사에 참여하는 구체적인 방법을 순서대로 제시하고 있다. 이는 행사 내용을 명확히 전달하기 위해 활용한 방법이라고 볼 수 있다.

④ 포스터 하단에는 ‘학생회 누리 소통망’을 ‘친구 추가’할 수 있는 QR 코드가 삽입되어 있다. 행사 참여 방법을 설명한 ‘행사 내용’ 항목을 고려할 때, 이는 ‘주택용 에너지 캐시백’에 가입 신청한 후 ‘신청 완료 화면’을 캡처하여 ‘학생회 누리 소통망’으로 전송하기 위해 해당 누리 소통망을 ‘친구 추가’할 수 있도록 제시된 것이라고 볼 수 있다. 즉, 포스터 하단의 QR 코드는 학생들이 보다 쉽고 편하게 행사에 참여할 수 있도록 활용한 방법이라고 볼 수 있다.

⑤ 포스터 좌측에는 ‘1kWh당 100원까지 할인받을 수 있어!’라는 문구가 말풍선을 통해 제시되어 있다. 이는 뉴스 보도 내용을 고려할 때, ‘주택용 에너지 캐시백’ 제도에 관한 개괄적인 설명으로, 전기 절약을 실천함으로써 얻을 수 있는 혜택을 알려 줌으로써 해당 제도에 관한 이해를 돕는 방법이라고 볼 수 있다.

44. ③
＊ 정답 해설

③ (가)는 ‘내가 참여한 토론 보기’, ‘+더보기’, ‘현재 토론 중’ 항목 아래에 제시된 페이지 이동 버튼, 검색 기능 등을 통해, 사용자가 앱의 첫 화면에 표시되지 않은 정보로 접근할 수 있는 기능을 제공하고 있다. 그러나 (나)는 화면에 표시된 정보를 ‘수정’하거나 ‘삭제’할 수 있는 기능을 제공하고 있을 뿐, 사용자가 화면에 표시되지 않은 정보에 접근할 수 있는 기능을 제공하고 있지 않다. 참고로 ‘다운로드’는 화면에 표시된 정보를 내려받는 기능에 해당한다.

＊ 오답 해설

① (가)에서는 공지글이 작성된 날짜만을 확인할 수 있다. 게시글이 작성된 날짜와 시각을 모두 표시하고 있는 것은 (나)이다.

② (가)에서는 ‘현재 토론 중’ 항목에 대한 사용자들의 반응을 나타내고 있을 뿐, 게시글의 조회 수를 표시하고 있지 않다. 다른 사용자들이 게시글을 조회한 수를 표시하고 있는 것은 (나)이다.

④ (가)에서는 사용자가 '정보 수정' 기능을 활용해 자신의
가입 정보를 수정할 수 있으며, (나)에서도 사용자는 '수정
하기' 기능을 활용해 자신의 게시글을 수정할 수 있다.
(가)와 (나) 모두 사용자가 특정 정보를 수정할 수 있도록
하고 있으므로 선지의 내용은 적절하다.
⑤ (가)는 '내가 참여한 토론 보기'를 통해 사용자가 자신의
참여 내용만을 선별하여 확인할 수 있도록 하는 기능을
제공하고 있다. 그러나 해당 기능을 활용해 사용자가 해당
내용을 내려받을 수 있는 것은 아니다. 한편, (나)는 '다운
로드'를 통해 사용자가 시청 직원의 답변을 내려받을 수
있도록 하는 기능을 제공하고 있다. 그러나 이는 시청 직
원의 답변을 내려받을 수 있도록 하는 것이지, 사용자가
자신이 구성한 내용을 선별하여 내려받을 수 있도록 하는
것은 아니다.

45. ②
*** 정답 해설**
② (나)에 따르면, 학생은 '화면에 제시된 세 개 외에도, 현
재 진행 중인 다른 토론 항목들을 보고 싶'다며 '게시판
모양으로 구성'할 것을 건의하였다. 그리고 이에 대해 시
청 직원은 '현재 진행 중인 다른 토론 항목들을 보기 위해
서는 아래에 제시된 페이지 이동 버튼을 누르시면 됩니다.
토론 주제와 사용자들의 반응 등을 보기 좋게 제시하기
위해 게시판 형태를 선택하지 않은 것이니 양해 부탁드립
니다.'라고 답변하였다. 즉, 시청 직원이 앱 화면의 가독성
을 고려해 학생의 요청을 수용하지 않은 것은 맞지만, 시
청 직원은 ⓒ의 토론 항목을 제시하는 형태를 바꾸지 않
겠다고 답한 것이지, 순서를 바꾸지 않겠다고 답한 것은
아니다. 학생 또한 ⓒ에 제시되는 항목들의 순서를 바꿔
줄 것을 건의한 것이 아니므로 선지의 내용은 적절하지
않다.

*** 오답 해설**
① (나)에 따르면, 학생은 '공지 부분에 제가 사는 □□동 관
련 정보만 노출되면 앱 사용이 더 편해질 것 같'다고 건의
하였다. 이는 사용자의 편의성을 고려하여 ⊙에서 제공하
는 정보의 범위를 자신이 사는 지역과 관련된 것으로만
제한해 줄 것을 요청한 것으로 볼 수 있다.
③ (나)에서 학생은 "'BEST 참여' 토론은 어떻게 선정되는
건가요?"라고 질문하였고, 이에 대해 시청 직원은 '지난 3
일간의 참가자 수를 기준으로 선정됩니다.'라고 답하였다.
이는 ⓒ의 정보를 선정하는 데 활용되는 기준을 고려해
그 선정 방식을 알려 준 것으로 볼 수 있다.
④ (나)에 따르면, 학생은 '설문 투표' 항목에 '참여자 순' 정
렬을 추가해 달라고 건의하며, '사용자들이 많이 참여한
것일수록 지역 발전에 중요'하기 때문이라고 설명했다. 이
는 학생이 정보의 중요도를 고려하여, 현재 (가)의 ㉣에
표기되어 있는 정렬 방법, 즉 '마감 임박 순'과 '최신 순'에
'참여자 순'을 추가해 줄 것을 요구한 것으로 볼 수 있다.

⑤ (나)에서 학생은 "검색창에 '평생 학습관 위치 찾기'라는
내용이 이미 입력되어 있는 건 왜 그런가요?"라고 질문하
였고, 이에 대해 시청 직원은 '앱 사용자들이 현재 가장
많이 검색하는 내용이라 노출되는 것'이라고 답하였다. 이
는 직원이 앱 사용자들의 최근 사용 양상을 고려하여 ㉤
에 '평생 학습관 위치 찾기'라는 내용이 노출된 이유를 설
명한 것으로 볼 수 있다.

언어와 매체 모의고사 3회 정답 및 해설

[언어와 매체]

35	③	36	⑤	37	②	38	③	39	④
40	②	41	⑤	42	①	43	④	44	③
45	③								

35. ③
*** 정답 해설**
③ ⓒ(살얼음)는 명사 어근 '얼음'과 접두사 '살-'이 결합한 파생어이며, 직접 구성 성분 중 하나인 '얼음'은 용언 어근 '얼-'에 명사 파생 접사 '-(으)ㅁ'이 결합한 파생어이다. 따라서 ⓒ는 직접 구성 성분 중 하나가 파생어인 파생어에 해당한다. 이때 직접 구성 성분을 '살얼-'과 '-(으)ㅁ'으로 나누는 것은 '살얼다'와 같은 말이 존재하지 않으므로 적절하지 않다.

*** 오답 해설**
① ⓐ(말다툼)는 명사 어근 '말'과 명사 어근 '다툼'이 결합한 합성어이며, 직접 구성 성분 중 하나인 '다툼'은 용언 어근 '다투-'에 명사 파생 접사 '-(으)ㅁ'이 결합한 파생어이다. 즉, ⓐ는 직접 구성 성분 중 하나가 파생어인 합성어이므로 선지의 내용은 적절하지 않다. 이때 직접 구성 성분을 '말다투-'와 '-(으)ㅁ'으로 나누는 것은 '말다투다'와 같은 말이 존재하지 않으므로 적절하지 않다.

② ⓑ(되살리다)는 용언 어근 '되살-'에 사동 접사 '-리-'가 결합한 파생어이며, 직접 구성 성분 중 하나인 '되살-'은 용언 어근 '살-'에 접두사 '되-'가 결합한 파생어이다. 즉, ⓑ는 직접 구성 성분 중 하나가 파생어인 파생어이므로 선지의 내용은 적절하지 않다. 이때 직접 구성 성분을 용언 어근 '살리-'에 접두사 '되-'가 결합한 것으로 분석할 여지도 있으나, 이 경우에도 ⓑ는 파생어이기 때문에 정답 여부에는 변함이 없다.

④ ⓓ(덧붙이다)는 용언 어근 '덧붙-'에 사동 접사 '-이-'가 결합한 파생어이며, 직접 구성 성분 중 하나인 '덧붙-'은 용언 어근 '붙-'에 접두사 '덧-'이 결합한 파생어이다. 즉, ⓓ는 직접 구성 성분 중 하나가 파생어인 파생어이므로 선지의 내용은 적절하지 않다. 이때 직접 구성 성분을 용언 어근 '붙이-'에 접두사 '덧-'이 결합한 것으로 분석할 여지도 있으나, 이 경우에도 직접 구성 성분 중 하나인 '붙이-'가 파생어이므로 정답 여부에는 변함이 없다.

⑤ ⓔ(휘갈기다)는 용언 어근 '갈기-'에 접두사 '휘-'가 결합한 파생어이며, 직접 구성 성분 중 하나인 '갈기-'는 어근

하나로 구성된 단일어이다. 즉, ⓔ는 직접 구성 성분 중 하나가 단일어인 파생어이므로 선지의 내용은 적절하지 않다.

36. ⑤
*** 정답 해설**
⑤ '바람맞다'는 명사 '바람'과 용언 '맞다'가 결합한 합성어로, 구성 요소가 '바람(을) 맞다'와 같이 목적어와 서술어의 관계로 결합하고 있다. 이때 조사는 생략할 수 있으며, 이러한 구성은 국어의 일반적인 단어 배열법에 부합하므로 '바람맞다'는 ⓛ(비통사적 합성어)이 아닌 ㉠(통사적 합성어)으로 분류해야 한다. 한편, '바람맞다'는 구성 요소 각각이 원래 의미를 잃고 '상대가 만나기로 한 약속을 지키지 아니하여 헛걸음하다.'라는 새로운 의미를 형성하였으므로 융합 합성어에 해당한다.

*** 오답 해설**
① '어느새'는 관형사 '어느'와 명사 '사이'의 준말인 '새'가 결합한 합성어로, 관형사가 명사를 수식하는 구성을 띠고 있다. 이는 국어의 일반적인 단어 배열법에 부합하므로 '어느새'는 ㉠으로 분류된다. 또한, '어느 틈에 벌써'라는 의미의 '어느새'는 구성 요소 각각이 원래 의미를 유지하면서, '어느'가 '새'를 수식하고 있으므로 종속 합성어에 해당한다.

② '뜬구름'은 용언의 관형사형 '뜬'과 명사 '구름'이 결합한 합성어로, 용언의 어간이 관형사형 어미와 결합하여 명사를 수식하는 구성을 띠고 있다. 이는 국어의 일반적인 단어 배열법에 부합하므로 '뜬구름'은 ㉠으로 분류된다. 또한, '뜬구름'은 구성 요소 각각이 원래 의미를 잃고 '덧없는 세상일을 비유적으로 이르는 말.'이라는 새로운 의미를 형성하였으므로 융합 합성어에 해당한다.

③ '굳세다'는 용언 어근 '굳-'과 용언 '세다'가 결합한 합성어로, 용언의 어간이 어미 없이 다른 용언에 연결되는 구성을 띠고 있다. 이는 국어의 일반적인 단어 배열법에 어긋나므로 '굳세다'는 ⓛ으로 분류된다. 또한, '힘차고 튼튼하다.'라는 의미의 '굳세다'는 구성 요소 각각이 원래 의미를 유지하면서 대등한 관계를 이루고 있으므로 대등 합성어에 해당한다.

④ '바로잡다'는 부사 '바로'와 용언 '잡다'가 결합한 합성어로, 부사가 용언을 수식하는 구성을 띠고 있다. 이는 국어의 일반적인 단어 배열법에 부합하므로 '바로잡다'는 ㉠으로 분류된다. 또한, '굽거나 비뚤어진 것을 곧게 하다.'라는 의미의 '바로잡다'는 구성 요소 각각이 원래 의미를 유지하면서, '바로'가 '잡다'를 수식하고 있으므로 종속 합성어

에 해당한다.

37. ②
* 정답 해설
② 〈학습 활동〉에서 ⓒ에 해당하기 위해서는 안긴문장이 안은문장에서 서술어를 꾸며야 하며, 안긴문장 내에 생략된 성분이 있어야 한다. 이때 안긴문장이 안은문장에서 서술어를 꾸민다는 것은 안긴문장이 안은문장에서 부사어로 기능해야 한다는 의미이므로, ㉠~㉤ 중 부사어로 쓰인 안긴문장 내에 생략된 성분이 있는 것을 찾으면 된다.
㉠의 안긴문장 '형과 달리'는 '(동생이) 형과 다르다.'라는 문장에서 '다르다'에 부사 파생 접사 '-이'가 결합하여 안은문장의 서술어 '빠르다'를 수식하는 부사절을 형성한 것이다. 안긴문장 내에 주어 '동생이'가 생략되어 있으므로, ㉠은 ⓒ에 해당한다.
㉢의 안긴문장 '아름답게'는 '(집이) 아름답다.'라는 문장에서 '아름답다'에 부사형 전성 어미 '-게'가 결합하여 안은문장의 서술어 '꾸몄다'를 수식하는 부사절을 형성한 것이다. 안긴문장 내에 주어 '집이'가 생략되어 있으므로, ㉢은 ⓒ에 해당한다.

* 오답 해설
㉡ 안긴문장 '나를 짓누르는'은 '(압박감이) 나를 짓누르다.'라는 문장에서 '짓누르다'에 관형사형 전성 어미 '-(으)ㄴ'이 결합하여 체언 '압박감'을 수식하는 관형절을 형성한 것이다. 안긴문장 내에 주어 '압박감이'가 생략되어 있으나, 안긴문장이 안은문장의 서술어를 꾸미고 있지 않으므로, ㉡은 ⓐ에 해당한다.
㉣ 안긴문장 '풍요로운'은 '(수확이) 풍요롭다.'라는 문장에서 '풍요롭다'에 관형사형 전성 어미 '-(으)ㄴ'이 결합하여 체언 '수확'을 수식하는 관형절을 형성한 것이다. 안긴문장 내에 주어 '수확이'가 생략되어 있으나, 안긴문장이 안은문장의 서술어를 꾸미고 있지 않으므로, ㉣은 ⓐ에 해당한다.
㉤ 안긴문장 '흔적도 없이'는 '흔적도 없다.'라는 문장에서 '없다'에 부사 파생 접사 '-이'가 결합하여 안은문장의 서술어 '사라졌다'를 수식하는 부사절을 형성한 것이다. 안긴문장이 안은문장의 서술어를 꾸미고 있으나, 안긴문장 내에 생략된 성분이 없으므로, ㉤은 ⓑ에 해당한다.

38. ③
* 정답 해설
③ 〈보기〉에 따르면, 동사는 시간의 흐름과 변화를 전제한 주체의 움직임이나 과정, 상태 변화를 나타내고, 형용사는 현재 시점에서의 주체의 상태나 성질을 나타낸다. 이러한 의미적 기준 외에도 동사와 형용사는 현재 시제를 나타내는 어미, 명령 및 청유형 어미와의 결합 가능 유무에 따라서도 구분할 수 있다. (현재형/명령형/청유형이 쓰일 수 있으면 대부분 동사이지만, 모든 동사가 이 조건을 다 충

족하는 것은 아니다. 간혹 하나만 충족하는 경우도 있다.)

	동사	형용사
현재형 (-ㄴ다/-는다,-는)	O	X
명령형 (-어라/-아라)	O	X
청유형 (-자)	O	X

㉠ '모자라다'는 '기준이 되는 양이나 정도에 미치지 못하다.'라는 의미로, 제시된 예문에서는 요즘 들어 기준이 되는 양보다 잠을 적게 잤음을 나타내고 있다. 이는 시간의 흐름을 전제로 한 주체의 상태 변화를 나타내는 것이며, '모자란다'와 같이 현재형 어미와 결합할 수 있으므로 ⓐ(동사)에 해당한다.
㉡ '조용하다'는 '아무런 소리도 들리지 않고 고요하다.'라는 의미로, 제시된 예문에서는 현재 시점에서 새벽 거리가 조용한 상태임을 나타내고 있다. 또한 '조용한다'와 같이 현재형 어미와 결합할 수 없으므로 ⓑ(형용사)에 해당한다.
㉢ '밝다'는 '밤이 지나고 환해지며 새날이 오다.'라는 의미로, 제시된 예문에서는 어둠이 걷히자 새날이 밝았음을 나타내고 있다. 이는 시간의 흐름과 변화를 전제한 주체의 상태 변화를 나타내는 것이며, '날이 밝는다'와 같이 현재형 어미와 결합할 수 있으므로 ⓐ에 해당한다. 참고로, '밝다'는 동사와 형용사가 모두 존재하는 품사 통용의 사례인데, 형용사 '밝다'의 경우 '밝은 조명', '밝은 색의 옷'과 같이 현재 시점에서의 상태나 성질을 나타내며, 이때에는 현재형 어미와 결합할 수 없다.
㉣ '젊다'는 '나이가 한창때에 있다.'라는 의미로, 제시된 예문에서는 현재 시점에서 '나'의 나이가 한창때에 있음을 나타내고 있다. 또한 '젊는다'와 같이 현재형 어미와 결합할 수 없으므로 ⓑ에 해당한다.
㉤ '늙다'는 '사람이나 동물, 식물 따위가 나이를 많이 먹거나 중년이 지난 상태가 되다.'라는 의미로, 제시된 예문에서는 시간이 흘러 느티나무가 나이를 먹었음을 나타내고 있다. 이는 시간의 흐름과 변화를 전제한 주체의 상태 변화를 나타내는 것이며, '늙는다'와 같이 현재형 어미와 결합할 수 있으므로 ⓐ에 해당한다.

39. ④
* 정답 해설
④ 〈보기〉에 제시된 선생님의 설명에 따르면 'ㄱ' 덧생김 체언 뒤에 모음으로 시작하는 조사가 오면, 끝음절의 'ㅗ/ㅜ'가 떨어지고 'ㄱ'이 덧생기며, 자음으로 시작하는 조사나 접속 조사 '와'가 오면 앞서 말한 현상이 실현되지 않는다. 따라서 'ㄱ' 덧생김 체언인 '나모' 뒤에 접속 조사 '와'가 온 ㉠에는 **'나모와'**가 적절하고, '나모' 뒤에 자음으로 시작하는 관형격 조사 'ㅅ'이 온 ㉡에는 **'나못'**이 적절하다. 또한 '나모' 뒤에 모음으로 시작하는 조사 '익'가 온 ㉢에서

는 '나모'의 'ㅗ'가 떨어지고 'ㄱ'이 덧생기므로 ⓒ에는 '남기'가 적절하다.

40. ②
*** 정답 해설**
② '진행자'는 "복수 표준어를 선정할 때는 국어규범정비위원회나 국어심의회 등~80여 개에 불과합니다."라고 말한 '전문가'의 발언 내용을 "복수 표준어를 결정하는 과정에서 여러 전문가가 참여해 이를 충분히 검토하고 있다는 말씀이군요."라고 정리하여 전달함으로써 시청자의 이해를 돕고 있다.

*** 오답 해설**
① '진행자'는 방송의 첫머리에 시청자에게 인사를 건네고 해당 방송에서 함께할 전문가를 소개하며, '복수 표준어'에 관해 이야기를 나눠 보겠다는 방송의 취지를 밝히고 있다. 하지만 방송이 진행될 순서를 안내하고 있지는 않다.
③ 복수 표준어의 선정 과정에 참여할 것을 권유한 것은 '진행자'가 아닌 '전문가'이다. '진행자'는 '전문가'의 제안을 듣고 자신도 글을 남겨야겠다는 의지를 드러낼 뿐, 시청자에게 참여를 권유하고 있지는 않다.
④ '전문가'는 주요 용어인 '복수 표준어' 개념을 시청자가 일상적으로 겪는 상황에 비유하지 않았다. "저는 언어도 사람과 마찬가지로 나이를 먹는다고 생각합니다.~삶의 방식이 변하기도 하지 않습니까?"라는 '전문가'의 발화에서 비유가 나타나지만 이는 복수 표준어가 늘어나는 상황에 대한 '전문가'의 견해를 설명하는 과정에서 제시된 것이다.
⑤ '전문가'는 "국립국어원 누리집의 민원 게시판 혹은~심의를 진행합니다."에서 복수 표준어의 선정 과정에 국립국어원 누리집이 활용됨을 언급하고 있다. 그러나 '전문가'가 국립국어원 누리집에 접속하는 방법을 안내하는 부분은 찾을 수 없다.

41. ⑤
*** 정답 해설**
⑤ (나)에는 '유익해요', '고마워요', '흥미진진', '추천해요'와 같은 공감 버튼을 통해 게시물에 대한 긍정적 반응을 나타낼 수 있는 기능이 제공되고 있음을 확인할 수 있다. 하지만 누리집의 이용자가 댓글에 공감을 표시할 수 있는 기능은 없으므로 제시된 선지의 내용은 적절하지 않다.

*** 오답 해설**
① (나)의 오른쪽 상단에 '내가 쓴 글에 새로운 댓글이 달렸어요!'라는 알림이 제공되고 있다. 이는 사용자인 '아름이'가 자신이 작성한 글에 새 댓글이 추가되었음을 알 수 있도록 돕는 알림 기능에 해당한다.
② (나)에서 '아름이'의 게시글 하단에는 "'헷갈리는 우리말 배우기' 5회 다시 보기"라는 하이퍼링크가 제공되어 있다. 이를 통해 게시물의 수용자가 방송 프로그램 누리집으로

바로 이동할 수 있으므로 적절하다.
③ (나)에서는 세종대왕과 태극기 이미지, '우리 학교의 바른 언어생활을 선도'한다는 동아리 설명 문구를 제공하여 해당 누리집을 운영하는 '◎◎고등학교 우리말 동아리'의 특징이 잘 드러나도록 하고 있다.
④ (나)는 '최신 글 보기', '인기 글 보기', '동영상 보기'와 같이 해당 누리집의 게시물 정렬 기준을 다양하게 제공하고 있다.

42. ①
*** 정답 해설**
① '아름이'는 "이번 시간에는 국어 국문학을 가르치시는 교수님께서 출연하셔서 '복수 표준어'에 관해 설명해 주셨는데"라며 정보 전달자의 직업을 언급하고 있다. 그러나 '아름이'가 정보 전달자의 직업에 주목하여 방송에서 다룬 내용이 신뢰할 만하다고 판단하고 있지는 않다.

*** 오답 해설**
② '이전과 달리 시청자 게시판을 통해 미리 궁금한 점을 물어볼 수 있어서'에서 '아름이'가 해당 방송에 수용자의 의견이 포함된 점에 주목하고 있음을 알 수 있다. 또한 이러한 정보 구성을 '좋았'다며 긍정적으로 평가하고 있으므로 적절하다.
③ '개복치'는 '복수 표준어'에 대한 '반대 의견도 있다는' 점에 주목하여 '복수 표준어는 마냥 좋은 것이라고 생각했'던 자신의 생각을 점검하고 있으므로 적절하다.
④ '동아리장'은 '복수 표준어가 왜 2011년을 기점으로 더 많아진 것인지 설명해 주었다면 더 좋았겠다고 생각했어.'라고 말하였다. 이는 복수 표준어가 2011년 이후 확대된 것과 관련한 '전문가'의 설명이 충분하지 않았다고 부정적으로 판단한 것으로 볼 수 있다.
⑤ '산토끼'는 '복수 표준어가 결정되는 과정에 관한 내용이 특히 흥미로웠'음을 밝히면서, '나는 국어와 관련된 직업을 갖고 싶은데, 방송에서 언급한 위원회에서 일하기 위해서는 어떠한 준비가 필요한지 궁금해.'라고 말하였다. 이는 방송 내용을 자신의 진로와 연결하여 수용한 것으로 볼 수 있다.

43. ④
*** 정답 해설**
④ ㄹ에서 '혹은'은 '그렇지 아니하면. 또는 그것이 아니라면.'을 뜻하는 부사로, '국립국어원 누리집의 민원 게시판'이나 '국어생활종합상담실의 전화 민원 자료'에 많이 건의된 단어를 살펴본다는 점을 나타내기 위해 사용되었다. 이를 복수 표준어가 발표되는 경로가 다양함을 부각하는 것으로 볼 수는 없으므로 선지의 내용은 적절하지 않다.

*** 오답 해설**
① ㄱ에서 '모시다'는 '데리다'의 높임말로, 문장의 객체이자

스튜디오에 초대한 전문가인 '박○○ 교수님'을 높이기 위
해 사용되었으므로 적절하다.
② ⓒ에서 '-고 있-'은 현재 진행을 알리는 표현으로, 발화
시점을 기준으로 동작을 계속 이어가는 모습을 나타낸다.
따라서 복수 표준어가 매년 추가되며 늘어나는 상황을 드
러낸다고 볼 수 있다.
③ ⓒ에서 '-어야 하다'의 '하다'는 '앞말이 뜻하는 행동을 하
거나 앞말이 뜻하는 상태가 되는 것이 필요함'을 의미하는
보조 동사로, '-어야 하다'의 구성으로 쓰여 '사람들이 자
주 사용하는 새로운 단어들은 표준어 목록에 추가되는 게
옳다'는 학생 1의 주장에 대한 근거를 드러내고 있다.
⑤ ⓜ에서 '-면'은 '불확실하거나 아직 이루어지지 않은 사실
을 가정하여 말할 때 쓰는 연결 어미'로, 이를 통해 시청
자가 게시판에 글을 작성하는 행위를 하기 전에 '표준어로
등재하고 싶은 단어가 있'는 상황이 선행되어야 함을 제시
하고 있다.

44. ③
＊ 정답 해설
③ ⓒ에서 '준서'는 '어... 흠...'이라며 말줄임표를 사용하고
있지만, 이어지는 발화를 통해 '현진'의 제안을 구체화할
방안을 고민하는 과정에서 이를 사용한 것임을 알 수 있
다. 따라서 말줄임표를 사용해 '준서'가 '현진'의 제안을 거
절하려는 의도를 우회적으로 드러냈다고 볼 수는 없다.

＊ 오답 해설
① ㉠에서 '성훈'은 '보관함'에 파일을 올렸다. 앞서 '성훈'이
'이 대화방의 파일 보관함에도 파일을 올려 둘 테니까 못
본 친구들은 참고해!'라고 말한 것을 통해 이 자료가 대화
를 위해 필요한 자료임을 알 수 있다.
② ㉡에서 '준서'는 엄지를 올린 손 모양의 시각적 이미지를
활용하여 수정 사항을 말해 주면 바로 고치겠다는 '진주'
의 말에 대한 긍정적 반응을 표현하고 있다.
④ ㉣에서 '현진'은 환영 문구의 추가 여부를 둘러싼 대화
참여자들의 의견을 모아 합치기 위해 투표 기능을 활용하
고 있다.
⑤ ㉤에서 '진주'는 'ㅇㅋㅇㅋ'과 같이 자음을 활용하여 수용
의 뜻을 나타내는 단어('O.K.')를 표현하고 있다. 이를 통
해 투표 결과를 수용하는 자신의 태도를 간단하게 제시하
고 있으므로 적절하다.

45. ③
＊ 정답 해설
③ (나)에서 '현진'은 '목표 달성률을 나타내는 곳의 디자인을
마음대로 바꿀 수 있다는 점도 알려 주면 좋겠어.'라고 제
안했다. 이에 '준서'는 '다른 디자인을 옆에 조그맣게 보여
주는 건 어때?'라고 반응하였으나, 다른 대화 참여자들이
'너무 복잡해질 것 같'다는 이유로 이에 반대하였다. 수정
한 화면에서는 이러한 대화 내용을 반영하여, 해당 부분에

사용자가 선택할 수 있는 디자인 항목을 직접 제시하지
않고 디자인을 바꿀 수 있다는 점만을 도움말로 제시하였
으므로 선지의 내용은 적절하지 않다.

＊ 오답 해설
① (나)에서 '성훈'은 '동기 부여를 위해 달리기 명언을 제시
하는 부분에 대해 설명해 주는 것이 좋겠어.'라고 말하였
다. 이를 반영하여 수정한 화면에서는 '매일 바뀌는 달리
기 명언으로 동기 부여!'라는 내용의 도움말이 새롭게 추
가되었다.
② (나)에서 '준서'는 '날씨 정보가 습도와 온도로 표기된다는
점도 같이 알려 주자.'라며 해당 정보의 정확한 의미를 드
러내자고 제안하였다. 이를 반영하여 '날씨를 확인해요!'라
고만 제시되었던 도움말이 수정한 화면에서는 '습도/온도
확인!'으로 바뀌었으므로, 선지의 내용은 적절하다.
④ (나)에서 '명민'은 '분석 아이콘은 검색 기능과 헷갈릴 수
있어서 바꿔야 해.'라고 말하였다. 이를 반영하여 수정한
화면에서는 '분석' 메뉴를 나타내는 아이콘이 검색 기능과
는 다른 이미지로 교체되었다.
⑤ (나)에서 '성훈'은 '앱을 처음 작동했을 때 보는 화면이니
까 환영한다는 문구를 같이 넣으면 어떨까?'라고 제안하였
고, 투표 결과 '문구'를 넣기로 결정되었다. 이를 반영하여
수정한 화면 오른쪽 상단에는 '새로운 사용자님, 환영합니
다!'라는 문구가 새롭게 추가되었다.

[언어와 매체]

35	⑤	36	④	37	④	38	②	39	①
40	②	41	④	42	②	43	④	44	⑤
45	③								

35. ⑤
＊ 정답 해설
⑤ '안경의 도수를 돋구었다.'에서 '돋구다'는 '안경의 도수 따위를 더 높게 하다.'라는 의미로, 사동의 의미를 나타낸다고 볼 수 있다. 그러나 '안경의 도수가 돋다.'와 같이 대응하는 주동문을 설정할 수 없으므로, '돋구다'에 대응하는 주동사가 존재하지 않음을 알 수 있다. 따라서 '돋구다'는 ㉡과 동일한 유형의 동사에 해당한다. 참고로, '입맛이 돋다.'처럼 주동사 '돋다'가 사용되는 경우가 있는데, 이에 대응하는 사동사는 '돋우다'이다.

＊ 오답 해설
① '유물이 무덤에 묻혔다.'에서 '묻히다'는 '물건이 흙이나 다른 물건 속에 넣어져 보이지 않게 덮이다.'라는 의미로, 사동이 아닌 피동의 의미를 나타낸다. 즉, 여기서 '묻히다'는 '묻다'에 피동 접사 '-히-'가 붙은 피동사로, '유물이 무덤에 묻혔다.'는 '(누군가가) 유물을 무덤에 묻었다.'에 대응하는 피동문이므로 선지의 내용은 적절하지 않다.
② '벽에 걸려 있는 시계가 보였다.'에서 '보이다'는 '눈으로 대상의 존재나 형태적 특징을 알게 되다.'라는 의미로, 사동이 아닌 피동의 의미를 나타낸다. 즉, 여기서 '보이다'는 '보다'에 피동 접사 '-이-'가 붙은 피동사로, '벽에 걸려 있는 시계가 보였다.'는 '(누군가가) 벽에 걸려 있는 시계를 보았다.'에 대응하는 피동문이므로 선지의 내용은 적절하지 않다. 참고로, 사동사 '보이다'는 '친구가 나에게 사진을 보였다.'와 같이 문장에서 목적어를 취하며, '눈으로 대상의 존재나 형태적 특징을 알게 하다.'의 의미를 지닌다.
③ '축제의 시작을 알리는 종이 울리다.'에서 '울리다'는 '어떤 물체가 소리를 내다.'라는 의미로, 주체가 타인에게 어떤 동작이나 행위를 하게 만드는 사동의 의미를 나타내지 않는다. 여기서 '울리다'는 피동·사동 접사가 결합하지 않은 단일어이므로 선지의 내용은 적절하지 않다. 참고로, 사동사 '울리다'는 '(누군가가) 종을 울리다.'와 같이 문장에서 목적어를 취하며, '종이나 천둥, 벨 따위가 소리를 내게 하다.'의 의미를 지닌다.
④ '식물을 잘 키우고 있다.'에서 '키우다'는 '동식물을 돌보아

기르다.'라는 의미로, '크다'에 사동 접사 '-이-'와 '-우-'가 함께 결합하면서 어간의 'ㅡ'가 탈락한 사동사이다. 즉, '식물을 잘 키우고 있다.'는 '식물이 잘 크고 있다.'라는 주동문에 대응하는 사동문이며, '키우다'는 2문단에 제시된 '씌우다'와 같이 두 개의 사동 접사가 함께 붙은 사동사이므로 선지의 내용은 적절하지 않다.

36. ④
＊ 정답 해설
④ ⓓ의 '태우다'는 '타다'에 사동 접사 '-이-'와 '-우-'가 함께 결합한 사동사이다. 이때 '태우다'에 대응하는 주동사 '타다'를 타동사로 상정할 경우, ⓓ에 대응하는 주동문은 '친구가 새로 산 차를 탔다.'라고 볼 수 있다. 이때 주동문의 '친구가'라는 주어는 ⓓ에서 '친구를'과 같이 부사어가 아닌 목적어로 바뀌므로 선지의 내용은 적절하지 않다. 참고로, '타다'는 자동사와 타동사 둘 다로 쓰이는데, 자동사 '타다'를 사용한 '친구가 새로 산 차에 탔다.'를 주동문으로 상정하면, 주동문의 주어 '친구가'가 사동문의 목적어 '친구를'이 되면서 사동문 ⓓ가 만들어진다.

＊ 오답 해설
① 3문단에 따르면, '내가 아기를 울게 하였다.'라는 통사적 사동 표현에 의한 사동문은 사동 접사에 의한 사동문과 달리, 내가 간접적으로 아기를 울게 만든 것으로만 해석될 수 있다. ⓐ는 아버지가 아이에게 직접적으로 옷을 입히는 의미로 해석되지 않고, 간접적인 행위로만 해석되므로 선지의 내용은 적절하다.
② ⓑ에서 책을 읽는 행위는 의미상 누가 시키더라도 최종적으로 책을 읽는 사람이 직접 수행할 수밖에 없는 행위이므로, '책을 읽게 하다.'와 같이 사동 접사 대신 통사적 사동 표현을 사용해도 선생님이 학생으로 하여금 책을 읽게 만드는 간접 행위로만 해석된다. 따라서 선지의 내용은 적절하다.
③ ⓒ의 사동사 '속이다'에 대응하는 주동사 '속다'는 자동사이며, ⓒ에 대응하는 주동문은 '내가 믿었던 친구의 치밀한 거짓말에 속았다.'이다. 사동문 ⓒ에서 '나를'이라는 목적어가 주동문에서 '내가'와 같이 주어로 나타나므로 선지의 내용은 적절하다.
⑤ 4문단에 따르면, 타동사가 쓰인 주동문이 사동문으로 바뀔 경우, 주동문의 주어는 사동문의 부사어가 되고, 목적어는 그대로 남는 것이 일반적이다. 그런데 ⓔ에 대응하는 주동문 '일행 중에서 힘이 가장 센 친구가 짐을 졌다.'의 경우, 주어로 쓰인 '친구가'가 사동문 ⓔ에서 부사어가 되지 않으므로 선지의 내용은 적절하다.

37. ④
＊ 정답 해설
④ ‘삵일꾼[상닐꾼]’은 ‘[삭일꾼](자음군 단순화) → [삭닐꾼]
(‘ㄴ’ 첨가) → [상닐꾼](비음화)’의 과정을 거쳐 발음된다.
자음군 단순화는 ⓒ(탈락), ‘ㄴ’ 첨가는 ⓛ(첨가), 비음화는
ⓒ(교체)에 해당하므로 선지의 내용은 적절하지 않다.

＊ 오답 해설
① ‘밭걷이[받꺼지]’는 ‘[받걷이](음절의 끝소리 규칙) → [받꺼
지](된소리되기, 구개음화)’의 과정을 거쳐 발음된다. 음절
의 끝소리 규칙과 된소리되기, 구개음화 모두 ⓒ에 해당하
므로 선지의 내용은 적절하다.
② ‘닭날개[당날개]’는 ‘[닥날개](자음군 단순화) → [당날개]
(비음화)’의 과정을 거쳐 발음된다. 자음군 단순화는 ⓒ,
비음화는 ⓒ에 해당하므로 선지의 내용은 적절하다.
③ ‘휘발유[휘발류]’는 ‘[휘발뉴](‘ㄴ’ 첨가) → [휘발류](유음
화)’의 과정을 거쳐 발음된다. ‘ㄴ’ 첨가는 ⓛ, 유음화는 ⓒ
에 해당하므로 선지의 내용은 적절하다.
⑤ ‘흙하고[흐카고]’는 ‘[흑하고](자음군 단순화) → [흐카고]
(자음 축약)’의 과정을 거쳐 발음된다. 자음군 단순화는
ⓒ, 자음 축약은 ⓔ(축약)에 해당하므로 선지의 내용은 적
절하다.

38. ②
＊ 정답 해설
② ⓛ의 ‘몯ㅎ다(못하다)’와 ‘ㄱㄹ디르다(가로지르다)’는 현대
어 풀이를 고려했을 때, 각각 ‘몯 + ㅎ두’, ‘ㄱㄹ + 디르
다’와 같이 부사가 용언을 수식하는 구성으로 결합한 합성
어임을 알 수 있다. 부사가 용언을 수식하는 구성은 국어
의 일반적인 문장 구조와 일치하므로 ⓛ에 제시된 단어들
은 통사적 합성어에 해당한다. 체언과 용언이 조사 없이
결합한 구성이 아니며, 통사적 합성어에 해당하지도 않으
므로 선지의 내용은 적절하지 않다.

＊ 오답 해설
① ⓒ의 ‘녀름짓다(농사짓다)’와 ‘힘쓰다(힘쓰다)’는 현대어 풀
이를 고려했을 때, 각각 ‘녀름(을) 짓다’와 ‘힘(을) 쓰다’와
같이 구성 요소가 목적어와 서술어의 관계로 결합한 합성
어임을 알 수 있다. 국어에서 격 조사는 생략이 가능하므
로 ⓒ에 제시된 단어들은 통사적 합성어에 해당한다.
③ ⓒ의 ‘나ᅀᅡ가다(나아가다)’와 ‘도라오다(돌아오다)’는 현대
어 풀이를 고려했을 때, 각각 ‘낳- + -아 + 가다’, ‘돌- +
-아 + 오다’와 같이 용언 어간이 연결 어미를 매개로 결
합한 합성어임을 알 수 있다. 용언 어간이 연결 어미를
매개로 결합하는 구성은 국어의 일반적인 문장 구조와 일
치하므로 ⓒ에 제시된 단어들은 통사적 합성어에 해당한
다.
④ ⓔ의 ‘거두들다(거두어들다)’와 ‘늘뮈다(날고움직이다)’는
현대어 풀이를 고려했을 때, 각각 ‘거두- + 들다’, ‘늘- +

뮈다’와 같이 용언 어간이 연결 어미 없이 용언에 직접 결
합한 합성어임을 알 수 있다. 용언 어간이 연결 어미 없
이 직접 결합하는 구성은 국어의 일반적인 문장 구조와
일치하지 않으므로 ⓔ에 제시된 단어들은 비통사적 합성
어에 해당한다.
⑤ ⓜ의 ‘늘그니(늙은이)’, ‘져므니(젊은이)’, ‘즌ᄒᆞᆰ(진흙)’은 현
대어 풀이를 고려했을 때, 각각 ‘늙은(늙- + -은) + 이’,
‘졈은(졈- + -은) + 이’, ‘즌(즐- + -ㄴ) + ᄒᆞᆰ’과 같이 용
언의 관형사형이 체언을 수식하는 구성으로 결합한 합성
어임을 알 수 있다. 용언의 관형사형이 체언을 수식하는
구성은 국어의 일반적인 문장 구조와 일치하므로 ⓜ에 제
시된 단어들은 통사적 합성어에 해당한다.

39. ①
＊ 정답 해설
① ‘오늘은 비가 안 와서 어제보다 따뜻하다.’는 ‘안(아니) +
용언’의 ‘안’ 부정문을 활용하여 주체의 의지나 의도가 작
용하지 않는 단순 부정을 나타내고 있으므로, ⓒ의 예로
적절하다.

＊ 오답 해설
② ‘찌개 국물이 옷에 튀어 잘 빠지지 않는다.’는 ‘용언 어간
+ -지 않다’의 ‘안’ 부정문을 활용하여 주체의 의지나 의
도가 작용하지 않는 단순 부정을 나타내고 있으므로, ⓒ의
예로 적절하지 않다. 참고로, ⓒ의 예로는 ‘나는 학교에 안
간다.’와 같이 주체의 의지나 의도에 관한 부정을 담은 문
장을 들 수 있다.
③ ‘우리 집 강아지는 코가 못생겨서 더 귀엽다.’에서 ‘못생
기다’는 〈보기〉에서 말한, 부정 부사 ‘못’이 서술어와 결합
하여 관용적인 의미를 나타내는 단어를 형성한 경우에 해
당한다. 따라서 해당 문장은 ⓒ의 예로 적절하지 않다. 참
고로, ⓒ의 예로는 ‘나는 시험에 통과하지 못했다.’와 같이
주체의 능력이나 외부 상황으로 인해 어떤 행위를 실행할
수 없음을 나타낸 문장을 들 수 있다.
④ ‘동생은 음료가 너무 달아 거의 먹지 못했다.’는 ‘용언 어
간 + -지 못하다’의 ‘못’ 부정문을 활용하여 주체의 능력
과 관련한 부정을 나타내고 있으므로, ⓔ의 예로 적절하지
않다. 참고로, ⓔ의 예로는 ‘그 과자는 우리가 나눠 먹기에
넉넉하지 못했다.’와 같이 어떤 대상이 기준에 이르지 못
함을 나타낸 문장을 들 수 있다.
⑤ ‘우리 지금부터는 교실에서 뛰어다니지 말자.’는 ‘용언 어
간 + -지 말자’의 ‘말다’ 부정문을 활용하여 청유문의 부
정을 나타내고 있을 뿐, 희망이나 기원의 의미를 나타내고
있지 않으므로, ⓜ의 예로 적절하지 않다. 참고로, ⓜ의 예
로는 ‘집이 너무 작지만 말아라.’와 같이 형용사 서술어가
‘말다’ 부정문으로 쓰여 희망이나 기원의 의미를 나타낸
문장을 들 수 있다.

40. ②
＊ 정답 해설
② 진행자는 "시청자 수가 처음보다 줄었네요."라며 방송 후반부에 접속자 수의 변화를 언급하고 있으나, 이를 통해 해당 방송에 대한 수용자의 만족도를 확인하고 있지는 않다.

＊ 오답 해설
① 진행자는 "오늘은 학생회장 □□군과 함께, 개교기념일 행사에 관한 이야기를 나눠 보겠습니다."라며 방송의 시작에 방송 주제를 간략하게 언급함으로써 이어질 방송 내용을 예고하고 있다.
③ 학생회장은 "그럼 이쯤에서 저희는 방송 채팅창을 함께 볼까요?"라며 진행자에게 질문을 하고, 방송의 다음 순서로 수용자의 실시간 반응을 확인할 것임을 알리고 있다.
④ 학생회장은 "지금 화면에 나오고 있는 것은 작년 개교기념일 행사가 끝난 후 실시했던 설문 조사 결과입니다."라며 화면에 자신의 발화와 관련한 시각 자료인 설문 조사 결과 도표를 제시하고 있다. 이를 통해 방송 내용에 대한 수용자의 이해를 돕고 있으므로 적절하다.
⑤ 학생회장의 "학생회에서는 바로 내일부터 3월 23일까지 나눔 장터 물건을 미리 기증받아 살펴볼 예정입니다. 본관 1층 학생회실 앞 상자에 물건을 넣어주세요."라는 발화는 화면에 '나눔 장터 물건 기증 / 23년 3월 23일까지 / 본관 1층 학생회실 앞 상자'라는 자막으로 요약되어 제시되고 있다. 이에 대해 학생회장은 "아래 자막 보이시죠? 많은 참여 부탁해요!"라며 자신의 발언 내용을 요약한 자막을 언급하며 수용자의 적극적인 참여를 유도하고 있다.

41. ④
＊ 정답 해설
④ [C]에서 혜원은 '전에 지역 나눔 장터에 참가'했던 자신의 경험을 근거로, '나눔 장터' 행사를 진행하기 전에 나눔 장터에서 판매되는 물건들을 학생회에서 미리 검수할 예정인지 질문하고 있다. 이는 학생회가 행사에서 고려해야 할 점을 제시한 것으로 볼 수 있다.

＊ 오답 해설
① [A]에서 성진은 '학교 사진 찍기' 행사에 관해 '평소에 잘 보지 못했던 학교 구석구석을 봐서 좋'았다고 평가하며 해당 행사를 긍정적으로 평가하고 있다. 그러나 올해 5월에도 해당 행사를 하기로 결정한 학생회의 의견에 대해서는 '그건 작년에도 하지 않았나요?', '또 하는 건 좀 별로인데…….'라며 부정적인 반응을 보이고 있다.
② [B]에서 예나는 '설문 조사 결과를 바탕으로 이야기하니까 신뢰가 가네요!'라며 학생회장이 설문 조사 결과를 제시한 것을 긍정적으로 평가하고 있을 뿐, 학생회장의 직전 발화 내용인 설문 조사 결과에 대한 설명의 논리적 오류를 지적하고 있지는 않다.
③ [B]에서 형준은 '학교 개선 아이디어 공모전에 대한 만족도가 별로 좋지 않네요. 이유가 뭘까요?'라며 질문을 하고 있다. 이는 학생회장이 제시한 설문 조사의 결과와 관련한 궁금증을 제시하는 것일 뿐, 설문 조사 대상의 선정이 잘못되었다고 판단하는 것은 아니다.
⑤ [C]에서 연우는 '혜원님, 맞아요!'라며, 혜원의 의견에 동의를 표하고 있다. 그러나 연우는 혜원의 의견을 바탕으로 학생회가 '나눔 장터'에 기증된 물건들을 미리 검수해야 함을 주장하고 있을 뿐, 해당 방송의 내용이 사실과 다르다고 판단하고 있지는 않다.

42. ②
＊ 정답 해설
② ㉠에서 학생은 학생회장이 방송에서 보인 아쉬운 점에 관해 작성할 계획을 세우고 있다. (나)에서 학생은 '실시간 채팅에 참여할 사람을 한정했으면서 모든 채팅 내용에 제대로 답변하지 않은 점도 아쉬웠어.'라며, 실시간 채팅에 참여할 사람을 한정했음에도 학생회장이 채팅창의 모든 질문에 제대로 답변하지 않은 점을 지적하고 있다. 그러나 부정적으로 반응한 학생을 배제하고 긍정적으로 반응한 학생에게만 답변하였음을 지적하고 있지는 않다.

＊ 오답 해설
① (나)에서 학생은 '작년 개교기념일 행사 중~이건 학생회장이 설문 조사 결과를 자기 의도에 맞춰 해석한 거야.'라며, 설문 조사의 결과에 대한 학생회장의 해석에 오류가 있음을 지적하고 있다. 이러한 점을 다른 수용자에게 알리기 위해 방송을 캡처한 파일 '설문 조사 결과 해석.jpg'를 게시글 하단에 첨부하였으므로 적절하다.
③ ㉡에서 학생은 학생회장이 방송에서 보인 아쉬운 점을 보완할 수 있는 방안에 관해 작성할 계획을 세우고 있다. (나)에서 학생은 "개교기념일 행사에 또 참가할 의사가 있다는 말이 '학교 사진 찍기'를 또 하고 싶다는 말은 아니잖아?"라며 학생회가 설문 조사 결과를 해석할 때 오류가 있었음을 지적하고, '만약 이게 오해라면 학생회가 모든 학생들에게 회의록을 공개해야 한다'고 주장하였다. 이는 행사 기획 과정을 학생들과 공유할 필요가 있음을 건의하는 것으로, 학생회장이 방송에서 보인 아쉬운 점을 보완할 수 있는 방안에 해당한다.
④ (나)에서 학생은 '방송 시간이 제한적이어서 질문에 모두 답하기 어렵다면 다음 방송부터는 다른 학생회 임원이 채팅창에 답변을 남겨 주는 게 좋지 않을까?'라며 학생회장이 모든 채팅 내용에 제대로 답변하지 않은 점을 지적하고, 다른 학생회 임원이 채팅창에 답변을 남겨 주는 방법을 제안하였다. 이는 방송 시간의 제약으로 인해 학생회장이 모든 질문에 대한 답변을 방송에서 제공할 수 없음을 이해하며, 그러한 아쉬운 점을 보완할 수 있는 방안을 제시한 것으로 볼 수 있다.
⑤ ㉢에서 학생은 자신의 의견에 동의하는 학생들이 의견을

보낼 수 있는 기능을 활용할 계획을 세우고 있다. (나)에서 학생은 게시글 하단에 학생회 누리집으로 연결되는 하이퍼링크(학생회 누리집 바로가기 🖱클릭)를 제시하였으며, '학생회 누리집에도 글을 썼는데, 내 의견에 동의한다면 그 글에 댓글을 남겨 줘.'라며 자신의 의견에 동의하는 댓글을 남겨줄 것을 요청하고 있다.

43. ④
*** 정답 해설**

④ '그래서'는 '앞의 내용이 뒤의 내용의 원인이나 근거, 조건 따위가 될 때 쓰는 접속 부사'이다. '혜원'과 '연우'는 나눔 장터에서 판매되는 물건들을 학생회가 미리 검수해야 함을 주장하고 있다. 이때 ⓓ에서는 '그래서'를 사용하여 앞서 언급된 학생들의 우려를 근거로 학생회가 방안을 세웠음을 말하고 있다. 즉, '그래서'를 통해 학생회가 나눔 장터를 기획하게 된 계기가 드러나지는 않으므로 제시된 선지의 내용은 적절하지 않다.

*** 오답 해설**

① '-므로'는 '까닭이나 근거를 나타내는 연결 어미'이다. ⓐ에서는 "실시간 채팅에 참여할 학생들을 미리 선발"한 것에 대해 진행자가 시청자에게 양해를 구하면서, 그러한 방식을 선택하여 양해를 구하는 이유가 "방송을 듣는 모든 학생이 참여하면 채팅방이 너무 혼잡"하기 때문임을 제시하고 있다.

② '에'는 '앞말이 처소의 부사어임을 나타내는 격 조사'이다. ⓑ에서는 학교 사진 찍기 행사에 제출된 사진이 전시되어 해당 사진들을 감상할 수 있는 장소인 학교 복도를 가리키는 데 사용되었다.

③ '이나'는 '여러 가지 중에서 어느 것을 선택해도 상관없음을 나타내는 보조사'이다. ⓒ에서는 나눔 장터에 기증할 수 있는 책, 옷, 인형과 같은 여러 물품 중 어느 것을 제공해도 상관없음을 드러내고 있다.

⑤ '-ㄹ'은 '앞말이 관형어 구실을 하게 하고 추측, 예정, 의지, 가능성 등 확정된 현실이 아님을 나타내는 어미'이다. ⓔ에서는 '-ㄹ'을 사용하여 해당 방송의 내용이 현재는 게시되지 않았으나 곧 학생회 누리집에 올라갈 예정임을 말하고 있다.

44. ⑤
*** 정답 해설**

⑤ (가)는 '○○동 일상'에서 ○○동 주민들의 활동을 보여주는 시각적 이미지를 화면에 제시하고 있다. 반면, (나)는 시각적 이미지를 화면에 표시하고 있지 않으므로 제시된 선지의 내용은 적절하다.

*** 오답 해설**

① (가)는 '새 소식'에서 '작성일 03.22', '작성일 03.11'과 같이 게시글의 작성일을 화면에 표시하고 있다. 또한 (나)도 '작성일 : 2024.04.08.'과 같이 작성일을 화면에 표시하고 있다.

② (가)는 '자주 찾는 메뉴'를 통해 사용자가 해당 누리집에서 자주 사용하는 기능을 화면에 표시하고 있다. 반면, (나)에서는 그러한 기능을 찾을 수 없다.

③ (가)에는 게시글을 수정하거나 삭제할 수 있는 기능이 화면에 제공되고 있지 않다. 반면 (나)는 '수정하기', '삭제하기' 버튼을 게시글 하단에 노출하고 있다.

④ (가)에는 게시글의 공개 여부를 전환할 수 있는 기능이 화면에 제공되고 있지 않다. 반면 (나)에서는 게시글 상단의 '전체 공개'를 통해 해당 글이 '전체 공개'의 상태임을 알 수 있으며, 게시글 하단의 '비공개 전환'이라는 버튼을 통해 공개 여부를 전환할 수 있다.

45. ③
*** 정답 해설**

③ (나)에서 학생은 '첫 화면의 날씨는 제 기기의 위치를 감지한 결과가 맞나요?'라고 질문하였고, 이에 직원은 '앱의 날씨 항목은 사용자의 위치와 무관하게 ○○동의 날씨를 표출'한다고 답하였다. 이때 학생은 정보가 나타내는 내용에 대해 질문했을 뿐, 정보의 정확성을 고려하여 사용자의 위치를 반영한 정보를 나타낼 것을 요청하지는 않았으므로 제시된 선지의 내용은 적절하지 않다.

*** 오답 해설**

① (나)에서 학생은 ㉠에서 '작성일 순으로 게시글을 3개만 노출하고 있어서 내용 확인이 불편'하다고 말하면서, 사용자의 편의성을 위해 "조회 수 순으로 게시글을 노출하는 '인기 소식'을 추가"해 줄 것을 제안하였다. 이는 사용자의 편의를 고려하였다고 볼 수 있다.

② (나)에서 직원은 '주민 자치 센터의 프로그램은 현재 30개로, 이를 모두 표기하는 것은 앱의 디자인을 해칠 것으로 판단해 현재 상태를 유지하기로 했'다고 말하였다. 이는 앱 화면의 미적 완성도를 고려하여 ㉡에서 첫 화면에 '구체적인 강좌'를 볼 수 있게 해 달라는 학생의 요청을 수용하지 않은 결과이다.

④ (나)에서 직원은 '요가 수업에 관한 요청이 많아 현재 수업 추가를 논의하고 있'다고 말하였다. 이는 ㉢과 관련한 논의가 진행되고 있음을 밝힌 것이다.

⑤ (나)에서 직원은 '○○동 행정 복지 센터 앱에도 통화 연결 버튼 기능이 제공되고 있'다고 말하였다. 이는 앱이 동일한 기능을 제공하고 있다는 점을 고려해, '다른 동네의 앱'을 예로 들며 ㉣의 옆에 '통화 연결 버튼'을 만들어 달라는 학생의 요청을 수용하지 않은 것이다.

언어와 매체 모의고사 5회 정답 및 해설

[언어와 매체]

35	④	36	④	37	⑤	38	③	39	⑤
40	②	41	⑤	42	④	43	③	44	⑤
45	③								

35. ④
*** 정답 해설**
㉮ 해당 예문에서 '동생이 내가 산 과자를 먹었다.'만을 분리하여 보아도 ㉮의 핵심 의미가 유지된다. 이와 달리, '동생이 내가 산 과자를 버렸다.'에서 '버리다'를 어휘적 의미로 해석한다면 본래 ㉮가 전하려던 것과 문장의 뜻이 달라진다. 이를 통해 ㉮의 '버렸다'는 '먹다'에 결합하여 행위의 종결을 강조하는 양태적 의미를 드러내는 보조 용언임을 알 수 있다. 따라서 ㉮의 '먹어 버렸다'는 본용언과 보조 용언이 결합한 구성에 해당한다.

㉯ 해당 예문에서 '과거를 받아들임으로써 상처를 이기다.'만을 분리하여 보아도 ㉯의 핵심 의미가 유지된다. 이와 달리, '과거를 받아들임으로써 상처를 내다.'에서 '내다'를 어휘적 의미로 해석한다면 원래 ㉯가 전하려던 것과 문장의 뜻이 달라진다. 이를 통해 ㉯의 '내다'는 '이기다'에 결합하여 행위의 종결을 강조하는 양태적 의미를 드러내는 보조 용언임을 알 수 있다. 따라서 ㉯의 '이겨 냈다'는 본용언과 보조 용언이 결합한 구성에 해당한다.

㉰ 해당 예문에서 '일주일 내내 산을 불태웠던 불이 꺼지다.'만을 분리하여 보아도 ㉰의 핵심 의미가 유지된다. 이와 달리, '일주일 내내 산을 불태웠던 불이 간다.'에서 '가다'를 어휘적 의미로 해석하면 문장의 의미가 어색해진다. 이를 통해 ㉰의 '간다'는 '꺼지다'에 결합하여 행위의 진행을 강조하는 양태적 의미를 드러내는 보조 용언임을 알 수 있다. 따라서 ㉰의 '꺼져 간다'는 본용언과 보조 용언이 결합한 구성에 해당한다.

*** 오답 해설**
㉱ 해당 예문은 '그에게 마음을 담아 편지를 썼다.', '그에게 편지를 보냈다.'가 합쳐진 문장으로, 이처럼 분리하여 보아도 '쓰다'와 '보내다'가 모두 자립성을 갖고 분명한 어휘적 의미를 나타낸다. 따라서 ㉱의 '써 보냈다'는 본용언과 본용언이 결합한 구성에 해당한다.

36. ④
*** 정답 해설**
④ ㉣의 '떠오르다'는 '뜨다'와 '오르다'의 서술어가 결합한 구성이 굳어진 합성 용언에 해당한다. 이는 '*이 상황을 타개할 좋은 방책이 떠(서) 올랐다.'와 같이 새로운 요소가 삽입될 수 없다는 점을 통해 확인할 수 있다. 그런데, '떠오르다'는 '솟아서 위로 오르다.', '기억이 되살아나거나 잘 구상되지 않던 생각이 나다.'라는 의미로, '뜨다'의 본래의 의미에서 멀어졌다고 보기 어렵다. 또한, '떠오르다'는 구성 요소의 원형을 밝혀 적고 있다. '뜨-+-어'가 '떠'로 표기된 것은 '뜨다'의 어간 '뜨-'와 '-어'가 결합할 때 'ㅡ'가 탈락하는 규칙을 따른 것이지, 구성 요소의 본래 의미에서 멀어져 소리 나는 대로 적은 것이 아니다. 따라서 이를 '사라지다'와 같은 특징을 가진 합성 용언이라고 볼 수 없다.

*** 오답 해설**
① ㉠의 '깨물다'는 '그녀는 말없이 입술만 [깨물었다 / *깨(서) 물었다].'와 같이 구성 요소 사이에 새로운 요소가 삽입될 수 없다. 윗글의 '덤벼들다' 역시 구성 요소가 분리될 수 없다는 점에서 합성 용언이라고 하였으므로 선지의 내용은 적절하다.

② ㉡의 '뜯어먹다'는 '뜯다'와 '먹다'라는 구성 요소의 의미를 벗어나 '남의 재물 따위를 졸라서 얻거나 억지로 빼앗아 가지다.'라는 새로운 의미를 형성하고 있음을 알 수 있다. 윗글의 '차려입다' 역시 두 구성 요소의 의미 합을 벗어나 새로운 의미를 형성한다는 점에서 합성 용언이라고 하였으므로 선지의 내용은 적절하다.

③ ㉢의 '알아듣다'는 '남의 말을 듣고 그 뜻을 알다.'라는 의미로, 실제 동작의 순서는 구성 요소의 순서인 '알다' → '듣다'가 아니라 '듣다' → '알다'이다. 윗글의 '건너뛰다' 역시 '뛰어서 건너다.'는 의미로, '뛰다' → '건너다'이기 때문에 실제 동작과 구성 요소의 순서가 일치하지 않음을 알 수 있다.

⑤ ㉤의 '돌아가시다'는 '돌아가다'에 주체 높임 선어말 어미 '-시-'가 결합한 것으로, '돌다'와 '가다'라는 구성 요소의 단순한 의미 합에서 벗어나 '죽다'라는 비유적 의미를 나타낸다. 윗글의 '날아가다' 역시 두 구성 요소의 의미 합을 벗어나 비유적 의미를 형성한다는 점에서 합성 용언이라고 하였으므로 선지의 내용은 적절하다.

37. ⑤
*** 정답 해설**
⑤ ㉠의 '中國에 달아'의 현대어 풀이가 '중국과 달라'이므로,

‘에’가 비교의 의미를 나타내는 부사격 조사임을 알 수 있다. 또한 ㉣의 ‘뫼햇’의 현대어 풀이는 ‘산에의’이며, 형태소를 분석하면 ‘뫼ㅎ(산)+애(에)+ㅅ(의)’이므로, ‘애’가 장소의 의미를 나타내는 부사격 조사임을 알 수 있다.

＊ 오답 해설

① ㉠의 ‘나랏 말ᄊᆞ미’에서 ‘ㅅ’은 무정 명사 ‘나라(ㅎ)’에 결합하여 후행하는 체언 ‘말ᄊᆞᆷ’을 수식하는 관형격 조사로 기능하고 있으므로, ㉠은 ⓐ의 예로 적절하다. 한편, ㉣의 ‘뫼햇’의 현대어 풀이 ‘산에의’에서 관형격 조사 ‘의’를 찾을 수 있다. 따라서 ⓐ를 확인할 수 있는 예를 모두 골라 묶어 보는 〈학습 활동〉에는 ㉠과 ㉣이 해당하므로 선지의 내용은 적절하지 않다. 참고로, ㉡ ‘부텻’의 ‘ㅅ’은 존칭의 유정 명사 ‘부텨’에 결합하여 후행하는 ‘교화’를 수식하는 관형격 조사이므로 ⓐ에 해당하지 않는다.

② ㉡에서 ‘-ᅀᆞᆸ-’은 ‘부텨’의 教化(교화)를 높이는 객체 높임 선어말 어미로 기능하고 있으므로, ㉡은 ⓑ의 예로 적절하다. 한편, ㉣의 ‘萬萬衆生ᄃᆞᆯ히 머리 좃ᄉᆞᆸ고’의 현대어 풀이를 고려하면, 부사어로 나타난 높임의 대상 ‘부처’를 높이기 위해 객체 높임의 선어말 어미 ‘-ᅀᆞᆸ-’을 활용하고 있음을 알 수 있다. 따라서 ⓑ를 확인할 수 있는 예를 모두 골라 묶어 보는 〈학습 활동〉에는 ㉡과 ㉣이 해당하므로 선지의 내용은 적절하지 않다.

③ ㉠의 ‘말ᄊᆞ미’는 ‘말ᄊᆞᆷ+이’로 분석되는데, 이때 ‘이’는 자음으로 끝난 체언에 결합하는 주격 조사 ‘이’에 해당한다. 한편, ㉢의 ‘長者ㅣ’는 ‘長者+ㅣ’로 분석되는데, 현대어 풀이를 고려할 때 ‘ㅣ’는 관형격 조사 ‘의’에 대응됨을 알 수 있다. 따라서 ⓒ를 확인할 수 있는 예를 모두 골라 묶어 보는 〈학습 활동〉에는 ㉠과 ㉢ 모두 해당하지 않으므로 선지의 내용은 적절하지 않다. 참고로, ㉣의 ‘萬萬衆生ᄃᆞᆯ히’는 ‘萬萬衆生+ᄃᆞᆯㅎ+이’로 분석할 수 있는데, 이때 ‘ᄃᆞᆯㅎ’은 복수 접미사에 해당하며, ‘이’는 자음으로 끝난 체언에 결합하는 주격 조사에 해당한다.

④ ㉢의 ‘지븨’는 ‘집+의’로 분석할 수 있는데, 이때 ‘의’는 현대어 풀이를 고려할 때 처소의 부사격 조사임을 알 수 있다. 따라서 ㉢은 ⓓ의 예로 적절하지 않다. 한편, ㉣에서는 무정 명사에 결합하는 관형격 조사 ‘ㅅ’이 쓰였을 뿐, 평칭의 유정 명사에 결합하는 관형격 조사 ‘인/의’는 쓰이지 않았으므로, ㉣은 ⓓ의 예로 적절하지 않다.

38. ③
＊ 정답 해설

③ ㉢의 ‘깨닫다’는 단일 어근으로 구성된 단일어이다. 그러나 ‘깨닫는’ 행위는 주체의 의지나 의도대로 이루어지지 않는 일을 나타내는 용언이므로, 짧은 부정이든 긴 부정이든 상관없이 ‘안 부정문’으로 쓰일 수 없다.

＊ 오답 해설

① 〈보기〉에 따르면, 서술어로 쓰인 용언이 합성어나 파생어이라면 짧은 부정문을 쓸 수 없다. ⓐ의 ‘본받다’는 명사 어근 ‘본’에 동사 어근 ‘받-’이 결합한 합성어이다. 따라서 ‘*행동을 안 본받다.’와 같이 짧은 부정문을 쓸 수 없으므로 선지의 내용은 적절하다. 참고로, ‘본받다’는 ‘행동을 본받지 않다.’와 같이 보조 용언을 활용한 긴 부정문으로 부정을 나타낸다.

② 〈보기〉에 따르면, 서술어로 쓰인 용언이 합성어나 파생어이라면 짧은 부정문을 쓸 수 없다. ⓑ의 ‘드넓다’는 형용사 어근 ‘넓-’에 접두사 ‘드-’가 결합한 파생어이다. 따라서 ‘*논밭이 안 드넓다.’와 같이 짧은 부정문을 쓸 수 없으므로 선지의 내용은 적절하다. 참고로, ‘드넓다’는 ‘논밭이 드넓지 않다.’와 같이 보조 용언을 활용한 긴 부정문으로 부정을 나타낸다.

④ 〈보기〉에 따르면, 사동사와 피동사는 제약 없이 짧은 부정문을 이룰 수 있다. ⓓ의 ‘태우다’는 동사 어근 ‘타-’에 사동 접미사 ‘-이우-’가 결합한 사동사이다. 따라서 ‘피부를 안 태우다.’와 같이 짧은 부정문을 형성할 수 있으므로 선지의 내용은 적절하다.

⑤ 〈보기〉에 따르면, 서술어로 쓰인 용언이 합성어일 때는 짧은 부정문을 쓸 수 없지만, 합성어라도 연결 어미를 매개로 결합한 합성 동사는 짧은 부정문을 이룰 수 있다. ⓔ의 ‘집어먹었다’는 ‘겁, 두려움 따위를 가지게 되다.’라는 뜻의 합성 동사이다. 이때 ‘집어먹었다’는 ‘집-＋-어-＋먹-＋-었-＋-다’로 분석되는데, 이를 통해 ‘집어먹었다’가 연결 어미 ‘-어-’를 매개로 한 합성 동사임을 알 수 있으므로 선지의 내용은 적절하다.

39. ⑤
＊ 정답 해설

⑤ ㉠의 ‘곁양반’에서는 먼저 음절의 끝소리 규칙에 따라 ‘ㅌ’이 ‘ㄷ’으로 교체된다. 이후 복합어에서 자음으로 끝나는 앞말과 반모음 ‘ㅣ’로 시작하는 뒷말 사이에 ‘ㄴ’이 첨가되는 ‘ㄴ’ 첨가 현상이 일어난다. 그리고 첨가된 ‘ㄴ’의 영향을 받아 ‘ㄷ’이 비음 ‘ㄴ’과 같은 조음 방법의 자음 ‘ㄴ’으로 교체되는 비음화가 일어난다. 즉, ‘곁양반 → [곁양반](음절의 끝소리 규칙) → [견냥반](‘ㄴ’ 첨가) → [견냥반](비음화)’의 과정을 거쳐 발음된다.

㉡의 ‘옆잇기’에서는 먼저 음절의 끝소리 규칙에 따라 ‘ㅍ’이 ‘ㅂ’으로, ‘ㅅ’이 ‘ㄷ’으로 교체된다. 이후 복합어에서 자음으로 끝나는 앞말과 반모음 ‘ㅣ’로 시작하는 뒷말 사이에 ‘ㄴ’이 첨가되는 ‘ㄴ’ 첨가 현상이 일어나고, 첨가된 ‘ㄴ’의 영향을 받아 ‘ㅂ’이 비음 ‘ㄴ’과 같은 조음 방법의 자음 ‘ㅁ’으로 교체되는 비음화가 일어난다. 또한 음절의 끝소리 규칙에 따라 교체된 파열음 ‘ㄷ’ 뒤에서 된소리되기가 적용된다. 즉, ‘옆잇기 → [엽읻기](음절의 끝소리 규칙) → [엽닏기](‘ㄴ’ 첨가) → [염닏기](비음화) → [염닏끼](된소리되기)’의 과정을 거쳐 발음된다.

㉢의 ‘셋붙이’에서는 음절의 끝소리 규칙에 따라 ‘ㅅ’이 ‘ㄷ’

으로 교체된다. 이후 'ㅌ'이 모음 'ㅣ'로 시작하는 형식 형
태소와 만나 'ㅊ'이 되는 구개음화가 일어난다. 또한 교체
된 파열음 'ㄷ' 뒤에서 예사소리 'ㅂ'이 된소리 'ㅃ'이 되는
된소리되기가 일어난다. 즉, '솃붙이 → [솃붇이](음절의 끝
소리 규칙) → [솃부치](구개음화) → [솃뿌치](된소리되기)'
의 과정을 거쳐 발음된다.
이를 고려할 때, ㉠, ㉡, ㉢은 모두 음절 종성에서 발음되
는 자음의 종류가 제한되는 음운 변동인 음절의 끝소리
규칙이 일어나므로 선지의 내용은 적절하지 않다.

＊ 오답 해설
① ㉠과 ㉡ 모두 자음이 탈락하는 음운 변동이 일어나지 않
는다. ㉠의 '곁양반'는 '곁양반 → [곋양반](음절의 끝소리
규칙) → [곋냥반]('ㄴ' 첨가) → [견냥반](비음화)'의 과정을
거쳐 발음된다. 한편, ㉡의 '옆잇기'는 '옆잇기 → [엽읻기]
(음절의 끝소리 규칙) → [엽닏기]('ㄴ' 첨가) → [염닏기](비
음화) → [염닏끼](된소리되기)'의 과정을 거쳐 발음된다.
따라서 선지의 내용은 적절하지 않다.
② ㉠에서 일어나는 비음화는 인접한 자음과 조음 방법이
같아지는 음운 변동이다. 즉, '곁양반[견냥반]'에서는 인접
한 자음과 조음 위치가 같아지는 조음 위치 동화가 일어
나지 않는다. ㉡의 '옆잇기[염닏끼]'도 '곁양반[견냥반]'과
마찬가지로 인접한 자음과 조음 방법이 같아지는 비음화
가 일어날 뿐, 조음 위치 동화는 일어나지 않는다.
③ ㉠에서는 자음 'ㄴ'이 첨가되는 음운 변동이 일어나므로,
㉠은 '자음이 첨가되는 음운 변동'을 충족한다. 그러나 ㉢
의 '솃붙이'는 '솃붙이 → [솃붇이](음절의 끝소리 규칙) →
[솃부치](구개음화) → [솃뿌치](된소리되기)'의 과정을 거쳐
발음된다. 즉, ㉢에서 자음이 축약되는 음운 변동이 일어
나지 않으므로 선지의 내용은 적절하지 않다.
④ ㉡에서는 첨가된 'ㄴ'으로 인해 비음화가 일어난다. 그러
나 ㉢에서는 음운 첨가 현상이 일어나지 않으므로 선지의
내용은 적절하지 않다.

40. ②
＊ 정답 해설
② '진행자'는 "'해녀의 전설'은 부산국제영화제를 비롯해 세
계의 여러 영화제에 초청되기도 했다고요?", "지난 2일에
'해녀의 전설' 시사회가 열렸습니다."라며 화제와 관련한
현황을 언급함으로써, 방송에서 전달할 다음 내용을 자연
스럽게 연결하고 있다.

＊ 오답 해설
① '진행자'는 "풍경이 너무 멋지네요.", "우리나라 풍경이 세
계에 소개된다니 정말 자랑스럽네요."와 같이 방송 내용에
대한 주관적인 감상을 드러내고 있으므로 선지의 내용은
적절하지 않다.
③ '기자'는 '대상군'이라는 낯선 단어의 의미를 묻는 '진행자'
의 질문에 "해녀는 잠수할 수 있는 물의 깊이에 따라 대

상군, 상군, 중군, 하군으로 서열이 나뉩니다. 대상군은 약
15m 깊이의 물에 들어갈 수 있는 해녀로, 현장에서 대장
이 됩니다."라며 해당 용어의 개념을 설명하였다. 하지만
비유적 표현을 사용하여 용어의 개념을 설명하고 있지는
않으므로 선지의 내용은 적절하지 않다.
④ '기자', '진행자' 모두 해당 방송을 다시 볼 수 있는 방법
에 대해 안내하고 있지 않으므로 선지의 내용은 적절하지
않다.
⑤ 제시된 두 번째 화면에서는 인터뷰를 진행한 '관람객'의
신분을 '대학생'이라고 밝히고 있다. 관람객의 신분이 전문
가와 같을 경우에는 수용자의 신뢰감을 높이는 경우로 볼
수 있지만, 두 번째 화면은 해당 경우로 보기 어렵다. 또
한 자막에서는 관람객이 말한 영화의 개인적인 감상을 요
약하여 전달할 뿐, 방송 내용에 대한 전문 지식을 전달하
고 있지는 않다. 첫 번째 화면에서도 방송 내용에 대한
전문 지식이 아닌 영화의 상영 정보 등을 전달하고 있으
므로 선지의 내용은 적절하지 않다.

41. ⑤
＊ 정답 해설
⑤ (나)에서는 게시물을 수정할 수 있는 기능이 제공되고 있
으며, 수정된 게시물에는 수정 일시가 표시되고 있다. 이
를 통해 구성원은 수정 일시를 확인할 수 있으나, 게시물
의 수정 전후 내용을 확인할 수는 없으므로 선지의 내용
은 적절하지 않다.

＊ 오답 해설
① (나)는 '최신 글 보기', '추천 글 보기', '사진 보기'와 같이
게시글을 정렬할 수 있는 범주가 항목별로 설정되어 있으
므로 선지의 내용은 적절하다.
② (나)의 "'내일 볼 영화' 본 사람 있나요?(5)", '다음 주에~
가실 분!(10)', '[답장] 참여 신청합니다!(2)'를 통해 글의
목록에 댓글 수가 표시되고 있음을 알 수 있다. 이는 게
시물을 열람하지 않고 댓글 수를 알 수 있도록 제공되는
기능이므로 선지의 내용은 적절하다.
③ (나)의 '공유하기' 버튼을 통해 글을 다른 수용자에게 공
유할 수 있음을 알 수 있다. 이는 글의 내용을 다른 수용
자에게 전달할 수 있는 기능이므로 선지의 내용은 적절하
다.
④ (나)에서 '숲향기'의 이름을 가리키면 '숲향기'가 작성한
'지난 글 보기'가 가능함을 알 수 있다. 이는 해당 누리집
의 이용자가 누리집에 작성했던 글을 확인할 수 있도록
하는 기능이므로 선지의 내용은 적절하다.

42. ④
＊ 정답 해설
④ '통통이'는 "예고편만 봐도 '다양한 촬영 기법'이 사용됐다
는 걸 잘 알겠다."라며 영화 '해녀의 전설'의 촬영 기법에
대한 흥미를 드러내고 있으며, '해녀의 전설'을 관람하면

'바닷가를 촬영하는 방법을 배울 수 있을 것 같아.'라고 밝히고 있다. 그러나 '통통이'는 '안 그래도 내가 이번 블로깅에서 우리 동아리 영상을 촬영하려고 했거든.'이라며, '해녀의 전설' 예고편을 보기 전에 이미 '동아리 영상' 촬영 계획이 있었음을 밝히고 있으므로 선지의 내용은 적절하지 않다. 또한 '통통이'가 '해녀의 전설'의 주제 의식에 주목하는 부분은 찾을 수 없다.

*** 오답 해설**
① '실제로 영화를 본 관람객의 인터뷰를 보여 줘서 더욱 흥미가 생기더라고요.'에서, '민지'는 방송에서 정보를 전달하는 방식으로 인해 방송에 흥미를 느꼈음을 밝히고 있다.
② '민지'는 '영화는 다양한 촬영 기법으로 담아낸 제주 해녀의 일상을 통해 바다의 황폐화를 고발한다고 합니다.'라며 바다의 황폐화를 고발하는 영화의 내용과 '다양한 촬영 기법'을 활용하였음을 연결 지어 영화를 소개하고 있다.
③ '숲향기'는 '지난여름에 제주도에 갔을 때 해녀 박물관에 간 적이 있어서'라고 말하고 있다. '숲향기'는 이러한 개인적 경험으로 인해 '해녀의 전설'이 보고 싶었다며 '해녀의 전설'을 보러 가면 좋겠다는 '민지'의 제안을 긍정적으로 수용하고 있다.
⑤ '사마귀'는 '예매권을 주는 이벤트에 참여하기 위해 찍어야 하는 화면이 너무 빨리 지나가서 아쉬웠어. 참여하고 싶었는데….'라며 방송이 시청자의 참여를 유도하는 방식에 있어 시청자가 이벤트에 참여할 수 있도록 충분히 배려하지 않았음을 언급하였다.

43. ③
*** 정답 해설**
③ ⓒ에서 동사 '오르다'는 '지위나 신분 따위를 얻게 되다.'의 의미로 사용되었다. 따라서 이는 영화가 '세계적인 다큐멘터리 영화제의 촬영상 후보'의 지위를 갖게 된 상황을 나타낸 표현으로 보는 것이 적절하다. 즉, '실적이나 능률 따위가 높아지다.'의 의미로 쓰인 것이 아니므로, 영화를 향한 관심이 이전보다 늘어난 상황을 나타낸 표현으로 볼 수 없다.

*** 오답 해설**
① '-면서'는 두 가지 이상의 움직임이나 사태 따위가 동시에 겸하여 있음을 나타내는 연결 어미이다. ㉠에서는 예고편이 방송으로 송출되는 것과 기자의 설명이 동시에 이루어짐을 나타내기 위해 사용되었다.
② '이'는 '되다', '아니다' 앞에 쓰여 앞말이 보어임을 나타내는 격 조사이다. ㉡에서는 대상군이 구체적으로 현장에서 대장의 역할을 함을 설명하기 위해 사용되었다.
④ '-ㄴ'은 앞말이 관형어 구실을 하게 하고, 사건이나 행위가 과거 또는 말하는 이가 상정한 기준 시점보다 과거에 일어남을 나타내는 어미이다. ㉣에서는 관람객에게 인터뷰를 진행한 시점이 이미 영화 관람이 끝난 뒤임을 나타내

기 위해 사용되었다.
⑤ '그리고'는 단어, 구, 절, 문장 따위를 병렬적으로 연결할 때 쓰는 접속 부사이다. ㉤에서는 영화를 관람한 관람객의 첫 번째 감상인 "사라져 가는 제주의 전통문화와 해녀의 삶을 연결한 점이 인상 깊었"다는 내용 뒤에, "제주 바다가 황폐해지고 있다는 사실을 알게 되어서 제가 도울 방법이 없는지 고민하게 되었"다는 두 번째 감상 내용이 곧 나옴을 알려 주기 위해 사용되었다.

44. ⑤
*** 정답 해설**
⑤ '채영'은 '아하! 그럼 예를 들어 주는 건 어때?'에서, '민형'은 '흠…. 건의 사항은 빨리 처리하는 게 우리에게도 좋으니까, 그렇게 하자.'에서 모두 감탄사를 사용하고 있다. 이는 상대의 발화에 대한 자신의 반응을 표출한 것으로 볼 수 있다.

*** 오답 해설**
① '혜원'은 대화를 시작하면서 'image21.jpg'라는 파일 하나만을 전송했을 뿐, 대화 참여자들에게 동시에 여러 파일을 전송하지는 않았다. 파일 전송을 알리는 대화창 위에 뜬 이미지는 '혜원'이 전송한 이미지를 미리 볼 수 있도록 하는 기능이다.
② '승수'는 '채영'의 발화 뒤에 '적는 중~'이라는 문자와 글을 적는 그림 이미지가 복합된 이모티콘을 전송했을 뿐, 자신을 찍은 사진을 보내지는 않았다.
③ '민형'은 'http://qrmarker.com 여기서 만들 수 있어.'에서 하이퍼링크를 활용하여 대화 참여자들에게 대화방 외부의 정보를 제공했을 뿐, 해당 대화방의 이전 대화를 불러오지는 않았다.
④ '채영'은 '구어체를 사용하면 어떨까?ㅎㅎ'에서, '승수'는 '어!!!! ㅇㅇ, 좋아!!!!!'에서 자음을 나열하는 표현 방법을 활용하였다. 이때 '승수'는 '혜원'의 의견에 동의하는 뜻을 강조하기 위해 'ㅇㅇ'을 사용했다고 볼 수 있으나, '채영'은 포스터 제목에 관한 '민형'의 의견과는 다른 의견을 제시하고 있으므로 선지의 내용은 적절하지 않다.

45. ③
*** 정답 해설**
③ (나)에서 '민형'은 '오픈 대화방'이 '생긴 지 얼마 안 된 기능'임을 언급하며 '누리 소통망 화면을 캡처해서 보여 주'자고 제안하고 있다. 이후 '혜원'이 다른 방법으로 알려 줄 것을 제안하자, '민형'은 'QR 코드를 포스터에 삽입'하자는 다른 의견을 내었고, 이에 '혜원'은 그게 편의성에 더 도움이 될 것이라며 QR 코드를 포스터에 삽입하는 것에 동의하였다. 그런데 수정한 포스터에는 QR 코드가 아닌 누리 소통망 화면을 캡처한 사진과 '돋보기 아이콘을 눌러서 검색!'이라는 문구를 삽입하여 오픈 대화방에 접근하는 방법을 제시하였으므로, '민형'과 '혜원'의 대화를 제대로 반영

했다고 볼 수 없다. 또한 '민형'과 '혜원'은 이용자의 편의성에 관해 대화를 나눈 것이지 포스터 디자인에 관해 이야기하고 있지 않으므로 선지의 내용은 적절하지 않다.

*** 오답 해설**

① (나)에서 '민형'은 '제목에 우리가 건의함을 도입한 이유가 더 잘 드러나면 좋겠어.'라고 말하고 있다. 이를 반영하여 수정한 포스터에는 '더 즐거운 ◇◇생활을 위한'과 같이 건의함 도입의 이유를 추가하였다. 또한 (나)에서 '채영'은 '건의함 신설'이라는 제목이 '너무 딱딱'하므로 '구어체를 사용하'자고 제안하였다. 이를 반영하여 수정한 포스터에는 '건의함 만들었어요~'라는 표현으로 제목을 수정하여 친근감을 강조하고 있다.

② (나)에서 '승수'는 '학교생활에 관한 학생들의 고민'이라는 내용이 '너무 포괄적'이라고 말하고 있으며, '채영'은 이를 보완하기 위해 '예를 들어 주'자고 제안하고 있다. 이에 '승수'는 다시 '학교생활 전반에 관한 고민을 받는 게 우리 목적'임을 언급하며, 사적인 고민도 사례에 포함하자고 제안하였다. 이를 반영하여 수정한 포스터에서는 '축제 행사 건의, 교우 관계 등'과 같이 공적인 성격의 고민과 사적인 성격의 고민을 모두 제시하고 있으므로 선지의 내용은 적절하다.

④ (나)에서 '채영'은 '건의자 의견 수렴은 3일 이내로 하는 게 어때?'라고 제안하였다. 이에 '민형'은 '건의 사항은 빨리 처리하는 게 우리에게도 좋으니까, 그렇게 하자.'라고 말하며 동의하였다. 이를 반영하여 수정한 포스터에는 '건의자 의견 수렴'이 이루어지는 기간을 '3일 이내'로 이전(5일 이내)보다 짧게 수정하였다.

⑤ (나)에서 '승수'는 '학생들에게 건의함 사용을 권하는 문구를 넣으면 포스터의 목적이 더 잘 전달될 거야.'라고 말하였다. 이에 '혜원'은 '건의함이 말하는 것처럼 표현하면 귀엽겠지?'라고 제안하였고, '승수'도 '건의함에 눈을 달아서 캐릭터처럼 만들면 좋겠다.'라고 말하였다. 이를 반영하여 수정한 포스터에는 말풍선과 함께 의인화된 건의함이 직접 건의함 사용을 권하는 이미지로 바뀌었다.

[언어와 매체]

35	④	36	②	37	③	38	③	39	③
40	③	41	④	42	④	43	③	44	①
45	⑤								

35. ④
*** 정답 해설**

④ 4문단에 따르면, 용언 어간의 끝소리 'ㄹ'이 연철되지 않은 경우가 있었는데, 이러한 형태는 용언 어간 뒤에 모음이 올 때 그 활용형이 연음되지 않은 채 표기되며, 이는 음가 있는 'ㅇ'이 덧난 결과였다. ㄹ(달아)은 '다ㄹ-'에 어미 '-아'가 붙어 활용된 형태이며, 이때 첨가된 'ㅇ'이 음가를 지녀 '달'의 'ㄹ'이 뒤 음절의 초성으로 연음되지 못한 것이므로 선지의 내용은 적절하다.

*** 오답 해설**

① ㄱ(꽃)은 음절의 끝소리 규칙에 의해 '꽃'의 종성 'ㅊ'이 'ㄷ'으로 교체되어 [꼳]으로 발음된다. 이러한 음운 변동을 반영하지 않은 채 형태소 '꽃'의 원형을 살려 '꽃'으로 표기하는 것은 '표의주의'를 반영한 결과이므로 선지의 내용은 적절하지 않다.

② ㄴ(고지)은 체언 '곳'에 조사 '이'가 결합한 형태이다. 이때 형태소 '곳'과 '이'의 경계를 음절 단위에서 확인할 수 없다는 점에서, '고지'는 연음된 발음을 그대로 표기하는 연철 표기가 적용되어 있다고 볼 수 있다. 즉, ㄴ은 음절 단위에서 체언과 조사를 구분할 수 없으므로 선지의 내용은 적절하지 않다.

③ 4문단에 따르면, 체언의 끝소리 'ㄹ'이 연철되지 않은 경우가 있었는데, 이러한 형태는 'ㄹ' 뒤의 'ㄱ'이 약화하여 음가 있는 'ㅇ[ɦ]'으로 바뀐 결과였다. ㄷ(글와)은 체언 '글'에 조사 '과'가 결합한 형태이며, 이는 'ㄱ'이 약화하여 음가 있는 'ㅇ[ɦ]'으로 교체된 것이므로 선지의 내용은 적절하다. 참고로, 초성 'ㅇ'은 단순히 음절의 형태를 이루기 위해 표기된 것이 아니라, 실제 음가를 지니기에 표기된 것이다.

⑤ 4문단에 따르면, 'ㅿ'은 종성에서 실제 발음되었던 소리로, 표음주의 표기에서 벗어난 것이 아니다. 이를 고려할 때, ㅁ(ᄀᆞ애)은 종성의 'ㅿ'은 종성에서 실제 발음되었던 'ㅿ'를 표기한 것이므로, 'ㅿ'이 다른 음운으로 바뀌어 발음된다는 선지의 내용은 적절하지 않다.

36. ②
*** 정답 해설**

② ⓑ의 '기러'는 현대 국어의 형태를 고려할 때, 어간 '긴-'에 어미 '-어'가 결합한 형태로 볼 수 있다. 이때 형태소의 원형을 밝혀 '긴어'와 같이 적지 않고, '기러'와 같이 소리 나는 대로 표기하는 것은 표음주의를 적용한 결과이다. 이는 형태소의 경계를 밝혀 적지 않는 것이므로, 연철 표기가 적용된 결과로 보아야 한다.

*** 오답 해설**

① ⓐ의 '울어늘'은 어간 '울-'에 어미 '-거늘'이 결합한 형태이다. 4문단의 내용을 고려할 때, 이는 'ㄱ'으로 시작하는 어미가 선행하는 'ㄹ'로 인해 그 소리가 약화하여 음가 있는 'ㅇ'으로 교체된 것이며, 이로 인해 '울-'의 'ㄹ'은 연음될 수 없게 된다. 즉, '울어늘'이 '우러늘'과 같이 연음되지 않는 까닭은, 어미 'ㄱ'이 약화하여 실현된 'ㅇ'이 음가가 있기 때문이므로 선지의 내용은 적절하다.

③ ⓒ의 '좇ᄌᆞᆸ고져'는 팔종성법에 따르면 종성 'ㅊ'이 'ㅅ'으로 교체되어 '좃ᄌᆞᆸ고져'와 같이 표기되었어야 한다. 그러나 3문단에 따르면, 일부 문헌에서는 팔종성법을 따르지 않고 종성에 'ㅈ', 'ㅊ', 'ㅍ' 등을 사용하는 경우가 나타났다. 따라서 ⓒ의 '좇ᄌᆞᆸ고져'는 형태소의 원형을 밝히고 있다는 점에서 팔종성법의 예외에 해당한다고 볼 수 있으므로 선지의 내용은 적절하다.

④ ⓓ의 '올아'는 4문단의 '달아'와 마찬가지로, 음가 있는 'ㅇ'이 첨가된 결과로 형성된 표기 형태이다. 이때 '올'의 종성 'ㄹ'이 연음되어 뒤 음절의 초성으로 쓰이지 않은 것은 '아'의 'ㅇ'이 음가가 있기 때문이므로 선지의 내용은 적절하다.

⑤ ⓔ의 '일을'은 연철 표기에 따르면 '이를'로 쓰여야 한다. 그런데 3문단에 따르면, 'ㄹ'로 끝나는 체언 뒤에 모음이 왔을 때 연철 표기가 이루어지지 않고, 앞뒤 형태소의 경계를 밝혀 적는 표기 방식이 나타나기도 했다. 즉, ⓔ의 '일을'은 대체로 일관되게 적용되었던 연철 표기의 예외로 몇몇 문헌에서만 나타났으므로 선지의 내용은 적절하다.

37. ③
*** 정답 해설**

③ ⓒ의 예문에서는 합성어 '밤낮'과 '뛰어나다'를 확인할 수 있다. '밤낮'은 명사 어근 '밤'과 명사 어근 '낮'이 결합한 합성어로 명사나 부사가 되는데, 예문에서 쓰인 품사는 부사이다. 즉, 예문의 '밤낮'은 합성어를 이루는 어근과 무관하게 품사가 결정된 경우로 볼 수 있다. 또한 '뛰어나다'는 동사 어근 '뛰-'와 동사 어근 '나-'의 합성어로, 품사가 형

용사이다. 따라서 '밤낮'과 '뛰어나다'는 모두 합성어를 이루는 어근에 의해 품사가 결정되지 않은 경우에 해당하므로 선지의 내용은 적절하다.

*** 오답 해설**
① ⓐ의 예문에서는 합성어 '등지다', '일자리'를 확인할 수 있다. '등지다'는 명사 어근 '등'과 동사 어근 '지-'가 결합한 합성 동사로, 그 품사가 동사 어근 '지-'에 의해 결정된다. 한편, '일자리'는 명사 어근 '일'과 명사 어근 '자리'가 결합한 합성 명사로, 그 품사가 합성어를 이루는 어근에 의해 결정된 경우에 해당한다.
② ⓑ의 예문에서는 합성어 '잘못', '걸려들다'를 확인할 수 있다. '잘못'은 부사 어근 '잘'과 부사 어근 '못'이 결합한 합성어로 명사나 부사가 되는데, 예문에서 쓰인 품사는 부사다. 따라서 '잘못'은 그 품사가 합성어를 이루는 어근에 의해 결정된 경우에 해당한다. 또한 '걸려들다'는 동사 어근 '걸리-'와 동사 어근 '들-'이 결합하여 이루어진 합성 동사로, 그 품사가 합성어를 이루는 어근에 의해 결정된 경우에 해당한다.
④ ⓓ의 예문에서는 합성어 '찾아보다', '머리띠'를 확인할 수 있다. '찾아보다'는 동사 어근 '찾-'과 동사 어근 '보-'가 결합한 합성 동사로, 그 품사가 합성어를 이루는 어근에 의해 결정되었음을 알 수 있다. 또한 '머리띠'는 명사 어근 '머리'와 명사 어근 '띠'가 결합한 합성 명사로 그 품사가 합성어를 이루는 어근에 의해 결정된 경우에 해당한다.
⑤ ⓔ의 예문에서는 합성어 '어린이', '뛰놀다'를 확인할 수 있다. '어린이'는 형용사 어근 '어리-'와 명사 어근 '이'가 결합된 합성 명사로, 그 품사가 명사 어근 '이'에 의해 결정된다. '뛰놀다'는 동사 어근 '뛰-'와 동사 어근 '놀-'가 결합하여 이루어진 합성 동사로, 그 품사가 합성어를 이루는 어근에 의해 결정된 경우에 해당한다.

38. ③
*** 정답 해설**
③ ㉠의 예문에서는 안은문장의 서술어 '나갔습니까'에 사용된 과거 시제 선어말 어미 '-았-'을 통해 절대 시제가 과거임을 알 수 있다. 그리고 안긴문장인 '205호에 묵는'에서는 현재 시제를 나타내는 관형사형 전성 어미 '-는'이 사용되었음을 확인할 수 있다. 이때 안은문장의 사건시인 (205호에 묵는) 사람이 밖으로 나간 시점을 기준으로 볼 때, 안긴문장에 나타난 사건시인 사람이 205호에 묵는 시점은 현재이므로, 상대 시제는 현재임을 알 수 있다. 한편, ㉡의 예문에서는 안은문장의 서술어 '몰랐다'에 사용된 과거 시제 선어말 어미 '-았-'을 통해 절대 시제가 과거임을 알 수 있다. 그리고 안긴문장 '(그녀가) 어찌할'에서 미래 시제를 나타내는 관형사형 어미 '-(으)ㄹ'이 사용되었음을 확인할 수 있다. 이때 안은문장의 사건시인 그녀가 (어찌할 바를) 몰랐던 시점을 기준으로 볼 때, 안긴문장에 나타난 사건시인 그녀가 '어찌하다'의 시점은 미래이므로, 상

대 시제는 미래임을 알 수 있다. 즉, 선지의 ㉠, ㉡ 모두 〈학습 활동〉의 조건을 만족하고 있다.

*** 오답 해설**
① ㉠의 예문에서는 안은문장의 서술어 '맞으셨다'에 사용된 과거 시제 선어말 어미 '-었-'을 통해 절대 시제가 과거임을 알 수 있다. 그리고 안긴문장인 '(어머니가) 집안일을 하시던'의 '하시던'에서 과거 시제를 나타내는 관형사형 어미 '-던'이 사용되었음을 확인할 수 있다. 이때 안은문장의 사건시인 어머니가 손님을 맞은 시점을 기준으로 볼 때, 안긴문장의 사건시인 어머니가 집안일을 하신 시점은 과거이므로, 상대 시제 역시 과거임을 알 수 있다. 한편, ㉡의 예문에서는 안은문장의 서술어 '왔었다'의 과거 시제 선어말 어미 '-었-'을 통해 절대 시제가 과거임을 알 수 있다. 그리고 안긴문장 '내가 출장을 가는'에서 현재 시제를 나타내는 관형사형 어미 '-는'이 사용되었음을 확인할 수 있다. 이때 안은문장의 사건시인 비가 왔던 시점을 기준으로, 안긴문장의 사건시인 내가 출장을 가는 시점이 현재이므로, 상대 시제가 현재임을 알 수 있다. 즉, 선지의 ㉠과 ㉡ 모두 〈학습 활동〉의 조건에 부합하지 않는다.
② ㉠의 예문에서는 안은문장의 서술어 '보호자들이었다'에 사용된 과거 시제 선어말 어미 '-었-'을 통해 절대 시제가 과거임을 알 수 있다. 그리고 안긴문장 '병원에서 웅성대는'에서 현재 시제를 나타내는 관형사형 어미 '-는'이 사용되었음을 확인할 수 있다. 이때 안은문장의 사건시인 사람들이 모두 보호자라는 시점을 기준으로 볼 때, 안긴문장의 사건시인 사람들이 병원에서 웅성대는 시점은 현재이므로, 상대 시제가 현재임을 알 수 있다. 한편, ㉡의 예문에서는 안은문장의 서술어 '나섰다'에 사용된 과거 시제 선어말 어미 '-었-'을 통해 절대 시제가 과거임을 알 수 있다. 그리고 안긴문장 '동생이 집에 도착한'에서 '도착한(도착하다)'은 동사이므로 과거 시제를 나타내는 관형사형 어미 '-(으)ㄴ'이 사용되었음을 확인할 수 있다. 이때 안은문장의 사건시인 내가 집을 나선 시점을 기준으로 볼 때, 안긴문장의 사건시인 동생이 집에 도착한 시점은 과거이므로, 상대 시제 역시 과거임을 알 수 있다. 즉, 선지의 ㉡은 〈학습 활동〉의 조건에 부합하지 않는다.
④ ㉠의 예문에서는 안은문장의 서술어 '정하지 못하였다'에 사용된 과거 시제 선어말 어미 '-였-'을 통해 절대 시제가 과거임을 알 수 있다. 그리고 안긴문장 '저녁에 먹을'에서 미래 시제를 나타내는 관형사형 어미 '-(으)ㄹ'이 사용되었음을 확인할 수 있다. 이때 안은문장의 사건시인 그녀가 음식을 정하지 못한 시점을 기준으로 볼 때, 안긴문장의 사건시인 그녀가 음식을 저녁에 먹는 시점은 미래이므로, 상대 시제가 미래임을 알 수 있다. 한편, ㉡의 예문에서는 안은문장의 서술어 '지나가겠구나'에 사용된 미래 시제 선어말 어미 '-겠-'을 통해 절대 시제가 미래임을 알 수 있다. 그리고 안긴문장 '온 국토를 휩쓸던'에서 과거 시제를

나타내는 관형사형 어미 '-던'이 사용되었음을 확인할 수 있다. 이때 안은문장의 사건시인 태풍이 지나가는 시점을 기준으로 볼 때, 안긴문장의 사건시인 태풍이 국토를 휩쓴 시점은 과거이므로, 상대 시제가 과거임을 알 수 있다. 즉, 선지의 ㉠, ㉡ 모두 〈학습 활동〉의 조건을 만족하지 않는다.
⑤ ㉠의 예문에서는 안은문장의 서술어 '낳는다'에 사용된 현재 시제 선어말 어미 '-는-'을 통해 절대 시제가 현재임을 알 수 있다. 그리고 안긴문장 '봄에 우리나라를 찾은'에서 '찾은(찾다)'은 동사이므로 과거 시제를 나타내는 관형사형 어미 '-(으)ㄴ'이 사용되었음을 확인할 수 있다. 이때 안은문장의 사건시인 제비가 새끼를 낳는 시점을 기준으로 볼 때, 안긴문장의 사건시인 제비가 우리나라를 찾는 시점이 과거이므로, 상대 시제가 과거임을 알 수 있다. 한편, ㉡의 예문에서는 안은문장의 서술어 '준비했다'에 사용된 과거 시제 선어말 어미 '-였-'을 통해 절대 시제가 과거임을 알 수 있다. 그리고 안긴문장 '집에서 나를 반겨 줄'에서 미래를 나타내는 관형사형 어미 '-(으)ㄹ'이 사용되었음을 확인할 수 있다. 이때 안은문장의 사건시인 꽃을 준비한 시점을 기준으로, 안긴문장의 사건시인 아내가 나를 반겨 줄 시점이 미래이므로, 상대 시제가 미래임을 알 수 있다. 즉, 선지의 ㉠은 〈학습 활동〉의 조건을 만족하지 않는다.

39. ③
*** 정답 해설**
③ '네 뜻이 정 그렇다면 나는 이제 너를 응원하겠다.'에서 '뜻'은 '뜻 **1**'의 의미로 쓰이고 있다. 〈보기〉에서 '뜻 **1**'과 '뜻 **2**'는 다의 관계를 이루고 있으므로, 제시된 예문의 '뜻'은 ㉡과 다의 관계라고 할 수 있다.

*** 오답 해설**
① '그는 만족하지 못한 채 계속 욕심을 부렸다.'에서 '욕심'은 '분수에 넘치게 무엇을 탐내거나 누리고자 하는 마음'이라는 뜻으로 쓰였다. 이때 '욕심'의 의미는 ㉠의 의미를 포함하지만 그보다 더 구체적이므로, ㉠과는 상하 관계를 이룬다고 볼 수 있다. 즉 '뜻 **1**'의 의미가 더 포괄적이므로, '욕심'을 ㉠의 하의어로 보는 것이 적절하다.
② '그는 과거에 응시하고자 학문에 뜻을 품었다.'에서 '뜻'은 ㉠의 의미로 쓰이고 있다. 이때 '뜻'을 '공명심'으로 대체하면 '학문에 공명심을 품었다.'와 같이 어색한 표현이 되므로, 해당 예문의 '뜻'을 '공명심'으로 대체할 수 없다. 이는 '공명심'이 '공을 세워 자기의 이름을 널리 드러내려는 마음'이라는 뜻으로, '뜻'보다 더 구체적인 의미를 띠는, '뜻'의 하의어이기 때문이다. 따라서 ㉠과 ㉢은 '＝'가 아닌 '⇧'로 연결되어야 한다.
④ '두 단어는 의미는 같지만, 쓰임새가 다르다.'에서 '의미'는 '말이나 글의 뜻'의 의미로 쓰였다. 즉, 해당 예문의 '의미'는 '가치'의 유의어가 아닌 '함의'의 유의어로, ㉣이 아닌 '의미 **1**'에 해당한다고 볼 수 있다.

⑤ '민주주의의 가치는 그 함의만으로 표현할 수 없다.'에서 '가치'는 '민주주의'가 지니는 '의미'라는 뜻으로 '사물이 지니고 있는 쓸모'의 의미로 쓰였다. 또한, '함의'는 '민주주의'라는 말에 담긴 '의미'로서 '말이나 글 속에 들어 있는 어떠한 뜻.'이라는 의미로 쓰이고 있다. 즉, '가치'와 '함의'는 의미상 어떠한 관계를 이룬다고 보기 어렵다.

40. ③
*** 정답 해설**
③ '기자'는 '2만 개의 공감을 받은 영상'에 대한 누리집 소통망의 댓글 일부를 화면에 제시하고 있다. 하지만 이는 '며칠 전' 누리집 소통망에 올라온 영상에 대한 시청자의 반응이지, 현재 방송 중인 뉴스에 대한 시청자의 반응이 아니다. 또한 (가)에서 '기자'가 시청자와 실시간으로 소통하는 모습은 확인할 수 없다.

*** 오답 해설**
① '진행자'는 "여러분은 '미디어 리터러시'라는 단어를 아시나요?"라고 시청자에게 질문을 던짐으로써 뉴스에서 전달할 화제인 '미디어 리터러시'를 제시하고 있다.
② '진행자'는 "현 교육 과정에 미디어 리터러시 교육을 도입하자는 내용과 가짜 뉴스에 특히 취약한 고령자를 위해 지역 사회 차원에서 노인 대상의 교육 프로그램을 마련하자는 내용이 포함되어 있습니다."라는 기자의 발화 내용을 "체계적인 교육이 필요하다는 거군요."로 요약하여 자신의 언어로 바꾸어 말하고 있다. 이는 '기자'의 발화를 통해 제시된 정보를 간략히 전달하는 것으로 볼 수 있다.
④ '기자'는 "미디어 리터러시에 관한 법안에는 구체적으로 어떤 내용이 포함되어 있나요?"라는 '진행자'의 질문에 "현 교육 과정에 미디어 리터러시 교육을 도입하자는 내용과 가짜 뉴스에 특히 취약한 고령자를 위해 지역 사회 차원에서 노인 대상의 교육 프로그램을 마련하자는 내용이 포함되어 있습니다."라고 답함으로써 뉴스에서 전달하고자 하는 정보를 구체화하고 있다.
⑤ '캘리포니아 주의 관계자'의 영어 인터뷰 영상을 보면 '관계자'의 말을 번역하여 한글 자막으로 제시하고 있다. 이는 외국어에 익숙하지 않은 시청자를 배려하기 위한 것으로 볼 수 있다.

41. ④
*** 정답 해설**
④ (나)에서 블로그 운영자인 '봄바람'은 '미디어 리터러시'라는 문구에 하이퍼링크를 걸어 '미디어 리터러시'와 관련해 본인이 '이전에 작성한 글'로 이동할 수 있도록 하고 있다. 이는 수용자의 선택에 따라 정보를 추가적으로 확인할 수 있도록 유도하는 것이므로 선지의 내용은 적절하다.

43

* 오답 해설
① (나)는 댓글 기능을 활용하여 글에 대한 수용자들의 반응을 유도하고 있다. '버섯돌이'의 댓글에 '고령자를 대상으로 한 교육이 현실적으로 가능할까요?'라는 질문이 제시되어 있지만, 이와 관련하여 '봄바람'이 답변을 하고 있지는 않으므로 선지의 내용은 적절하지 않다.
② (나)에서 '봄바람'은 '블로그 카테고리' 기능을 활용하여 글을 주제에 따라 '미디어 비평 연습', '맛집 탐방기', '잡학 지식 모음', '맞춤법 공부'로 분류하고 있다. 이를 통해 글의 체계적 분류가 가능함을 확인할 수는 있지만, 상위에 표시된 '미디어 비평 연습'이 가장 인기 있는 주제인지는 알 수 없으므로 선지의 내용은 적절하지 않다.
③ (나)의 "'미디어 리터러시 교육 법안 발의?'를 보고"라는 글의 작성일 옆에 '(수정됨)'이라는 표시를 통해 글이 수정되었다는 사실을 알 수 있다. 하지만 글에서 수정된 부분을 구체적으로 밝히고 있지 않으므로 선지의 내용은 적절하지 않다.
⑤ (나)는 글 하단에 '공감' 기능을 제공함으로써, 수용자가 게시글에 제시된 글쓴이의 주장에 대한 공감을 표시하도록 유도하고 있다. '공감'의 수를 통해 글의 내용에 대한 수용자들의 선호를 확인할 수 있으나, 글에 담긴 정보의 신뢰도를 검증할 수는 없으므로 선지의 내용은 적절하지 않다.

42. ④
* 정답 해설
④ (나)에서 '봄바람'은 '뉴스를 시청한 이후로 미디어 리터러시에 관해 꾸준히 검색해 보면서, 최근 벌어진 일련의 상황에 우리나라가 어떻게 대응하는지 관심을 가지고 지켜보아야겠다는 생각이 들었다.'라고 말하고 있다. 또한 '버섯돌이'는 댓글에서 '어제 뉴스를 보고 미디어 리터러시에 관해 검색했다가 이 블로그에 오게 되었다'고 말하였다. 이를 통해 '봄바람'과 '버섯돌이' 모두 뉴스를 시청한 이후에 추가적인 정보 탐색을 실행하였음을 알 수 있다. 그러나 '버섯돌이'가 '고령자를 대상으로 한 교육이 현실적으로 가능할까요?'라고 말하며 뉴스 내용의 실현 가능성을 검토한 것과 달리, '봄바람'은 뉴스 내용의 실현 가능성을 검토하지는 않았으므로 선지의 내용은 적절하지 않다.

* 오답 해설
① (나)에서 '봄바람'이 '최근 화제가 되었던 가짜 뉴스를 소개하면서 그 뉴스 수용자들의 반응을 생생하게 보여준 점이 특히 좋았다.'라고 말한 것을 통해, 뉴스가 최근의 사건과 그에 대한 실제 반응을 제시했다는 점을 긍정적으로 평가하고 있음을 알 수 있다.
② (나)에서 '봄바람'은 '뉴스에서는 가짜 뉴스가 최근 더욱 교묘한 방식으로 생성되고 있다는 점을 근거로 뉴스 수

용자에 대한 미디어 리터러시 교육이 필요하다고 말했는데'와 '고령자가 가짜 뉴스에 취약하다고 말하면서'에서 뉴스 내용을 구체적으로 언급하였고, '가짜 뉴스를 생성하는 이들에 대한 처벌이 강화되어야 한다는 점을 함께 언급했다면 좋았을 것 같다.', '이를 뒷받침하는 객관적인 자료를 제시하지 않았다는 점도 아쉬웠다.'와 같이 자신의 견해를 드러내었다.
③ (나)에서 '봄바람'은 '고령자가 가짜 뉴스에 취약하다'는 사실에 관한 객관적인 자료가 제시되지 않았다는 점을 언급하면서, '실제로 내 주변을 보면 오히려 어른들이 뉴스를 더 비판적으로 수용하는 것처럼 보'인다고 말하였다. 이는 자신의 경험을 근거로 하여 뉴스에서 구성한 정보의 문제점을 지적한 것으로 볼 수 있다.
⑤ (나)에서 '봄바람'은 '뉴스 수용자에 대한 미디어 리터러시 교육이 필요하다고 말했는데, 가짜 뉴스를 생성하는 이들에 대한 처벌이 강화되어야 한다는 점을 함께 언급했다면 좋았을 것 같다.'라고 말하였다. 이는 가짜 뉴스가 생성되는 문제 상황과 관련하여 수용자의 역량만을 강조한 기자의 관점이 균형적이지 않음을 지적한 것이다. 한편, '하얀풍선'은 댓글에서 '미디어 리터러시가 가짜 뉴스에 대응하는 데만 필요한 건 아닌데, 미디어 리터러시가 필요한 다른 분야는 알려주지 않아서 아쉬웠'다며 '정보 생산자 관점에서도 미디어 리터러시의 필요성을 다뤄주었으면 좋았겠'다고 말하였다. 이는 '봄바람'과 마찬가지로, 균형적이지 않은 관점에서 정보를 전달한 뉴스에 아쉬움을 표한 것으로 볼 수 있다.

43. ③
* 정답 해설
③ ㉢에서 '이'는 바로 앞에서 이야기한 대상을 가리킬 때 쓰는 지시 관형사로, 앞서 제시된 '며칠 전 누리집 소통망에 올라와 무려 2만 개의 공감을 받은 영상'을 가리키기 위해 사용되었다. 따라서 바로 앞에서 언급된 '진행자'의 발언을 집약적으로 가리키고 있다는 선지의 내용은 적절하지 않다.

* 오답 해설
① ㉠에서 '-시-'는 어떤 동작이나 상태의 주체가 화자에게 사회적인 상위자로 인식될 때 그와 관련된 동작이나 상태 기술에 결합하여 그것이 상위자와 관련됨을 나타내는 선어말 어미로, 뉴스를 시청하는 주체인 '여러분'을 높이는 데 사용되었다.
② ㉡에서 '무려'는 그 수가 예상보다 상당히 많음을 나타내는 부사로, 영상에 대한 공감 수가 보편적이지 않음을 부각하기 위해 사용되었다.
④ ㉣에서 '-니'는 앞말이 뒷말의 원인이나 근거, 전제 따위가 됨을 나타내는 연결 어미로, 영상이 가짜라는 사실이 밝혀진 계기가 '영상을 만든 사람이 영상 제작 과정을

자신의 누리집 소통망에 올'린 것임을 설명하기 위해 사
용되었다.
⑤ ⓜ에서 '와'는 일 따위를 함께 함을 나타내는 격 조사로,
'기자'가 과거에 인터뷰라는 특정 행위를 '캘리포니아 주
의 관계자'와 함께했음을 나타내기 위해 사용되었다.

44. ①
*** 정답 해설**
① (가)는 기사 글과 '눈 검사를 받고 있는 청소년'의 사진
을 결합하여 의미를 이루는 복합 양식으로 구성되어 있
다. 하지만 글과 사진 모두 시각 자료이다. 즉, 다양한
감각이 아닌 시각만을 활용하여 기사 내용을 이해하도록
하고 있으므로 선지의 내용은 적절하지 않다.

*** 오답 해설**
② (가)에서는 '청소년 눈 건강 적신호… 과도한 전자 기기
사용 삼가야'라는 제목을 기사 상단에 제시하고 있다. 이
는 기사의 전체 내용을 요약한 것으로, 수용자가 제목만
읽고도 기사 내용을 예측할 수 있도록 한다.
③ (가)에서는 '△△대학 병원의 유◇◇ 전문의'의 말을 인
용하여 청소년기의 근시가 얼마나 위험한지를 설명하고
있다. 이는 신뢰할 수 있는 전문가의 말을 통해 문제 상
황의 심각성을 부각한 것으로 볼 수 있다.
④ (가)에서는 '그렇다면 청소년기 근시를 억제하기 위해서
는 어떻게 해야 할까?'와 같은 질문을 던진 후, 그 답을
제시하는 방법을 사용하고 있다. 이는 앞에 제시된 기사
의 내용을 읽은 수용자가 궁금해할 만한 정보를 효과적
으로 전달한 것으로 볼 수 있다.
⑤ (가)에서는 기사의 정보 생산자인 김□□ 기자의 메일
주소 'kim-nemo@○○news.com'를 제시하여 수용자가
정보 생산자와 소통할 수 있도록 하고 있다.

45. ⑤
*** 정답 해설**
⑤ (나)에서 엄마는 (가)의 기사를 촬영한 사진을 공유하고
있으나 '통신 상태가 별로 안 좋'아서 사진이 제대로 전
송되지 않았음을 알 수 있다. 이는 (나)가 사용자의 통신
환경에 영향을 받는 매체임을 보여 준다. 반면 (가)는 종
이 신문으로, 매체를 사용할 때 통신 환경이 정보 공유
에 영향을 미치지 않는다. 따라서 (나)는 (가)와 달리 사
용자의 통신 환경에 따라 정보 공유의 속도가 달라질 수
있음을 알 수 있다.

*** 오답 해설**
① (나)에서 엄마가 중요하다고 판단되는 기사 내용의 일부
를 '채팅방 공지로 등록'한 것을 통해 '공지' 기능을 사용
하여 사용자가 강조하고 싶은 내용을 매체 상단에 고정
할 수 있음을 알 수 있다. 반면, (가)의 기사 상단에 있

는 제목은 기사 내용을 요약한 것으로, 강조하고 싶은
가장 핵심적인 정보를 담고 있다고 볼 수 있다. 그러나
이는 정보 생산자가 제목으로 설정하여 제시한 것일 뿐,
매체 사용자가 고정할 수 있는 것이 아니므로 선지의 내
용은 적절하지 않다.
② (가)는 종이 신문으로, 하이퍼링크 기능을 사용할 수 없
다. 반면, (나)에서 민호는 대화방에 기사를 읽을 수 있
는 하이퍼링크를 공유하여 누리 소통망 사용자가 외부
정보에 쉽게 접속할 수 있도록 하고 있으므로 선지의 내
용은 적절하지 않다.
③ (가)는 종이 신문으로, 불특정 다수를 대상으로 발간되
는 대중 매체이다. 또한 (나)는 일대일 소통만 이루어지
는 것이 아니라 누리 소통망 대화방에 초대된 사용자들
이 함께 소통한다. 따라서 (가)와 (나) 모두 일대일 소통
을 기반으로 하는 매체의 성격을 지니지 않으므로 선지
의 내용은 적절하지 않다.
④ (나)에서 엄마는 직접 촬영한 '사진'을 공유하고 있으므
로, 시각적 이미지를 사용하여 정보를 전달하고 있다고
볼 수 있다. 한편, (가) 역시 글과 함께 시각적 이미지를
제시하고 있으므로 선지의 내용은 적절하지 않다.

[언어와 매체]

35	②	36	③	37	⑤	38	⑤	39	①
40	②	41	⑤	42	②	43	④	44	③
45	④								

35. ②
*** 정답 해설**
② '덤벼들었다'의 어간 '덤벼들-'은 어근 '덤비-'와 '들-'이 결합한 합성어이다. 이처럼 용언 어간끼리 결합하여 단어가 형성되는 경우, 자연스러운 연결을 위해 연결 어미 '-어'가 개입하여 '덤벼들-(덤비-+-어+들-)'과 같은 형태가 만들어지는데, 이를 통해 '-어'가 어근에 붙어 단어 형성에 관여함을 알 수 있다.

*** 오답 해설**
① '짓밟혔다'에서 분석되는 '-었-'은 과거 시제 선어말 어미로, 용언의 어간과 어말 어미 사이에 결합하여 문법적 의미를 더하는 요소이다. '짓밟혔다'에서 어간은 '짓밟히-'이므로, 그 뒤에 붙는 '-었-'이 파생된 용언의 어간을 이룬다는 설명은 적절하지 않다.
③ '떠밀린다'에서 분석되는 '-ㄴ-'은 현재 시제 선어말 어미로, 용언의 어간과 어말 어미 사이에 결합하여 문법적 의미를 더하는 요소이다. 하지만 '떠밀리다'는 '떠밀다'에 피동 접미사 '-리-'가 붙어 파생된 용언으로, 이때 '떠밀다'의 형태소를 분석해 보면, '뜨-/-어/밀-/-다'가 된다. 즉, '떠'를 '떠-'로 분석하는 것은 적절하지 않다.
④ '짤막합니다'의 원형 '짤막하다'는 어근 '짤막-'에 형용사 파생 접사 '-하-'가 결합한 형태이다. 이때 '-하-'는 단어를 파생하는 데 기여하므로, 문장 구성이 아닌 단어 형성의 차원에서 기능한다고 보아야 한다.
⑤ '잡아먹히겠다'에서 '-다'는 종결 어미로, 용언 어간이 문장에서 쓰이도록 돕는 형태소이다. 하지만 '잡아먹히겠다'의 원형 '잡아먹히다'는 어근 '잡아먹-'에 피동 접미사 '-히-'가 붙어 파생된 형태로, '잡-/-아/먹-/-히-/-다'와 같이 분석된다. 즉, '먹-/-히-'를 '먹히-'로 분석하는 것은 적절하지 않다.

36. ③
*** 정답 해설**
③ ㉡의 '늚'은 동사 '늘다'의 어간 '늘-'에 명사형 어미 '-ㅁ'이 결합한 형태이다. 이때 '늚'의 품사는 '늘다'에서 바뀌지

앞으므로 동사이며, 관형어의 수식을 받을 수 없다. 한편, ㉣의 '삶'은 '살다'의 어근 '살-'에 명사 파생 접사 '-ㅁ'이 붙어 파생된 명사로, 관형어의 수식을 받을 수 있다.

*** 오답 해설**
① ㉠의 '날개'와 ㉢의 '코흘리개'에서 모두 접사 '-개'가 쓰였음을 확인할 수 있다. 그런데 '날개'의 '-개'는 '그러한 행위를 하는 간단한 도구'의 의미를 지니고 있으나, '코흘리개'의 '-개'는 '그러한 행위를 특성으로 지닌 사람'이라는 의미를 지니고 있다. 따라서 이를 통해 접사의 의미가 일정하지 않음을 알 수 있다는 선지의 내용은 적절하다.
② ㉠의 '보였다'의 원형 '보이다'는 어근 '보-'에 피동 접미사 '-이-'가 결합한 형태이다. 용언 '보다'는 목적어를 필요로 하는 두 자리 서술어이지만, '보다'에서 파생된 피동사 '보이다'는 '~가 보이다' 혹은 '~가 ~게/~으로 보이다'의 형태로 쓰여 목적어를 요구하지 않는다. 즉, '보다'에 '-이-'가 결합하면서 통사 구조가 바뀌고 있으므로 선지의 내용은 적절하다.
④ ㉡의 '악화되기'는 어간 '악화되-'에 명사형 어미 '-기'가 결합한 형태이다. 이때 '악화되기'의 품사는 '악화되다'의 품사와 다르지 않으므로 동사이며, 이에 따라 주어 등의 문장 성분을 이끄는 서술성을 유지한다. 반면, ㉤의 '달리기'는 어근 '달리-'에 명사 파생 접사 '-기'가 결합한 파생어로, 품사가 명사로 바뀜에 따라 서술성을 잃는다. 따라서 어미와 결합한 어간은 서술성을 잃지 않는다는 선지의 내용은 적절하다.
⑤ ㉢의 '울보'는 어근 '울-'에 명사 파생 접사 '-보'가 결합한 형태이다. 이때 '-보'는 '웃음'의 어근 '웃-'과 결합하여 '*웃보'와 같이 쓰일 수 없다. 따라서 접사에 결합 제한이 있다는 선지의 내용은 적절하다.

37. ⑤
*** 정답 해설**
⑤ 선지의 문장에서는 주어, 목적어, 필수적 부사어를 요구하는 세 자리 서술어 '보내다'가 쓰였으므로 ⓑ를 만족한다. 그리고 서술어 '드리자'에는 화자가 청자에게 공동의 행동을 요구하는 청유형 종결 표현이 쓰였으므로, ⓒ 또한 만족한다. 따라서 선지의 문장은 ⓑ와 ⓒ의 조건이 실현된 예문으로 적절하다.

*** 오답 해설**
① 선지의 문장은 '파괴되다'라는 피동 표현을 활용하고 있으므로, ⓐ를 만족한다. 하지만 서술어 '파괴되다'는 한 자리 서술어이고, '복구하다'는 목적어를 요구하는 두 자리 서술

어이므로 선지의 문장은 ⓑ를 만족하지 않는다.
② 선지의 문장은 '거칠어지다', '얹히다'와 같은 피동 표현을
활용하고 있으므로 ⓐ를 만족한다. 하지만 서술어 '거칠어
지다'는 한 자리 서술어이고, '얹히다'는 필수적 부사어를
요구하는 두 자리 서술어이므로 선지의 문장은 ⓑ를 만족
하지 않는다.
③ 선지의 문장에서는 피동 표현이 활용되지 않았으므로 ⓐ
를 만족하지 않는다. 참고로 '앉히다'는 사동 접미사 '-히-'
가 결합한 사동사에 해당한다. 한편, '앉히세요'에서는 명
령형 종결 표현을 통해 화자가 청자에게 행동을 요구하고
있으므로 선지의 문장은 ⓒ를 만족한다.
④ 선지의 문장에서는 목적어와 필수적 부사어를 요구하는
세 자리 서술어 '삼다'가 쓰였으므로 ⓑ를 만족한다. 한편,
'너였구나'와 같이 화자의 감탄을 나타내는 감탄형 종결
어미 '구나'가 활용되었을 뿐, 화자가 청자에게 행동을 요
구하고 있지는 않으므로 선지의 문장은 ⓒ를 만족하지 않
는다.

38. ⑤
*** 정답 해설**
⑤ ⓔ의 '덧없다'는 명사 '덧' 뒤에 모음으로 시작하는 형용사
'없다'가 붙은 형태이다. 이때 뒤이은 '없다'가 실질 형태소
이므로, '덧없다'는 음절의 끝소리 규칙이 적용된 후 연음
이 일어나야 한다. 이에 따라 '덧없다'의 발음은, '덧'의 끝
소리 'ㅅ'이 음절 끝소리 규칙에 의해 'ㄷ'으로 교체된 후
에 뒤 음절의 '없'의 초성으로 연음되어 [더덥따]로 발음되
어야 한다. 그러나 ⓔ는 음절 끝소리 규칙이 일어나지 않
은 채, '덧'의 'ㅅ'이 바로 연음되어 발음되고 있으므로 잘
못된 발음이다. 참고로 '없다' 부분이 [업따]로 발음되는
것은 자음군 단순화 이후 발생한 된소리되기의 결과로 볼
수 있다.

*** 오답 해설**
① ⓐ의 '몫을'은 명사 '몫' 뒤에 모음으로 시작하는 조사 '을'
이 붙은 형태이다. '을'은 형식 형태소이므로 연음이 곧바
로 이루어지는 환경을 갖추고 있다. 따라서 '몫을'의 발음
은 '몫'의 끝소리 'ㅅ'이 '을'의 초성으로 발음되어 [목슬]이
된 후, '목'의 'ㄱ'에 의해 된소리되기가 일어나 최종적으로
는 [목쓸]이 된다. 즉, ⓐ의 잘못된 발음은 연음되어야 할
'ㅅ'이 자음군 단순화로 인해 탈락하여 발생한 것으로 볼
수 있다.
② ⓑ의 '부엌에'는 명사 '부엌' 뒤에 모음으로 시작하는 조사
'에'가 붙은 형태이다. 이는 연음이 일어나는 환경으로, 이
때 '부엌에'의 발음은 '엌'의 종성 'ㅋ'이 '에'의 초성으로
발음되는 [부어케]가 된다. ⓑ에서 잘못 발음된 [부어게]는
'엌'의 'ㅋ'이 음절 끝소리 규칙이 일어나지 않는 환경임에
도 'ㄱ'으로 교체되어 발음된 형태이다. 즉, ⓑ의 잘못된
발음은 '에'가 형식 형태소임에도 그 앞소리인 'ㅋ'이 음절
끝소리 규칙에 의해 'ㄱ'으로 교체되어 발생한 것으로 볼

수 있다.
③ ⓒ의 '끝을'은 명사 '끝' 뒤에 모음으로 시작하는 조사 '을'
이 붙은 형태이다. 이는 연음이 일어나는 환경으로, 이때
'끝을'의 발음은 '끝'의 끝소리 'ㅌ'이 '을'의 초성으로 연음
되어 [끄틀]이 되어야 한다. 그런데 [끄츨]이라는 발음은,
받침 'ㄷ, ㅌ'이 'ㅣ' 모음 계열의 형식 형태소와 결합되어
'ㅈ, ㅊ'으로 교체되는 구개음화의 조건이 아님에도 불필요
하게 구개음화가 일어나 발음된 형태이다. 즉, ⓒ의 잘못
된 발음은 불필요한 구개음화로 인해 종성의 소리 'ㅌ'이
있는 그대로 연음되지 않았기에 발생한 것으로 볼 수 있
다.
④ ⓓ의 '흙 알갱이'는 명사 '흙' 뒤에 모음으로 시작하는 실
질 형태소 '알갱이'가 결합한 형태이다. 이는 연음이 일어
나지 않는 환경으로, 이때 '흙 알갱이'의 발음은 '흙'의 종
성에서 자음군 단순화가 먼저 일어나 '흑'이 된 후, '흑'의
종성 'ㄱ'이 연음되어 '알갱이'가 '갈갱이'로 실현됨에 따라
최종적으로는 [흐갈갱이]가 된다. 그러나 [흘갈갱이]라는
발음은, 뒤에 결합되는 형태소가 실질 형태소임에도 자음
군 단순화로 'ㄹ'이 탈락하지 않은 채 바로 연음된 형태이
다. 즉, ⓓ의 잘못된 발음은 자음군 단순화가 이루어져야
할 환경임에도 자음군 단순화가 이루어지지 않았기에 발
생한 것으로 볼 수 있다.

39. ①
*** 정답 해설**
ⓐ에서는 명사절 '오시 가비야움(옷의 가벼움)'이 보조사
'ᄋᆞ란(일랑)'과 결합하여 쓰였음을 알 수 있다. 이때 명사
절의 내용은 서술어 '얻디 말라(얻지 말라)'의 대상이 되므
로, 목적어에 해당한다. 즉, ⓐ에서는 명사절이 안은문장의
주성분 중 하나인 목적어로 쓰였다.
ⓑ에서는 명사절 '여름 미좀(열매를 맺음)'이 주격 조사
'이'와 결합하여 쓰였음을 알 수 있다. 이때 명사절은 서술
어 '일리라(이루어지리라)'의 주체가 되므로, 주어에 해당한
다. 즉, ⓑ에서는 명사절이 안은문장의 주성분 중 하나인
주어로 쓰였다.
ⓓ에는 명사절 'ᄒᆞᆫ 번 許諾홈(한 번 허락함)'이 보조사 'ᄋᆞᆫ
(은)'과 결합하여 쓰였음을 알 수 있다. 이때 명사절의 내
용은 서술어 '驕慢이며 쟈랑이리오(교만이며 자랑이리오)'
의 주체에 해당하므로, 주어에 해당한다. 즉, ⓓ에서는 명
사절이 안은문장의 주성분 중 하나인 주어로 쓰였다.

*** 오답 해설**
ⓒ에는 명사절 'ᄆᆞ리 챗 그르멜 보고 념(말이 채찍의 그림
자를 보고 감)'이 부사격 조사 '이'와 결합하여 쓰였음을
알 수 있다. 즉, ⓒ에서는 명사절이 안은문장의 부속 성분
인 부사어로 쓰였다.
ⓔ에는 명사절 '봄과 겨슬왜 섯굼(봄과 겨울이 섞임)'이 부
사격 조사 '에'와 결합하여 쓰였음을 알 수 있다. 즉, ⓔ에
서는 명사절이 안은문장의 부속 성분인 부사어로 쓰였다.

47

40. ②

*** 정답 해설**

② (가)에서 진행자는 스튜디오에 나와 있는 리포터가 미리 취재해 온 영상을 보며 그에 대한 반응을 보이고 있다. 즉, 진행자는 현장에 있는 리포터와 소통하고 있는 것이 아니며, 외부 상황을 실시간으로 전달하고 있지도 않으므로 선지의 내용은 적절하지 않다.

*** 오답 해설**

① 진행자는 방송의 시작에 "김○○ 리포터. 오늘 강원도의 산천어 축제를 생생하게 전해 주신다면서요?"라고 말하며 방송 내용을 간략히 안내하고 있다. 이를 통해 방송에 대한 수용자의 기대를 높이고 있으므로 선지의 내용은 적절하다.

③ 진행자는 "우와, 지금 화면에 나오는 음식이 산천어 구이지요? 화면만 봐도 군침이 돕니다."라고 말하며 화면에 나오는 내용에 대한 감탄을 표하고 있다. 이를 통해 방송의 분위기를 밝게 형성하고 있으므로 선지의 내용은 적절하다.

④ 리포터는 "축제장의 1일 최대 수용 인원은 8,000명인데, 매일 최대 수용 인원을 모두 채우고 있는 것으로 보입니다."라고 말하며 방송의 화제인 '강원도의 산천어 축제'와 관련된 수치 자료를 언급하고 있다. 이를 통해 '강원도의 산천어 축제'에 관한 구체적인 정보를 제시하고 있으므로 선지의 내용은 적절하다.

⑤ 리포터는 "굉장히 중요한 1년을 앞두고 있군요. 이번 여행 덕에 힘낼 수 있을 것 같은가요? 어때요?"라고 말하며 인터뷰 대상의 특성(고등학교 3학년)을 반영한 질문을 던지고 있다. 이를 통해 강원도 산천어 축제에 대한 긍정적인 반응을 끌어내고 있으므로 선지의 내용은 적절하다.

41. ⑤

*** 정답 해설**

⑤ 시청자 5는 (가)가 '방송 자막보다 강원도의 풍경을 많이 보여' 준 것과 관련하여 자신의 '고민이 다 사라지는 것 같았어요.'라며 방송의 화면 구성에 대해 긍정적으로 평가하고 있다. 하지만 이를 바탕으로 방송의 정보 전달력을 점검하고 있지는 않으므로 선지의 내용은 적절하지 않다.

*** 오답 해설**

① 시청자 1은 (가)가 '지금 진행 중인 축제를 소개해 줘서 좋았'다고 말하고 있다. 이는 방송 주제의 시의성(그 당시의 사정이나 사회적 요구에 들어맞는 성질)을 긍정적으로 평가한 것으로 볼 수 있다. 또한 '이번 주말에 바로 가 보려고 합니다.'라고 말함으로써, (가)에서 리포터가 "겨울 여행을 계획하고 계신 분들, 산천어 축제는 어떠신

가요?"라며 제안한 바를 수용하고 있으므로 선지의 내용은 적절하다.

② 시청자 2는 (가)에서 리포터가 제공한 내용인 "매일 최대 수용 인원을 모두 채우고 있는 것으로 보"인다는 정보가 객관적인지 의문을 제기하고 있다. 이는 방송 내용의 신뢰성을 점검한 것으로 볼 수 있으므로 선지의 내용은 적절하다.

③ 시청자 3은 '찾아보니 얼음낚시와 겨울 놀이 말고도 진행되는 행사가 많던데'라고 말하며, 강원도의 산천어 축제에 관해 자신이 새로 획득한 지식을 언급하고 있다. 또한 '언급하지 않아서 아쉬웠어요.'라며 해당 내용을 언급하지 않은 방송에 대한 아쉬움을 드러내며 방송 내용의 충분성을 점검하고 있으므로 선지의 내용은 적절하다.

④ 시청자 4는 '우리나라 방방곡곡의 축제 소식을 전해' 주는 방송 프로그램의 취지와 관련하여 '저처럼 지역 축제 관련 정보를 어디서 얻어야 할지 모르는 사람들에게 정말 유용한 방송'이라고 판단하고 있다. 이는 방송의 효용성을 긍정적으로 평가하는 것으로 볼 수 있으므로 선지의 내용은 적절하다.

42. ②

*** 정답 해설**

② (나)에서 학생은 ㉠에서 '정보 간 관계를 잘 드러내'겠다고 계획하였다. 이를 바탕으로, ㉠에서는 얼음낚시로 잡은 산천어를 축제 현장에서 먹을 수 있는 과정을 화살표를 사용하여 순서대로 제시하고 있다. 이는 얼음낚시를 위해 준비해야 하는 것들을 단계별로 제시한 것이 아니므로 선지의 내용은 적절하지 않다.

*** 오답 해설**

① (나)에서 학생은 ㉠에서 '리포터의 말을 참고하여 산천어 축제에서 할 수 있는 활동들을 제시하'겠다고 계획하였다. 이를 바탕으로, ㉠에서는 (가)에서 리포터가 방문한 두 체험 공간인 '얼음낚시를 할 수 있는 체험장'과 '놀이터'에 관한 정보를 제시하고 있다.

③ (나)에서 학생은 ㉠에서 '시각적 이미지도 사용'하겠다고 계획하였다. 이를 바탕으로, ㉠에서는 강원도의 산천어 축제에서 즐길 수 있는 얼음낚시, 눈썰매, 봅슬레이 활동의 그림을 제시하고 있다.

④ (나)에서 학생은 ㉡에서 '강원도의 산천어 축제에 방문하고 싶어 하는 학생들을 위한 정보를 제시하'겠다고 계획하였다. 이를 바탕으로, ㉡에서는 '더 알고 싶다면 포털 사이트에 "산천어 축제"를 검색하세요!'라는 문구를 삽입하여, 축제에 관한 추가 정보를 얻을 수 있는 방법을 제시하고 있다.

⑤ (나)에서 학생은 ㉡에서 '슬라이드를 만든 목적이 잘 드러나는 제목을 넣어야겠'다고 계획하였다. 이를 바탕으로, ㉡에서는 '강원도의 겨울을 "제대로" 즐길 수 있는 산천

어 축제로 가자!'라는 제목을 제시하여, 축제에 참여하기를 권하고 있다.

43. ④
*** 정답 해설**
④ ⓓ의 '보다'는 서로 차이가 있는 것을 비교하는 경우, 비교의 대상이 되는 말에 붙어 '~에 비해서'의 뜻을 나타내는 격 조사이다. ⓓ에서는 이를 사용하여 얼음낚시 체험장에 방문했던 '아까'의 상황과 현재가 차이가 있음을 비교하고 있으므로 선지의 내용은 적절하다.

*** 오답 해설**
① ⓐ의 '드리다'는 '주다'의 높임말로, 축제 소식을 전달하는 주체가 아니라 객체인 불특정 다수의 방송 시청자들을 높이기 위해 사용되었다.
② ⓑ의 '-었-'은 이야기하는 시점에서 볼 때 사건이나 행위가 이미 일어났음을 나타내는 선어말 어미로, 강원도의 산천어 축제 현장을 취재하러 갔던 당시 현장의 인파가 몰렸었음을 드러내고 있다. 즉, 축제 현장의 인파가 몰린 상황이 현재까지 지속됨을 나타내는 것은 아니므로 선지의 내용은 적절하지 않다.
③ ⓒ의 '만'은 다른 것으로부터 제한하여 어느 것을 한정함을 나타내는 보조사로, 화면으로만 보았음에도 산천어 구이가 먹고 싶어진다는 진행자의 감상을 드러내기 위해 사용되었다. 따라서 진행자가 축제에 직접 가지 못하는 아쉬움을 나타낸 것으로 볼 수 없다.
⑤ ⓔ의 '-니까'는 앞말이 뒷말의 원인이나 근거, 전제 따위가 됨을 나타내는 연결 어미로, "산천어를 먹"은 것이 "힘"이 나는 원인임을 나타내기 위해 사용되었다.

44. ③
*** 정답 해설**
③ (가)의 하단에 제시된 '글자 크기'라는 항목을 통해 화면에 제시된 글자의 크기를 조정할 수 있다. 이때 화면의 크기는 한정되어 있으므로, 글자의 크기에 따라 제시되는 정보의 양을 바꿀 수 있다. 반면, (나)는 글자 크기를 조정할 수 있는 기능을 제공하고 있지 않으므로 선지의 내용은 적절하다.

*** 오답 해설**
① (나)는 '작성일 : 2024.02.15. 18:00:03', '작성일 : 2024.02.16. 10:12:41'과 같이 글이 작성된 시각을 구체적으로 제시하고 있다. 그러나 (가)는 글이 작성된 시각을 표기하고 있지 않다.
② (나)의 '고객 게시판'은 고객이 작성한 문의 글과 그에 대해 관리자가 작성한 답변 글을 한 화면에 노출하고 있다. 그러나 (가)는 사용자가 보고 있는 전자책 내용의 일부만 제시하고 있을 뿐, 다른 작성자의 글을 함께 노출

하고 있지 않다.
④ (가)에서는 상단의 '검색 기능'을 통해 사용자가 찾고자 하는 정보인 '생각의 구체화'를 쉽게 찾을 수 있도록 편의를 제공하고 있다. 반면, (나)에서는 '검색 기능'이 제공되고 있지 않다.
⑤ (나)에서는 "'1/n' 글자", '다음 업데이트', "우측 하단의 'X'" 등과 같은 문구에 음영을 추가하여 해당 내용을 강조하고 있다. 하지만 (가)에서도 '형광펜' 기능을 통해 '메모하는 습관은 작가에게만 좋은 것이 아니다.'의 문구에 음영을 추가해 사용자가 해당 내용을 강조하고 있으므로 선지의 내용은 적절하지 않다.

45. ④
*** 정답 해설**
④ (나)에서 학생은 본문을 가리는 알림창(ⓔ)으로 인해 캡처가 불편함을 말하며, '저작권 관련 알림은 다른 방식으로 알려 주면 좋겠어요.'와 같이 ⓔ을 개선할 새로운 방안을 제안하고 있다. 하지만 학생이 저작권 보호를 위한 알림의 효과가 미흡하다는 점은 언급하고 있지 않으므로 선지의 내용은 적절하지 않다.

*** 오답 해설**
① (나)에서 학생은 ㉠과 관련하여 '검색어가 포함된 본문이 여러 개일 경우 모든 본문을 처음부터 순서대로 넘겨서 보아야 하는 게 불편'하다고 말하였다. 그리고 이를 보완하기 위해 관리자에게 '검색어가 포함된 부분을 목록으로 보여 주고, 특정 목록을 누르면 바로 그 페이지로 이동할 수 있도록' 해 줄 것을 요구하고 있으므로 선지의 내용은 적절하다.
② (나)에서 학생은 ㉡의 기능에 대해 '전자책을 보고 있는 기기의 배터리가 얼마나 남았는지 숫자로 표기하면 좋겠습니다.'라고 말하며 배터리 잔량 표기에 대한 개선을 요구하고 있다. 이에 관리자는 '배터리 잔량의 숫자 표기와 관련한 요청은 타당하다고 판단해 다음 업데이트에 해당 기능을 제공할 예정입니다.'와 같이 학생의 요청 사항에 대한 타당성을 검토하여 이를 수용하고 있으므로 선지의 내용은 적절하다.
③ (나)에서 학생은 ㉢의 기능에 대해 '특정 문장을 선택하면 노출되는 선택 창에 형광펜과 밑줄 긋기 기능이 굳이 두 개 다 있어야 하나요?'라며 '형광펜'과 '밑줄 긋기' 기능이 둘 다 노출되는 이유를 묻고 있다. 이에 관리자는 '내용을 구분하여 저장하고자 하는 고객들의 편의를 위해' 해당 기능이 필요함을 설명하고 있다. 즉, 목적에 따라 책의 내용에 다른 표기 기능을 적용하여 그 내용을 따로 저장하길 원하는 사용자들이 있음을 보여 주는 것이다. 이는 관리자가 사용자들이 전자책을 통해 얻는 정보를 관리하는 양상이 상이하다는 사실을 전제하고 있음을 보여 주므로 선지의 내용은 적절하다.

⑤ (나)에서 학생은 '누워서 책을 읽을 때 자꾸 전자책 화면이 돌아'간다며 이를 해결할 수 있는 방법에 대해 묻고 있다. 이에 관리자는 화면이 돌아가지 않게 하는 방법에 대한 안내와 함께 '누워서 전자책을 보는 경우가 많다는 건, 밤에 책을 자주 읽으신다는 거겠죠?'라고 말하며 학생이 전자책을 읽는 환경을 예측하고 있다. 이후 밤에는 반드시 화면 밝기(ⓜ) 기능을 사용해 눈을 보호할 것을 안내하고 있으므로 선지의 내용은 적절하다.

[언어와 매체]

35	③	36	①	37	①	38	③	39	④
40	①	41	④	42	①	43	④	44	④
45	③								

35. ③
*** 정답 해설**

③ 윗글에서 'ㄴ' 첨가 현상(ⓐ)은 첨가되는 'ㄴ'의 위치가 뒷말의 초성이며, 자음으로 끝난 앞말과 모음 'ㅣ'나 반모음 'j'로 시작하는 뒷말 사이에서 일어난다고 하였다. 또한 합성어에 국한되는 사잇소리 현상과 달리 'ㄴ' 첨가는 합성어뿐만 아니라 파생어나 단어 경계에서도 적용된다고 하였다. ㉡의 '맨입[맨닙]'은 접사 '맨-'과 어근 '입'이 결합한 파생어로, 자음으로 끝난 말과 모음 'ㅣ'로 시작하는 말 사이에서 뒷말 초성에 'ㄴ'이 첨가되고 있으므로 'ㄴ' 첨가 현상(ⓐ)에 해당한다. 또한, ㉢의 '눈요기[눈뇨기]'는 어근 '눈'과 어근 '요기'가 결합한 합성어로, 자음으로 끝난 말과 반모음 'j'로 시작하는 말 사이에서 뒷말 초성에 'ㄴ'이 첨가되고 있으므로 'ㄴ' 첨가 현상(ⓐ)에 해당한다. ㉣의 '한여름[한녀름]'은 접사 '한-'과 어근 '여름'이 결합한 파생어로, 자음으로 끝난 말과 반모음 'j'로 시작하는 말 사이에서 뒷말 초성에 'ㄴ'이 첨가되고 있으므로 'ㄴ' 첨가 현상(ⓐ)에 해당한다.

한편, 윗글에서 사잇소리 현상으로서의 'ㄴ' 첨가(ⓑ)는 첨가되는 'ㄴ'의 위치가 앞말의 종성이며, 모음으로 끝난 앞말과 비음으로 시작하는 뒷말 사이에서 일어난다고 하였다. ㉠의 '뒷마루[뒨:마루]'는 명사와 명사가 결합한 합성 명사이고, 앞말의 종성에 'ㄴ'이 첨가된다는 점을 통해 사잇소리 현상으로서의 'ㄴ' 첨가(ⓑ)에 해당함을 알 수 있다. ㉤의 '뱃머리[밴머리]'는 명사와 명사가 결합한 합성 명사이고, 앞말의 종성에 'ㄴ'이 첨가된다는 점을 통해 사잇소리 현상으로서의 'ㄴ' 첨가(ⓑ)에 해당함을 알 수 있다. ㉥의 '잇몸[인몸]'은 명사와 명사가 결합한 합성 명사이고, 앞말의 종성에 'ㄴ'이 첨가된다는 점을 통해 사잇소리 현상으로서의 'ㄴ' 첨가(ⓑ)에 해당함을 알 수 있다.

36. ①
*** 정답 해설**

① '기와집[기와집]'은 '지붕을 기와로 인 집'이라는 단어의 뜻을 고려할 때, '도토리묵'과 마찬가지로 앞말이 뒷말의 재료가 됨을 나타내는 경우이므로, 사잇소리 현상이 적용

되지 않는다.

*** 오답 해설**

② '불고기[불고기]'는 '살코기를 저며 불에 구운 음식'이라는 뜻을 고려할 때, 앞말이 뒷말의 수단을 나타내는 경우이므로, 사잇소리 현상이 적용되지 않는다. 한편, '물고기[물꼬기]'는 앞말이 뒷말의 장소가 됨을 나타내므로, 사잇소리 현상이 적용된다.

③ '물불[물불]'은 '물과 불을 아울러 이르는 말'이라는 뜻을 고려할 때, 앞말과 뒷말이 병렬적 관계를 형성함을 알 수 있다. 따라서 2문단에서 설명한 '비바람[비바람]'과 같이 사잇소리 현상이 적용되지 않는다.

④ '강줄기[강쭐기]'는 '강물이 뻗어 흐르는 선'이라는 뜻을 고려할 때, 앞말이 뒷말의 기원이 됨을 알 수 있다. 따라서 2문단에서 설명한 '밀가루[밀까루]'와 같이 사잇소리 현상이 적용된다.

⑤ '겨울비[겨울삐]'는 '겨울철에 오는 비'라는 뜻을 고려할 때, 앞말이 뒷말의 시간이 됨을 알 수 있다. 따라서 2문단에서 설명한 '어젯밤[어젣빰]'과 같이 사잇소리 현상이 적용된다.

37. ①
*** 정답 해설**

① (가)에서 '미틔'는 '밑 + 의'로 분석할 수 있는데, 중세 국어에서 일반적으로 무정 명사와 결합하는 관형격 조사는 '의'가 아니라 'ㅅ'의 형태이다. 또한 현대어 풀이를 고려하면 '미틔'가 '밑에'임을 알 수 있다. 이를 통해 해당 예문에서 쓰인 '의'는 관형격 조사가 아니라 체언 '밑'에 결합하여 부사어의 자격을 부여하는 부사격 조사임을 추론할 수 있다. 즉, (가)의 '의'는 앞말이 처소의 부사어임을 나타내는 부사격 조사이다.

*** 오답 해설**

② (나)에서 '업스니이다'는 '없- + -(으)니- + -이- + -다'로 분석할 수 있는데, 현대어 풀이를 고려하면 '업스니이다'가 상대를 아주 높이는 하십시오체 '없습니다'와 같이 해석됨을 알 수 있다. 즉, '-이-'는 상대 높임을 실현하는 선어말 어미임을 추론할 수 있다.

③ (다)에서 '부텨씌'는 '부텨 + 씌'로 분석할 수 있는데, 현대어 풀이를 고려하면 '부처께'와 같이 해석됨을 알 수 있다. 즉, '씌'는 높임의 유정 체언에 결합하는 부사격 조사로, 객체를 높이는 현대 국어의 부사격 조사 '께'에 대응함을 추론할 수 있다.

④ (라)에서 '늙ᄂᆞ니라'는 '늙- + -ᄂᆞ- + -니라'로 분석할 수

있는데, 현대어 풀이를 고려하면 '늙는 것이다'와 같이 해석됨을 알 수 있다. 이때, '늙는'이 현재 시제를 나타내므로, '-느-'는 동사 어간에 결합해 현재 시제를 나타내는 선어말 어미로 쓰였음을 추론할 수 있다.

⑤ (마)에서 '귀예'는 '귀 + 예'로 분석할 수 있는데, 현대어 풀이를 고려하면 '귀예'가 '귀에'임을 알 수 있다. 즉, '예'는 현대 국어의 부사격 조사 '에'에 대응하는 중세 국어의 부사격 조사임을 추론할 수 있다. 이때, 중세 국어에서 부사격 조사는 결합하는 체언이 자음으로 끝나며 양성 모음을 가질 때는 '애', 음성 모음을 가질 때는 '에'의 형태로 실현되고, 체언이 'ㅣ'나 반모음 'j'로 끝나는 경우는 해당 예문과 같이 '예'의 형태로 실현된다. '귀'는 반모음 'j'로 끝난 체언이므로 부사격 조사 '예'가 결합한 것이다.

38. ③
*** 정답 해설**

ⓛ 직접 구성 요소는 어떤 단어를 직접 이루고 있는 두 부분으로 나누었을 때, 가장 먼저 나타나는 두 요소이다. '-음길'은 존재하지 않으므로 '얼음길'을 '얼-'과 '-음길'로 분석하는 것은 불가능하다. 따라서 '얼음길'의 직접 구성 요소는 '얼음'과 '길'이다. 이때 '얼음'과 '길'은 모두 명사 어근이므로 '얼음길'은 합성어에 속한다. 또한, '얼음'은 '얼다'의 어근 '얼-'에 명사 파생 접미사 '-음'이 결합한 파생어이다. 즉, '얼음길'은 합성어에 속하지만, '얼음길'의 직접 구성 요소 중에서 '얼음'은 파생어에 해당하므로, '얼음길'은 〈학습 활동〉에서 ⓒ로 분류되는 것이 적절하다.

ⓔ '불꽃놀이'를 '불'과 '꽃놀이' 또는 '불꽃놀-'과 '-이'로 분석하는 것은 의미적, 기능적으로 적절하지 않다. '불꽃놀이'는 일단 '불꽃'과 '놀이'의 두 부분으로 나뉘므로, 직접 구성 요소는 '불꽃'과 '놀이'라는 명사 어근이다. 즉, '불꽃놀이'는 합성어에 속한다. 그리고 '불꽃'을 다시 분석하면 명사 어근 '불'과 명사 어근 '꽃'이 결합한 합성어이고, '놀이'를 다시 분석하면 '놀다'의 어근 '놀-'과 명사 파생 접사 '-이'가 결합한 파생어임을 알 수 있다. 즉, '불꽃놀이'는 그 자체는 합성어이지만, 직접 구성 요소 중 하나가 파생어에 속한다. 따라서 '불꽃놀이'는 〈학습 활동〉에서 ⓒ로 분류되는 것이 적절하다.

*** 오답 해설**

㉠ '비웃음'이라는 의미를 만들 수 있는 접두사 '비-'가 존재하지 않으므로, '비웃음'을 '비-'와 '웃음'으로 분석할 수 없다. 즉, '비웃음'은 직접 구성 요소 '비웃-'과 '-음'으로 분석되는데, 이는 '비웃다'의 어근 '비웃-'에 명사 파생 접사 '-음'이 결합하는 구성이다. 즉, 직접 구성 요소 중에 접사가 있으므로 '비웃음'은 파생어이다. 따라서 '비웃음'은 〈학습 활동〉에서 ⓐ로 분류되는 것이 적절하다.

㉢ '눈송'은 존재하지 않으므로 '눈송이'를 '눈송'과 '-이'로 분석하는 것은 불가능하다. '눈송이'는 합성어로서 그 직접 구성 요소는 '눈'과 '송이'임을 알 수 있다. 또 '송이'는 '송'과 '-이'의 결합이 아니라 '송이' 자체로 명사 어근이다. 따라서 '눈송이'는 〈학습 활동〉에서 ⓑ로 분류되는 것이 적절하다.

㉺ '닭고기덮밥'은 '닭고기'와 '덮밥'으로 나뉘는데, '닭고기'와 '덮밥'은 모두 명사 어근이므로 '닭고기덮밥'은 합성어에 해당한다. 그리고 '닭고기덮밥'의 직접 구성 요소 두 개를 다시 분석할 경우, '닭 + 고기'와 '덮- + 밥'이므로 둘 다 합성어이다. 따라서 '닭고기덮밥'은 〈학습 활동〉에서 ⓑ로 분류되는 것이 적절하다.

39. ④
*** 정답 해설**

④ 〈보기〉에서 능동문의 주어는 피동문의 부사어로 바뀌고, 능동문의 목적어는 피동문의 주어로 바뀐다고 하였으므로 ⓓ를 피동문으로 바꾸면, '우리 가족이 밤새도록 모기 한 마리에게 물렸다.'가 된다. 이처럼 능동문에서 목적어였던 '우리 가족'이 피동문에서는 주어가 되고, 능동문에서 주어였던 '모기 한 마리'가 피동문의 부사어가 된다. 즉, 능동문인 ⓓ는 피동문으로 바꾸었을 때 의지나 의도를 가질 수 없는 무정물이 주어로 바뀌는 경우가 아니므로, 대응하는 피동문을 설정할 수 있다.

*** 오답 해설**

① ⓐ를 '*동생에게 화를 낸 일을 마음이 걸다.'와 같은 능동문으로 바꾸면 어색한 문장이 된다. 이는 '마음에 걸리다'가 주체의 행동에 의한 상황이 아니기 때문이다. 참고로, ⓐ의 '걸리다'는 '어떤 물체가 떨어지지 않고 벽이나 못 따위에 매달리다.'라는 뜻의 피동사 '걸리다'와 같은 단어이다. 따라서 단어 형성 시에 피동 접사가 결합한 것은 맞지만, '눈이나 마음 따위에 만족스럽지 않고 언짢다.'라는 의미로 쓰여 피동의 의미에서 멀어진 경우이다.

② ⓑ를 '*어제는 추웠는데 오늘은 (누가) 날씨를 풀었다.'와 같은 능동문으로 바꾸면 어색한 문장이 된다. 이는 '날씨가 풀리다'가 주체의 의도가 개입할 수 없는 자연적인 상황 변화를 나타내기 때문이다. 참고로, ⓑ의 '풀리다'는 '묶이거나 감기거나 얽히거나 합쳐진 것 따위가 그렇지 아니한 상태로 되다.'라는 뜻의 피동사 '풀리다'와 같은 단어이다. 따라서 단어 형성 시에 피동 접사가 결합한 것은 맞지만, '춥던 날씨가 누그러지다.'라는 의미로 쓰여 피동의 의미에서 멀어진 경우이다.

③ ⓒ를 피동문으로 바꾸면, '*집 앞 공원을 청소하여 칭찬이 그에게 들렸다.'와 같이 어색한 문장이 된다. ⓒ에서 '칭찬을 듣다'라는 행위 자체의 의미가 피동적이므로, 피동문으로 바꾸어 쓰면 어색해지는 것이다. 물론 '칭찬이 들리다'라는 표현을 때에 따라 사용할 수도 있지만, 이는 칭찬 내용을 담은 소리가 물리적으로 전달되었다는 의미로 해석하는 것이 자연스럽고, 본래 능동문에 대응하는 의미의 피동문으로 보기는 어렵다. 즉, ⓒ는 행위 자체가 이미 피동적인 경우이므로, 대응하는 피동문을 설정하기 어렵다.

⑤ ⓔ를 피동문으로 바꾸면, '*유치원에서 색종이가 그 아이에게 열심히 뜯겼다.'와 같이 어색한 문장이 된다. 능동문의 목적어였던 '색종이'가 피동문에서 주어가 되면서 주체의 의지를 나타내는 부사어 '열심히'와 함께 쓰이는데, 의지를 가질 수 없는 주어가 의지를 갖는다는 뜻이 되어 어색한 문장이 되기 때문이다. 즉, ⓔ는 피동문으로 만들 경우 주어와 부사어가 호응이 되지 않는 경우이므로, 그에 대응하는 피동문을 설정하기 어렵다.

40. ①
＊ 정답 해설

① (가)의 [화면 1]에서 동영상 플랫폼이 '사용자가 좋아할 만한 동영상' 기능을 통해 사용자의 취향을 반영하여 콘텐츠를 추천해 주고 있음을 알 수 있다. 이는 수용자가 정보를 효율적으로 얻을 수 있도록 할 것이므로 선지의 내용은 적절하다.

＊ 오답 해설

② (나)는 휴대 전화 메신저에서 이루어진 대화로, '현주', '하준', '고은', '진혁'과 같이 실명을 바탕으로 대화가 이루어지고 있다. 또한 이때 대화 참여자는 모두 '요리연구반'에 소속된 구성원으로, 불특정 다수가 아니다.

③ (가)에서는 '전통지키미', '한식대장', '역사를 알자', '한국방송국' 등 다양한 정보 생산자가 정보를 생산하고 있다. 한편 (나)에서도 마찬가지로 대화에 참여하는 모두가 정보 생산자의 역할을 하고 있으므로, '(나)와 달리'라는 표현은 적절하지 않다.

④ (나)에서 '하준'은 시청각을 모두 활용하여 정보를 전달하는 동영상을 다른 대화 참여자에게 공유하고 있다. 한편 (가)는 동영상 플랫폼으로, 동영상은 보편적으로 시청각을 모두 활용하여 정보를 전달한다. 따라서 '(가)와 달리'라는 표현은 적절하지 않다.

⑤ (가)에서 [화면 2]를 보면, 댓글을 통해 수용자의 반응을 확인할 수 있다. 그러나 해당 영상은 3년 전에 올라온 영상이고, 댓글은 '2일 전', '1주 전'에 작성된 것이라는 점에서 (가)의 정보 생산자가 수용자의 반응을 정보 생산 중에 확인할 수 있는지는 본문을 통해서는 알 수 없다. 한편 (나)는 휴대 전화 메신저에서 이루어진 대화로, 대화 참여자는 서로 즉각적으로 소통하여 정보 생산 과정에서 반응을 확인할 수 있으므로 인쇄 매체에 비해 수용자의 만족도가 높게 나타날 수 있을 것이다.

41. ④
＊ 정답 해설

④ ⓛ에서 '으로'는 움직임의 방향을 나타내는 격 조사로, 여기서는 인도의 공주가 시집을 간 장소가 가야국임을 나타내기 위해 사용되었다. 또한 이 문장에서는 인도의 공주가 우리나라에 차를 가지고 오게 된 이유를 밝히고 있지 않으므로 선지의 내용은 적절하지 않다.

＊ 오답 해설

① ㉠에서 '그'는 앞에서 이미 이야기하였거나 듣는 이가 생각하고 있는 대상을 가리키는 지시 대명사이다. 이때 '그'는 앞에서 언급한 '차'를 가리키는 것으로 보는 것이 자연스럽다.

② '발자취'는 지나온 과거의 역정을 비유적으로 이르는 말이다. ㉠에서 '발자취'는 차에 관한 천 년의 역사를 비유하는 표현이므로 선지의 내용은 적절하다.

③ '-면서'는 두 가지 이상의 움직이나 사태 따위가 동시에 겸하여 있음을 나타내는 연결 어미이다. ㉡에서 '-면서'는 우리나라에 차가 들어오게 된 것이 인도의 공주가 가야국으로 시집을 오는 것과 동시에 벌어진 일임을 보여 주기 위해 사용되었다. 즉, 차가 우리나라에 들어오게 된 사건을 드러내므로 선지의 내용은 적절하다.

⑤ '그런데'는 화제를 앞의 내용과 관련시키면서 다른 방향으로 이끌어 나갈 때 쓰는 접속 부사이다. ㉢에서 '그런데'는 유밀과라는 화제를 유지하면서 유밀과가 한때는 금지 식품으로 여겨지기도 했다는 새로운 사실을 언급하기 위해 사용된 것이므로 선지의 내용은 적절하다.

42. ①
＊ 정답 해설

① '하준'은 '너네 혹시 이 동영상 봤어? 한국방송국에서 올린 건데…' 이후에 동영상의 하이퍼링크를 첨부하고 있다. 동영상의 하이퍼링크는 다른 대화 참여자가 바로 동영상 주소로 이동하여 정보를 빠른 시간에 얻을 수 있도록 하므로 선지의 내용은 적절하다.

＊ 오답 해설

② '고은'은 '하준'이 동영상을 공유하자, '보는 중'이라는 글씨와 무언가를 보고 있는 부엉이 그림이 병렬된 이모티콘을 활용하여 자신의 상태를 드러내고 있으므로, 이를 통해 '하준'의 행위를 드러내었다는 선지의 내용은 적절하지 않다.

③ '진혁'은 '포스터에는 약도를 넣어 주는 게 좋겠어.'라고 말하면서 행사 장소의 약도를 다른 대화 참여자에게 공유하고 있다. 이를 '진혁'의 현재 위치라고 보기는 어려우므로 선지의 내용은 적절하지 않다.

④ '하준'은 메신저 내부의 웹 검색 기능을 이용해 '유밀과 역사'를 검색하고 그 결과를 다른 대화 참여자에게 공유하고 있다. 이는 외부 정보를 새로 검색하여 공유한 것이므로, 이전에 나누었던 정보를 다시 공유했다고 볼 수 없다.

⑤ '현주'는 포스터를 만든 뒤에 '여기 파일함에 올려 둘' 것을 예고하고 있다. 그러나 현재 '현주'가 자료를 이미 파일함에 올린 것은 아니므로 선지의 내용은 적절하지 않다.

43. ④
* 정답 해설
④ (나)에서 '고은'은 '유밀과를 다양한 모양으로 만들 수 있다는 것도 알려 주면 학생들의 참여율이 더 높아질 것 같아.'라고 말하고 있다. 포스터에서는 이를 반영하여 다양한 틀의 그림을 제시하고 '다양한 모양 틀이 준비되어 있어요!'라는 문구를 제시하고 있다. 그러나 포스터에서의 유밀과 그림은 동그란 형태로만 제시되고 있을 뿐, 다양한 형태로 제시되고 있지 않으므로 선지의 내용은 적절하지 않다.

* 오답 해설
① (나)에서 '하준'은 '일단 꼭 들어가야 할 내용은 요리 교실이 열리는 시간과 장소겠지!'라고 말하고 있다. 포스터에서는 '언제 열리나요?', '어디서 열리나요?'라는 질문에 대답하는 대화 형식을 취하여 이를 제시하고 있다.
② (나)에서 '현주'는 '아니면 우리도 동영상 플랫폼에 학교에서 공유 주방까지 가는 길을 찍어서 올리는 건 어때? QR 코드에 그 링크를 연결하는 거지.'라고 말하고 있다. 포스터에서는 이를 반영하여 '찾아오는 길'에 QR 코드를 제시하고 있으며, 이 QR 코드가 학교에서 행사 장소인 공유 주방으로 가는 길을 찍은 동영상으로 연결됨을 언급하고 있다.
③ (나)에서 '진혁'은 '하준'이 공유한 〈고려사〉의 기록에 대해 '오, 포스터에 이 문구를 적으면 학생들이 유밀과에 더욱 흥미를 가지겠는데!?'라고 대답하고 있다. 포스터에서는 이를 반영하여 〈고려사〉의 해당 문구를 인용하고 있다.
⑤ (나)에서 '고은'은 '포스터에 모든 정보를 담을 순 없으니, 문의를 받을 수 있는 연락처를 기재하자.'라고 말하고 있다. 포스터에서는 이를 반영하여 '문의 사항은 3학년 진고은 010-XXXX-XXXX로 연락 주세요♥'라는 문구를 기재하였다.

44. ④
* 정답 해설
④ ㉣에서 수용자는 기사의 생산자가 작성한 다른 기사로 이동할 수도 있으며, 현재 다른 수용자가 많이 보고 있는 기사로 이동할 수도 있다. 그러나 '기사의 작성자'와 '현재 조회수'라는 기준으로 기사의 신뢰도를 판단하기는 어렵다.

* 오답 해설
① ㉠에서 '○○일보'를 대표하는 문구가 '청소년이 쓰는 청소년을 위한 기사'임을 알 수 있다. 이는 '○○일보'가 청소년이라는 특정 계층의 목소리를 대변하는 언론임을 보여 주므로 선지의 내용은 적절하다.
② ㉡에서는 '○○일보'의 기사가 '최신기사', '정치', '사회', '교육', '인권', '문화'로 분류되어 있음을 확인할 수 있다. 이때 수용자는 ㉡을 통해 '○○일보'에서 발행한 기사를 주제별로 쉽게 찾아볼 수 있을 것이므로 선지의 내용은 적절하다.
③ ㉢에서는 기사에 대한 수용자의 반응을 확인할 수 있다. 수용자는 '흥미진진', '슬퍼요', '후속필요' 중 하나를 선택해 기사에 대한 반응을 표출할 수 있다. 특히 '후속필요'는 수용자가 다음 기사가 생산되는 데 어느 정도 영향을 미칠 수 있음을 보여 주므로 선지의 내용은 적절하다.
⑤ ㉤에서는 '샤랄라'의 질문에 '에버그린'이 다른 기사의 하이퍼링크를 제공하고 있다. 이를 통해 기사의 수용자끼리 상호 소통하면서 기사에 관한 정보를 확장하고 있음을 확인할 수 있다.

45. ③
* 정답 해설
③ '냉면사랑'은 '최근 OTT를 중심으로 한국 콘텐츠가 세계에서 많은 사랑을 받고 있'다면서 한국 콘텐츠의 위상을 밝히고 있다. 또한 이를 바탕으로 '우리나라 청소년도 그 콘텐츠를 자유롭게 즐길 권리가 있어야 한다'고 말하면서 정책을 비판하고 있다. 그러나 '냉면사랑'이 OTT 외의 매체에 대한 규제를 강화할 것을 제안하고 있지는 않으므로 선지의 내용은 적절하지 않다.

* 오답 해설
① '샤랄라'는 정책의 시행으로 인해 '청소년을 위한 콘텐츠 위축'이 나타날 수 있음을 언급하며, 정책의 위험성을 경고하고 있다.
② '코난도일'은 '청소년 시기는 성인 사회로 나가기 전에 판단력과 자율성을 길러야 할 때'라며 청소년 시기의 특징을 언급하고, '정책이 오히려 이를 방해하는 것으로 보'인다며 정책의 부정적 영향을 언급하고 있다. 이는 정책이 청소년의 성숙(몸과 마음이 자라서 어른스럽게 됨.)을 저해할 수 있음을 우려하는 것으로 볼 수 있다.
④ '스핑크스'는 '저희 부모님은 안 그래도 OTT가 학업에 방해가 된다고 말씀하시던데'에서 자신의 경험을 언급하고, '이런 정책까지 있으면 앞으로 OTT 가입은 절대 못하겠'다면서 정책 시행 후 발생할 상황을 예측하고 있다.
⑤ '에버그린'은 '다른 기사를 보니까'라며 다른 매체 자료에서 얻은 정보를 언급할 것임을 밝히고, 해당 정책의 입법 예고 기간까지 시간이 남았음을 말하고 있다. 또한 이를 바탕으로 '아직 협의할 시간이 많이 남았으니까 미리 열낼 필요는 없는 것 같'다고 말하고 있다. 이는 청소년 OTT 가입에 제재가 가해진다는 내용에 다른 사용자들이 부정적으로 반응하는 것을 보고, 논의가 과열되는 것을 막기 위해 한 발언이라고 볼 수 있다.

[언어와 매체]

35	②	36	⑤	37	②	38	①	39	②
40	④	41	⑤	42	④	43	①	44	③
45	①								

35. ②
*** 정답 해설**

② 3문단에 따르면, 음절 구조 제약(ⓛ)에 따라 국어의 종성에 올 수 있는 자음은 7가지 종류 중 1개로 제한된다. 이를 고려할 때, 선지의 '부엌+만 → [부엉만]'에서 'ㅋ'은 ⓛ에 따라 음절의 끝소리 규칙이 일어나 'ㄱ'으로 교체되는 것임을 알 수 있다. 이때 교체된 'ㄱ'은 비음 'ㅁ' 앞에서 'ㅁ'과 같은 조음 방법의 비음 'ㅇ'으로 한 번 더 교체된다. 즉, 여기서 ⓛ에 따른 음운 변동은 'ㅋ'이 곧바로 'ㅇ'으로 교체되는 것이 아니라, 'ㅋ'이 'ㄱ'으로 교체되는 것이므로 선지의 내용은 적절하지 않다.

*** 오답 해설**

① 2문단에 따르면, 'ㄹ' 탈락은 'ㄹ' 뒤에는 'ㄴ'이 올 수 없다는 음소 배열 제약(㉠)에 따라 일어난다. 이를 고려할 때, 선지의 '알+는'을 '[아는]'으로 발음하는 것은, 'ㄹ' 뒤에 'ㄴ'이 올 수 없다는 ㉠에 따라 'ㄹ'이 탈락하기 때문임을 알 수 있다.

③ 2문단에 따르면, 음소 배열 제약(㉠)에 의해 평파열음 뒤에는 파열음, 파찰음, 마찰음과 같은 평장애음이 올 수 없다. 이 제약을 어기는 형태가 제시되면, 후행하는 평장애음이 된소리로 바뀌는 음운 변동이 적용된다. 이를 고려할 때, 선지의 '국+밥'을 [국빱]으로 발음하는 것은, 평파열음 'ㄱ'과 평장애음 'ㅂ'이 만나 후행하는 'ㅂ'이 된소리 'ㅃ'으로 교체되는 된소리되기가 일어나기 때문임을 알 수 있다.

④ 2문단에 따르면, 경구개음 뒤에 반모음 'ㅣ'가 올 수 없는 것도 음소 배열 제약(㉠)에 따른 것이다. 이를 고려할 때, 선지의 '겨서(지+어서)'를 [겨서] → [저서]로 발음하는 것은, 경구개음 'ㅈ'이 반모음 'ㅣ'와 함께 쓰일 수 없다는 ㉠에 따라 반모음 'ㅣ'가 탈락하기 때문임을 알 수 있다.

⑤ 3문단에 따르면, 음절 구조 제약(ⓛ)에 의해 종성에 올 수 있는 자음은 7가지 종류 중 1개로 제한되는데, 이러한 국어의 제약은 외국어에서 유래한 외래어의 발음에도 적용된다. 이를 고려할 때, 선지의 영어 'coffee shop'을 '커피숖'이 아닌 '커피숍[커피숍]'이라는 외래어로 받아들인 것은, 종성의 자음 종류를 제한하는 ⓛ에 따라 'ㅍ'이 'ㅂ'으로 교체되기 때문임을 알 수 있다.

36. ⑤
*** 정답 해설**

⑤ 3문단에 따르면, 현대 국어에서는 음절 구조 제약으로 인해 받침소리 'ㅇ'이 초성에 오지 못한다. 하지만 4문단에 따르면, 중세 국어에서는 초성에 연구개 비음 'ㆁ'이 올 수 있었으며, 단어를 소리 나는 대로 이어 적었다. 이를 고려할 때, ⓔ의 '몰애'를 '모래'로 이어 적지 않은 것은 현대 국어와 달리 중세 국어에서는 'ㆁ'이 연구개 비음이라는 음가(소릿값)를 지니고 있었으며, 이에 따라 비음 'ㆁ'이 초성에서 발음될 수 있었기 때문임을 추론할 수 있으므로 선지의 내용은 적절하다.

*** 오답 해설**

① 4문단에 따르면, 중세 국어에서는 초성에 두 개 이상의 자음군이 올 수 있었으며, 단어를 소리 나는 대로 이어 적었다. 이를 고려할 때, ⓐ의 'ㅴ듯'은 중세 국어가 현대 국어와 달리 초성에 어두 자음군을 설정하고, 적은 그대로의 소리로 발음하였음을 추론할 수 있다. 하지만 'ㅴ듯'은 초성에 자음이 3개가 오고 있으므로, 'ㅴ듯'을 통해 중세 국어의 어두 자음군에서 초성에 자음이 2개까지 발음될 수 있었음을 알 수 있다는 선지의 내용은 적절하지 않다.

② 3문단에 따르면, 현대 국어에서는 종성에 올 수 있는 자음을 7가지 종류 중 1개로 제한한다. 한편, 4문단에 따르면, 중세 국어에서는 음절 종성에서 발음할 수 있는 자음의 종류가 현대 국어와 달리 'ㄱ, ㄴ, ㄷ, ㄹ, ㅁ, ㅂ, ㆁ, ㅅ'의 8개로 제한되었으며, 단어를 소리 나는 대로 이어 적었다. 이를 고려할 때, ⓑ에서 원형 'ㅅ몿디'를 'ㅅ뭇디'와 같이 표기한 것은 종성에 오는 자음의 종류를 8개로 제한함에 따라 'ㅊ'을 'ㅅ'으로 교체했기 때문임을 알 수 있다. 즉, 중세 국어에서 종성에 오는 자음의 종류가 제한된 것은 맞으나, 현대 국어와 같이 7개로 제한된 것은 아니므로 선지의 내용은 적절하지 않다.

③ 1문단에 따르면, 국어에서 'ㄹ'이 단어의 어두에 올 수 없거나, 단어의 어두에서 'ㄴ'이 모음 'ㅣ'나 반모음 'ㅣ'와 함께 쓰일 수 없는 것은 단어 구조 제약 때문이다. 그런데 4문단을 보면, 중세 국어에서는 두음 법칙이 적용되지 않아 단어의 어두에 'ㄹ'이나 'ㄴ'이 사용되었다고 하였다. 이를 고려할 때, 현대 국어의 '여름'을 ⓒ에서 '녀름'으로 표기한 것은 중세 국어에서는 현대 국어와 달리 단어의 어두에서 'ㄴ'이 반모음 'ㅣ'와 만나더라도 함께 사용될 수 있었기 때문임을 알 수 있다. 따라서 '현대 국어와 같이'라는 선지의 내용은 적절하지 않다.

④ 4문단에 따르면, 중세 국어에서는 단어를 소리 나는 대로 이어 적었으므로 '넓고'등을 통해 종성에서 자음이 2개까지 발음될 수 있었음을 알 수 있다. 이를 고려할 때, ⓓ의 '몱도다'에서 'ㄺ'은 표기와 같이 자음 2개로 발음되었으리라 추론할 수 있으므로 선지의 내용은 적절하지 않다.

37. ②
*** 정답 해설**
② '잠겨서'는 '잠그- + -이- + -어서'로 분석된다. 이때, '잠그-'는 반드시 어미와 함께 쓰이는 용언 어간이므로, 실질 형태소이자 의존 형태소이다. '-이-'는 피동의 뜻을 더하는 피동 접미사이므로, 형식 형태소이자 의존 형태소이다. '-어서'는 원인을 나타내는 연결 어미로, 형식 형태소이자 의존 형태소이다. 따라서 '잠겨서'는 ㉣(의존 형태소) 세 개(잠그-, -이-, -어서)로 분석되므로 선지의 내용은 적절하다.

*** 오답 해설**
① '퍼'는 '푸- + -어'로 분석된다. 이때, '푸-'는 반드시 어미와 함께 쓰이는 용언 어간이므로, 실질 형태소이자 의존 형태소이다. '-어'는 시간상의 선후 관계를 나타내거나 방법 따위를 나타내는 연결 어미로, 형식 형태소이자 의존 형태소이다. 따라서 '퍼'는 ㉠(실질 형태소) 한 개(푸-)와 ㉡(형식 형태소) 한 개(-어)로 분석된다. 참고로, '푸다'의 어간 '푸-'는 어미 '-어'와 결합할 때, 어간의 모음 'ㅜ'가 탈락하는 'ㅜ' 불규칙 활용이 나타난다.
③ '단팥죽'은 '달- + -ㄴ + 팥 + 죽'으로 분석된다. 이때, '달-'은 반드시 어미와 함께 쓰이는 용언 어간이므로, 실질 형태소이자 의존 형태소이다. '-ㄴ'은 관형사형 어미로, 형식 형태소이자 의존 형태소이다. '팥', '죽'은 모두 체언에 해당하므로, 실질 형태소이자 자립 형태소이다. 따라서 '단팥죽'은 ㉢(자립 형태소) 두 개(팥, 죽)와 ㉣ 두 개(달-, -ㄴ)로 분석된다. 참고로, '달- + -ㄴ'과 같이 'ㄹ'로 끝나는 용언 어간에 'ㄴ, ㅂ, ㅅ, ㅗ'로 시작하는 어미가 결합할 때, 어간의 'ㄹ'이 탈락하는 현상이 일어난다.
④ '달맞이꽃'은 '달 + 맞- + -이 + 꽃'으로 분석된다. 이때, '달', '꽃'은 모두 체언에 해당하므로, 실질 형태소이자 자립 형태소이다. '맞-'은 반드시 어미와 함께 쓰이는 용언 어간이므로 실질 형태소이자 의존 형태소이고, '-이'는 어근에 결합해 명사를 파생하는 접사이므로 형식 형태소이자 의존 형태소에 해당한다. 따라서 '달맞이꽃'은 ㉢ 두 개(달, 꽃)와 ㉣ 두 개(맞-, -이)로 분석된다.
⑤ '토라졌던'은 '토라지- + -었- + -던'으로 분석된다. 이때, '토라지-'는 반드시 어미와 함께 쓰이는 용언 어간이므로, 실질 형태소이자 의존 형태소이다. '-었-'은 과거 시제를 나타내는 선어말 어미로 형식 형태소이자 의존 형태소이다. 그리고 '-던'은 과거 회상을 나타내는 관형사형 어미로 형식 형태소이자 의존 형태소이다. 따라서 '토라졌던'은 ㉠ 한 개(토라지-)와 ㉣ 두 개(-었-, -던)로 분석된다.

38. ①
*** 정답 해설**
① ㉠에서는 국어의 사동 표현이 주동문의 서술어에 사동 접미사가 결합하는 파생적 방식으로 형성될 수 있음을 설명하고 있다. 이때 '날린(다)'은 서술어 '날다'의 어근 '날-'에 피동 접미사 '-리-'와 현재 시제 선어말 어미 '-ㄴ-'이 결합한 것으로, 문장의 주체인 '먼지'가 바람이나 힘의 작용에 의해 공중에 떠서 어떤 위치에서 다른 위치로 움직여진다는 의미를 나타낸다. 즉, 제시된 예문은 주체가 객체에게 특정 행위를 하게 만드는 의미의 사동문이 아니라, 주체인 '먼지'가 '날다'의 행위를 당한다는 의미의 피동문에 해당하므로, ㉠의 예로 적절하지 않다. 참고로, '날다'의 사동사 '날리다'는 '모형 비행기를 옥상에서 공중에 날렸다.'와 같은 용례로 쓰인다.

*** 오답 해설**
② ㉡에서는 국어의 사동 표현이 어간에 '-게 하다'가 결합하는 통사적 방식으로 형성될 수 있음을 설명하고 있다. 제시된 예문은 주체 '선생님'이 '우리'로 하여금 책을 읽는 행위를 시키고 있으므로, 사동문이라고 볼 수 있다. 이를, '읽게 하다'와 같이 용언 어간 '읽-'에 '-게 하다'가 결합된 통사적 방식의 사동 표현을 통해 나타나고 있으므로, 해당 예문은 ㉡의 예로 적절하다.
③ ㉢에서는 파생적 사동이 일반적으로 직접 사동과 간접 사동의 의미를 모두 지닐 수 있음을 설명하고 있다. '입혔(다)'는 동사 어근 '입-'에 사동 접미사 '-히-'와 과거 시제 선어말 어미 '-었-'이 결합한 것이다. 이는 누나가 직접 동생에게 옷을 입혀 준 직접 사동의 의미와, 누나가 동생에게 옷을 입으라고 지시하거나 명령한 간접 사동의 의미로 모두 해석할 수 있다. 따라서 해당 예문은 ㉢의 예로 적절하다.
④ ㉣에서는 행위를 하는 객체인 피사동주가 무정물일 때는 통사적 방식이 아니라 사동 접미사가 결합한 파생적 사동 표현만이 가능하며, 이 경우 대응하는 주동문이 설정되기 어려움을 설명하고 있다. '남겼(다)'는 동사 어근 '남-'에 사동 접미사 '-기-'와 과거 시제 선어말 어미 '-었-'이 결합한 것이다. 여기서 피사동주는 '재산'으로, 이는 무정물 명사에 해당하므로 '*재산이 남다.'와 같이 대응하는 주동문을 설정하기 어렵다. 또한, '*아버지는 형에게 많은 재산을 유산으로 남게 했다.'와 같이 '-게 하다'를 활용한 통사적 사동문도 설정할 수 없으므로, 해당 예문은 ㉣의 예로 적절하다.
⑤ ㉤에서는 사동문의 표현이 관용적인 의미로 쓰이는 경우 대응하는 주동문을 설정하기 어려움을 설명하고 있다. 이때, 제시된 예문에서 '붉혔(다)'는 형용사 어근 '붉-'에 사동 접미사 '-히-'와 과거 시제 선어말 어미 '-었-'이 결합한 것으로 분석할 수 있다. 이때 '낯을 붉혔다.'는 관용적으로 '부끄럽거나 성이 나다.'라는 의미를 나타내므로, '*낯이 붉다.'와 같이 대응하는 주동문을 설정하기 어렵다. 해

56

당 예문은 ⑩의 예로 적절하다.

39. ②
* **정답 해설**
② 〈보기〉에 따르면, 외래어 표기법 제2항은 외래어의 1 음운은 원칙적으로 1 기호로 적는다는 조항이다. 선지에서 제시된 영어 음운 'sh[ʃ]'는 한국어에 존재하지 않는 소리이므로, 그와 비슷한 'ㅅ' 소리로 옮겨 적는 것은 〈보기〉의 선생님의 설명 및 외래어 표기의 기본 원칙에 부합한다. 그런데 〈보기〉에서는 영어의 'sh[ʃ]'가 우리말에서는 'ㅣ'라는 모음 앞에 위치하기 때문에 '쉬'가 아니라 '시'로 표기됨을 설명하였다. 이를 고려할 때, 'membership'에서도 'sh[ʃ]' 다음에 모음 'ㅣ'가 오므로, 'ship'은 '쉽'이 아니라 '십'과 같은 형태로 적어야 함을 추론할 수 있다.

* **오답 해설**
① 외국어와 국어의 음운 체계는 서로 다르며, 영어의 '[f]'는 우리말에는 없는 소리이다. 외국어를 수용할 땐 국어의 표기 원칙에 맞게 변환해야 한다는 〈보기〉의 설명을 고려할 때, 제1항에 따라 '[f]'를 표기하기 위한 새로운 음운을 만들지 않고 그와 유사한 'ㅍ'으로 옮겨 '파이팅'으로 적는 것은 적절하다.
③ 'racket'에서 마지막 소리 't'를 'ㅅ'으로 적는 것은, 〈보기〉에서 학생이 '로봇'에 대하여 물은 것과 같은 사례이다. 즉, '라켓' 뒤에 모음으로 시작하는 말이 오면 '라켓을[라케슬]'처럼 발음하므로, 제3항과 이를 고려하여 '라켙'이 아닌 '라켓'으로 적는 것은 적절하다.
④ 〈보기〉에 따르면, 외래어 표기법 제4항은 파열음 표기에 된소리를 쓰지 않는 것을 원칙으로 한다는 조항이다. 따라서 제4항을 고려하여 프랑스어 'Paris'가 '빠리'와 비슷하게 들리더라도 된소리를 쓰지 않는 '파리'로 적는 것은 적절하다.
⑤ 〈보기〉에 따르면, 외래어 표기법 제5항은 이미 굳어진 외래어는 관용을 존중한다는 조항이다. 포르투갈어 'pão'는 외래어 표기법의 원칙을 그대로 반영하면 '팡'처럼 써야 하지만 '빵'으로 이미 굳어져 우리말처럼 쓰인 지 오래된 경우이다. 따라서 제5항을 고려하여 '팡'이 아닌 '빵'으로 적는 것은 적절하다.

40. ④
* **정답 해설**
④ ㉣에서는 뉴스의 시청자 중 10~20대의 비율이 늘어났음을 보여 주기 위해 원그래프를 활용하고 있다. 그런데 여기서는 10~20대의 시청자 유입을 부각하기 위해 해당 연령층의 증가를 구체적으로 시각화하고 있을 뿐, 다른 연령층의 감소나 증가에 대해서는 언급하고 있지 않다. 또한 숏폼 뉴스의 조회수가 전체적으로 늘어났기 때문에 해당 자료만으로는 특정 연령층의 시청자 수가 감소했다는 내용을 도출하기는 어렵다.

* **오답 해설**
① ㉠에서는 뉴스를 시작하면서 뉴스의 표제를 제시하고 있다. 이때 '열풍'은 '매우 세차게 일어나는 기운이나 기세를 비유적으로 이르는 말.'로, 중심 화제인 숏폼 뉴스에 대한 시청자의 흥미를 유도하기 위해 사용된 비유적 표현이다.
② ㉡에서는 효율적인 콘텐츠 소비를 선호하는 Z세대의 특징을 언급하고 있으며, 화살표를 통해 그 인과 관계를 나타냄으로써 기자의 발화 내용을 시청자가 더 쉽게 이해할 수 있도록 하고 있다.
③ ㉢에서는 Z세대의 특징을 설명하는 화면에서 한△△의 사진을 제시한 이유를 밝히기 위해 해당 배우가 'Z세대를 대표하는 배우'라는 설명을 삽입함으로써 사진과 뉴스 내용 간의 관련성을 보여 주고 있다.
⑤ ㉤에서는 관계자의 발화를 자막으로 제시하고 있다. 이때 실제 관계자가 "저,", "그,"를 사용하여 매끄럽지 않은 발화를 하고 있음에도 자막은 이를 정리된 형태로 명료하게 제시하고 있는데, 이는 관계자가 발화하는 내용의 의미를 정확하게 전달하기 위한 것으로 볼 수 있다.

41. ⑤
* **정답 해설**
⑤ ⓔ의 '-을지'는 추측에 대한 막연한 의문이 있는 채로 그것을 뒤 절의 사실이나 판단과 관련시키는 데 쓰는 연결 어미이다. 이때 '-을지'는 막연한 의문을 나타내므로 연결 어미 '-을지'를 통해 숏폼 뉴스가 Z세대에 미칠 영향에 관한 확신을 드러내고 있다는 선지의 내용은 적절하지 않다.

* **오답 해설**
① ⓐ의 '와'는 일 따위를 함께 함을 나타내는 격 조사이다. 진행자는 이를 사용하여 이야기를 나눌 대상인 박□□ 기자를 시청자에게 소개하고 있다.
② ⓑ의 '따라서'는 앞에서 말한 일이 뒤에서 말할 일의 원인, 이유, 근거가 됨을 나타내는 접속 부사이다. 기자는 이를 사용하여 앞에서 설명한 Z세대의 특성이 Z세대가 콘텐츠를 효율적으로 소비하기를 선호하는 원인임을 드러내고 있다.
③ ⓒ의 '저희'는 '우리'의 낮춤말이다. 기자는 이를 사용하여 본인이 속한 ◇◇ 방송국을 낮춰 말함으로써 상대적으로 방송을 시청하는 시청자를 높이는 뜻을 밝히고 있다.
④ ⓓ의 '부터'는 어떤 일이나 상태 따위와 관련된 범위의 시작임을 나타내는 보조사이다. 영상 속 기자는 이를 사용하여 ◇◇에서 숏폼 뉴스를 올리기 시작한 시점이 작년 7월임을 나타내고 있다.

42. ④
* **정답 해설**
④ 학생 4는 '얼마 전에 TV에서 숏폼 시청이 청소년의 문해력 저하의 원인이 된다는 얘기가 나왔어.'라며 숏폼의 부정적인 면을 지적한 매체를 언급하고 있다. 그러나 학생

57

4는 '솔직히 숏폼에서 우리가 맥락을 이해하는 능력을 기르기는 어렵다고 봐.'라며 숏폼의 부정적인 면에 대한 우려에 동의했을 뿐, 전통 매체가 문해력 상승에 도움이 된다고 판단하지는 않았으므로 선지의 내용은 적절하지 않다.

*** 오답 해설**
① 학생 1은 '중요한 이슈가 무엇인지 점검할 수 있다는' 숏폼 뉴스의 기능을 언급하며, 이러한 점에서 숏폼 뉴스가 '유용하다고 생각'한다고 하였으므로 선지의 내용은 적절하다.
② 학생 2는 '숏폼 뉴스가 일반 뉴스에 비해 영상을 끝까지 보는 비율이 더 높다'는 사실을 언급하면서 '숏폼이 앞으로 보도의 주류가 될 것'이라고 판단하고 있다. 이는 숏폼 뉴스와 일반 뉴스의 시청 지속률을 비교했을 때 우위를 점하고 있는 숏폼 뉴스가 앞으로도 계속 성행할 것이라며, 숏폼 뉴스의 전망을 긍정적으로 판단한 것이므로 선지의 내용은 적절하다.
③ 학생 3은 '곰곰이 생각해 보니 나도 콘텐츠를 소비할 때 효율성을 많이 따지는 것 같아.'라며 자신의 콘텐츠 소비 성향을 점검하고, '뉴스에서 숏폼 뉴스의 등장을 Z세대의 특징과 연결한 게 뭔가 새로웠'다고 평가하였으므로 선지의 내용은 적절하다.
⑤ 학생 5는 '뉴스에서도 말했듯 하이퍼링크로 제공되는 기사나 보도 영상으로 청소년은 얼마든지 정보를 더 얻을 수 있어.'라며 숏폼의 한계를 보완하는 방법을 언급하고, '고쳐야 할 건 숏폼이 아니라 이용자의 태도'라며 숏폼의 이용자가 주체적으로 정보를 탐색해야 함을 드러냈으므로 선지의 내용은 적절하다.

43. ①
*** 정답 해설**
① (가)의 "숏폼이란 말씀하신 것처럼 짧은 동영상으로 제작된 콘텐츠를 말합니다.", "따라서 이들은 이동 시간과 같이 남는 시간을 활용해 콘텐츠를 효율적으로 소비하기를 선호하는데요, 그런 성향이 숏폼 콘텐츠의 인기 요인으로 분석됩니다."에서 각각 숏폼의 정의와 인기 요인을 분석하고 있다. 그런데 (나)의 '카드 1'에서는 숏폼의 정의만 제시했을 뿐, 숏폼의 인기 요인을 설명하고 있지는 않다. 숏폼의 인기 요인은 '카드 3'에서 숏폼의 장점으로 언급되었으며, 이때는 질문에 대답하는 형식이 활용되지 않으므로 선지의 내용은 적절하지 않다.

*** 오답 해설**
② (가)에서 기자는 ◇◇ 숏폼 뉴스와 관련한 수치 자료를 제시하며 숏폼 뉴스의 파급력과 영향을 언급하고 있다. '카드 2'에서는 이를 활용하면서 그 자료의 출처가 "◇◇ '미디어 지금'"임을 밝히고 있다. 이는 카드 뉴스의 정보에 대한 신뢰도를 높이기 위한 전략으로 볼 수 있으므로 선

지의 내용은 적절하다.
③ (가)의 "저희 ◇◇ 방송국도 지난해 7월부터 숏폼 뉴스를 제공했는데요. 이 숏폼 뉴스의 평균 조회수는 100만 회에 달합니다."에서 숏폼 뉴스의 파급력을 언급하고 있다. 한편, '카드 2'에서는 다른 글자보다 '숏폼 뉴스 평균 조회수 100만 회'라는 글자를 더 크게 제시함으로써 (가)의 기자가 제시한 숏폼 뉴스의 파급력을 한층 더 강조하고 있다.
④ (가)의 "따라서 이들은 이동 시간과 같이 남는 시간을 활용해 콘텐츠를 효율적으로 소비하기를 선호하는데요, 그런 성향이 숏폼 콘텐츠의 인기 요인으로 분석됩니다."에서는 숏폼 뉴스가 효율적인 정보 전달이 가능하다고 언급하고 있으며, "그런데 숏폼 형태는 내용을 충실히 전달하는 데 한계가 있다는 우려도 있는 것으로 압니다."에서는 숏폼 뉴스가 정보 전달 측면에서 한계를 지니고 있음을 언급하고 있다. '카드 3'에서는 이를 각각 숏폼 뉴스의 장점과 단점으로 제시하면서 이 대비를 시각적으로 부각하기 위해 화면을 분할하고, 비교의 의미인 'VS'라는 이미지를 중간에 배치하였다.
⑤ (가)에서 진행자는 "숏폼 콘텐츠가 뉴스 전반에 대한 Z세대의 관심을 끌어올릴 수 있을지 기대가 됩니다."라고 언급하였다. 이는 뉴스에서 기자가 숏폼 뉴스로 인해 뉴스 시청자의 10~20대 시청자의 비율이 늘어났음을 언급한 것 등을 고려한 발화일 것이다. '카드 4'에서는 이러한 숏폼 뉴스의 기대 효과를 청소년이 실제로 모바일 기기를 활용하여 숏폼 뉴스를 시청하며 "재밌고 간편해서 좋아!"라고 말하는 말풍선 이미지를 활용하여 구체화하고 있으므로 선지의 내용은 적절하다.

44. ③
*** 정답 해설**
③ '현서'는 "아, 그리고 화면을 보면서 손으로 메모를 적기는 힘들 수 있으니, 이 회의를 녹화해도 될까?"라며 화상 회의를 녹화하려는 이유를 밝히고, 녹화에 참여한 다른 참여자들의 동의를 구하고 있다.

*** 오답 해설**
① '서진'은 채팅창에서 '지금 카메라 켜기가 좀 그래서 나는 음성이랑 채팅으로만 참여할게!!!'라며 카메라 켜기가 힘든 상황임을 알렸을 뿐, 음성 언어를 사용하기 어려운 상황임을 알리지는 않았다. 이후 회의에서 '서진'은 음성 언어로 참여자와 소통하고 있으므로 선지의 내용은 적절하지 않다.
② '윤호'가 "지금 현서가 말하는 중이라고 화면에는 뜨는데 목소리가 안 들려. 마이크 볼륨이 너무 작은 거 아닐까?"라고 말하자, '현서'는 마이크 볼륨을 올렸다. 즉, '윤호'는 '현서'의 발화 사실을 확인하고 '현서'에게 음량을 조정해 줄 것을 제안했을 뿐, 자신의 음량 크기를 조정하지는 않았으므로 선지의 내용은 적절하지 않다.
④ '윤진'은 "내가 가진 이미지 중에 괜찮은 게 있나 볼래?"

58

라며 화면 공유를 통해 다른 참여자들에게 이미지를 제시
했을 뿐, 이 이미지를 다른 참여자들에게 파일 형태로 전
송하지는 않았으므로 선지의 내용은 적절하지 않다.
⑤ '서진'은 이전 청소년 영화제의 수상작을 시청할 수 있는
동영상 플랫폼의 하이퍼링크를 채팅 기능을 통해 다른 참
여자들에게 전달하였다. 이는 새로운 참여자를 초대하기
위한 것이 아니므로 선지의 내용은 적절하지 않다.

45. ①
*** 정답 해설**
① '서진'은 '윤진'이 화면 공유를 통해 제시한 2개의 이미지
를 보고 "음, 2번도 좋기는 한데 다양한 나라의 학생들이
모인다는 의미를 생각하면 1번이 낫겠다."라고 말하였다.
이를 반영하여 포스터에는 1번 이미지가 중심 이미지로
활용되고 있다. 그러나 '서진'이 다양한 국가의 국기를 그
려 넣자고 제안하거나, 그런 제안에 동의한 부분은 화상
회의에서 찾을 수 없다.

*** 오답 해설**
② '윤호'는 "그리고 청소년 영화제의 부제인 '우주'를 나타내
기 위해 우주 배경을 활용하자!"라고 말하였다. 이를 반영
하여 포스터에서는 우주를 배경으로 사용하고 있다.
③ '윤진'은 지난 영화제 수상작을 볼 수 있는 하이퍼링크를
포스터에 적자는 '윤호'의 말에 "음.. 그것보다는 동영상
플랫폼 '비디오집'에 들어가서 '제XX회 청소년 영화제'를
검색해 보라고 하는 게 어때?"라고 말하였다. 이를 반영하
여 포스터에서는 동영상 플랫폼 '비디오집'에서 검색하는
그림을 제시해 지난 청소년 영화제 수상작을 볼 수 있는
방법을 안내하고 있다.
④ '현서'는 "약도를 함께 넣으면 찾아오기 쉬울 거야. 주변
에 △△백화점이 유명하니까, 약도에 같이 표기해 주자."
라고 말하였다. 이를 반영하여 포스터에는 약도에 △△ 청
소년 문화광장의 위치를 표시하고, 근처에 △△백화점이
있음을 함께 표기하고 있다.
⑤ '윤진'은 "저번에 보니까 청소년 영화제가 매일 진행되는
걸 잘 모르더라고. 영화제는 매일 진행된다는 걸 포스터에
서 강조해 주면 좋을 것 같아."라고 말하였다. 이를 반영
하여 포스터에서는 '매일'이라는 글자를 다르게 표기하여
강조하고 있다.

[언어와 매체]

35	④	36	④	37	⑤	38	④	39	③
40	④	41	③	42	⑤	43	④	44	③
45	⑤								

35. ④
*** 정답 해설**
④ 3문단에 따르면, 한 형태소 내부에서 일어나는 구개음화는 역사적 구개음화에 해당한다. 그러나 2문단에서 역사적 구개음화는 18세기 말에 종료되었다고 하였으므로 선지의 내용은 적절하지 않다.

*** 오답 해설**
① 1문단에서 '공시적 구개음화는 표준 발음으로는 인정되지만 표기에 반영하지는 않는다.'라고 하였으므로 적절하다.
② 1문단의 "공시적 구개음화는 받침 'ㄷ, ㅌ'이 모음 'ㅣ'나 반모음 'ㅣ'로 시작하는 형식 형태소를 만날 때 'ㅈ, ㅊ'으로 변하는 동화 현상이다."를 통해 음운적 조건뿐만 아니라 형태소의 종류도 구개음화가 일어나는 데에 영향을 미침을 알 수 있다.
③ 1문단의 "'ㄷ, ㅌ'은 치조음으로서 파열음인 반면 'ㅈ, ㅊ'은 경구개음으로서 파찰음이기에 조음 위치와 조음 방법이 모두 변화하는 경우이지만, 동화를 일으키는 'ㅣ'나 반모음 'ㅣ'는 모음이므로 조음 위치로서의 성질만 분석되기 때문이다."를 통해 확인할 수 있다.
⑤ 1문단의 '음운의 동화가 한 음운이 다른 음운의 영향을 받아 조음 위치나 조음방법이 닮게 되는 현상'을 통해 확인할 수 있다.

36. ④
*** 정답 해설**
④ 2문단의 내용을 통해 역사적 구개음화는 '17세기 말에서 18세기 초'에 시작되었으며, '18세기 말'에 종료되었음을 알 수 있다. 한편, 4문단의 내용을 통해 자음 아래의 이중모음 'ㅢ'가 'ㅣ'로 바뀐 단모음화 현상은 '19세기 중반 이후'에 나타났음을 알 수 있다. 이러한 내용을 종합해 볼 때, '더듸다'가 '더디다'로 바뀐 19세기 중반 이후는 역사적 구개음화가 이미 종료된 상태이므로 '더디다'는 '더지다'로 바뀌지 않았음을 알 수 있다.

*** 오답 해설**
① '밭이랑[반니랑]'은 명사 어근 '밭'과 명사 어근 '이랑'이

결합한 단어이므로 파생어가 아닌 합성어이다. 이때 구개음화가 일어나지 않은 이유는 '이랑'이 형식 형태소가 아닌 실질 형태소이기 때문이다.
② '굳히다'는 거센소리되기(음운 축약)에 의해 [구티다], 구개음화에 의해 [구치다]로 발음된 사례이므로 음운 축약이 나타나는 경우에도 구개음화가 일어남을 알 수 있다.
③ 2문단에서 역사적 구개음화는 17세기 말에서 18세기 초에 시작되었다고 하였으므로, 15세기의 문헌에 나타난 '그티'는 구개음화가 일어나지 않은 형태임을 알 수 있다. 따라서 15세기에는 구개음화가 발생하지 않은 것이므로, 구개음화가 일어나더라도 표기에 반영되지 않았다는 선지의 내용은 적절하지 않다.
⑤ '됴ᄒᆞᆫ>좋은'은 '먹디>먹지'와 마찬가지로 'ㅣ' 모음 계열 앞에 'ㄷ'이 온 경우로, [ㄷ+ㅣ+ㅗ+ㅎ+ㆍ+ㄴ]으로 분석되므로 'ㅣ' 모음 계열 앞에서 역사적 구개음화가 일어난 사례로 볼 수 있다.

37. ⑤
ㄱ은 '[{작년처럼(부사어) 올해에도(부사어) 너의(관형어) 일이(주어) 잘(부사어) 되기(서술어)}(명사절)를](목적어) 바란다(서술어).'와 같이 분석할 수 있다.
ㄴ은 '[{내가(주어) 어제(부사어) 책을(목적어) 산(서술어)}(관형절)](관형어) 서점은(주어) 학교(관형어) 바로(부사어) 옆에(부사어) 있다(서술어).'와 같이 분석할 수 있다.
ㄷ은 '정부가(주어) 마침내(부사어) [{외국인도(주어) 이곳에(부사어) 살도록(서술어)}(부사절)](부사어) 허가했다(서술어).'와 같이 분석할 수 있다.

*** 정답 해설**
⑤ ㄴ의 안은문장에는 부사어 '바로', '옆에'가 있다. ㄷ의 안은문장에는 부사어 '마침내', '외국인도 이곳에 살도록'이 있다.

*** 오답 해설**
① ㄱ의 '올해에도'는 안긴문장(명사절)의 부사어이다.
② ㄴ의 '서점은'은 안긴문장(관형절)의 생략된 부사어이자 안은문장의 주어이다.
③ ㄷ의 '정부가'는 안은문장의 주어일 뿐, 안긴문장(부사절)의 주어는 '외국인도'이다.
④ ㄱ의 안긴문장(명사절)에는 보어가 없다. '되다'가 '일이 잘 이루어지다.'라는 뜻으로 쓰이는 경우에는 서술어 앞에 보어가 아닌 부사어가 온다. ㄴ의 안긴문장(관형절)에는 목적어 '책을'이 있다.

38. ④
* 정답 해설
④ ⓔ는 대명사 '무어'의 준말로, 정하지 않은 대상이나 모르는 대상을 가리키는 지시 대명사이다. 그러나 ⓖ는 일반적인 의미의 명사로 상점에서 파는 것들을 의미하므로 동일한 대상을 가리킨다고 볼 수 없다.

* 오답 해설
① ⓐ는 윤재의 손에 들린 수정 테이프로 화자인 윤재에게 가깝다면, ⓑ는 같은 수정 테이프가 은지의 입장에서는 물리적으로 멀기에 쓴 표현이다.
② ⓒ는 화자가 언급한 '수빈이 거'를 가리키는 표현이다.
③ ⓓ는 화자인 윤재와 청자인 은지를 포함하는 표현인 반면, ⓗ는 청자인 윤재를 포함하지 않는다. '우리'는 화자와 청자, 화자와 청자를 포함한 여러 사람을 가리킬 때 사용하기도 하지만, '우리 엄마'와 같이 화자가 어떤 대상이 자기와 친밀한 관계임을 나타낼 때도 사용한다.
⑤ ⓕ는 청자인 윤재가 앞서 말한 '매점'을 의미한다.

39. ③
* 정답 해설
③ 재우의 질문에 대한 승빈의 대답은 자기 자신도 풀 수 있을 정도로 수학 30번 문제가 어렵지 않다는 의미이므로 '자료'의 '풀겠다'는 미래 시제 선어말 어미 '-겠-'을 사용하여 미래에 대한 추측이 아니라 화자의 가능성을 드러낸 것으로 보는 것이 적절하다.

* 오답 해설
① '앉다'가 동사임을 고려할 때, 과거 시제 선어말 어미 '-았-'은 현준이가 의자에 앉는 행동이 끝난 후 그 결과가 지속되고 있음을 드러낸다.
② 유림의 질문이 '내일', 곧 미래에 대한 것임을 고려할 때, '간대'에 사용된 현재시제 선어말 어미 '-ㄴ-'은 예정된 미래를 드러낸다.
④ '잤어'에 사용된 과거 시제 선어말 어미 '-았-'은 숙제를 다 하지 않아 오늘 밤에 잠을 잘 수 없을 것이라는 미래에 대한 부정적 감정을 드러낸다.
⑤ 지섭의 질문 속에는 지금 애들이 없다는 뜻이 내포되어 있으므로, 과거시제 선어말 어미 '었'을 겹쳐 사용한 '-었었-'은 현재와의 단절감을 드러낸다.

40. ④
* 정답 해설
④ '추천순 | 댓글순'으로 보아 게시판 내의 게시물들을 수용자가 선택한 배열 기준에 따라 재배열할 수 있음을 알 수 있다.

* 오답 해설
① 위 화면에서 '현재 접속 멤버', 즉 동시간대에 카페에 접속한 이용자를 확인할 수는 있으나, 게시판별 이용자가 명시된 부분은 찾아볼 수 없다. 또한 게시물을 열람한 횟수는 '냥이 지식 정보'의 '조회'를 통해 확인할 수 있다. 이를 게시판별 이용자의 명시를 통해 알 수 있다고 볼 수는 없다.
② '아래의 링크를 클릭하면 공지사항 게시판으로 연결됩니다.'를 통해 게시판과 연결된 하이퍼링크 기능을 확인할 수는 있으나, 이것이 글에 제시된 정보의 정확성을 강화할 수 있다고 이해하기는 어렵다.
③ 공지 글의 [ ] 안에 표기된 숫자는 댓글의 수를 나타낸 것으로 볼 수 있으며, 댓글이 많이 달린 게시물의 경우 이용자의 다양한 반응이 나타날 것이라는 사실을 유추할 수는 있다. 그러나 글에 대한 이용자의 반응을 확인할 수 있기에 정보가 신속하게 확산될 수 있다고 이해하기는 어렵다.
⑤ '냥이 지식 정보'의 게시글에 나타난 '✎'로 보아 게시물이 첨부 자료와 함께 게재되었음을 확인할 수 있다. 하지만 이는 글의 내용과 연관된 자료가 첨부되어 있음을 의미할 뿐, 수용자가 직접 글의 내용을 수정할 수 있음을 의미한다고 이해하기는 어렵다.

41. ③
* 정답 해설
③ 카페 대문에 나타난 이용 안내를 살펴보면, 해당 카페는 '고양이에 진심인 사람들'이 이용하는 '사랑 넘치는 공간'이라는 사실을 알 수 있다. 이를 통해 해당 카페가 형성된 목적은 〈보기〉에 제시된 내용처럼 이용자들의 정보 공유와 동질감 및 친밀감을 느끼기 위함임을 알 수 있다. 따라서 카페 형성의 목적이 소통을 통해 이용자들의 관심사를 널리 퍼뜨리는데 있다는 설명은 적절하지 않다.

* 오답 해설
① 위 화면에서 해당 카페의 이름이 '어서 와, 집사는 처음이지? - 고양이 친목 카페'임을 확인할 수 있으며, 카페 배너를 통해 '냥이 용품 알뜰 D.I.Y 경연'이라는 정보를 제시하고 있음을 알 수 있다. 이를 통해 해당 카페는 고양이를 반려동물로 삼은 사람들이 친목을 도모하는 공간임을 파악할 수 있다. 이는 〈보기〉에 제시된 내용처럼 공통의 관심사를 바탕으로 형성된 인터넷 카페에서 이용자들이 친밀감을 느끼는 것이라고 볼 수 있다.
② 카페 게시판, 그중에서도 '냥이 지식 정보'나 '우리 동네 병원' 등을 살펴보면 각 게시판의 성격에 따른 게시물을 통해 카페 이용자들이 정보를 공유할 것임을 알 수 있다. 이는 〈보기〉에 제시된 내용처럼, 카페 이용자들이 게시판에 게재된 게시물을 매개로 정보를 공유하는 모습으로 볼 수 있다.
④ 카페의 공지 글 중 '규정에 어긋난 글은 삭제 또는 이동 조치'라는 제목의 글이 카페 관리자인 '냥집사'에 의해 작성된 것을 볼 때, 카페의 규정을 따르지 않는 게시물은

61

관리자에 의해 제재의 대상이 될 것임을 알 수 있다. 이는 〈보기〉에 제시된 내용처럼, 게시판 카테고리의 성격에 어긋나거나 카페에서의 소통에 방해가 되는 활동을 카페 관리자가 규제하는 것으로 볼 수 있다.

⑤ 위 화면을 통해 카페 이용자들이 '냥이맘', '냥집사' 등의 가명을 활용하고 있음을 확인할 수 있다. 이는 〈보기〉에 제시된 내용처럼, 인터넷 카페의 이용자들이 대부분 익명으로 활동하는 모습이라고 볼 수 있다.

42. ⑤
*** 정답 해설**

⑤ 학생은 다섯째 슬라이드에 관한 메모에서 '동물보호연대에서 밝힌 제안을 인용하여 올바른 반려동물 문화 전파에 따른 긍정적 전망'을 제시하겠다고 하였다. 실제 장면 스케치를 살펴보면, 의문문을 활용하여 동물보호연대에서 표명한 바를 인용하고 있으나, 올바른 반려동물 문화 전파에 따른 긍정적 전망을 제시하고 있지는 않다.

*** 오답 해설**

① 학생은 첫째 슬라이드에 관한 메모에서 '카페 이름의 특정 단어를 활용한 카드 뉴스 제목을 제시'하겠다고 하였다. 실제 장면 스케치를 살펴보면, 카페 이름에서 '집사'라는 단어를 활용하여 제목을 제시하고 있음을 알 수 있다. 또한 카드 뉴스의 제목에 권유의 대상인 '초보 집사'를 명시하고 있으므로 적절하다.

② 학생은 둘째 슬라이드에 관한 메모에서 '반려동물 문화에 관한 통념을 지적하고 반려인 능력시험의 취지를 함께 제시'하겠다고 하였다. 둘째 슬라이드의 '먹이만 제때 준다고 잘 기르는 게 아니에요'에서 반려동물 문화에 대한 통념을 지적한 부분을 찾을 수 있다. 또한 '자격있는 반려인으로서 제대로 알고 돌볼 수 있어요'에서 시험의 취지가 반려동물을 제대로 알고 돌볼 수 있는 반려인을 늘리는 것임을 부각하기 위해 진한 글씨체를 사용하고 있다.

③ 학생은 셋째 슬라이드에 관한 메모에서 '시험 접수와 응시 관련 정보'를 순차적으로 제시하겠다고 하였다. 이는 실제 장면 스케치에서 각각 '접수관련', '응시관련'으로 항목화되어 진행 흐름에 따라 화살표로 한눈에 이해하기 쉽도록 제시되고 있다.

④ 학생은 넷째 슬라이드에 관한 메모에서 '보상 계획을 항목화하여 한 화면에 제시'하겠다고 하였다. 실제 장면 스케치에서 '반려동물에 대해 공부하는 기회'라는 시험의 의의를 언급하고 있으며, 성적 우수자에게 주어지는 보상 계획을 항목화하여 한꺼번에 제시하고 있다.

43. ④
*** 정답 해설**

④ (가)는 [장면3]에서 소비자의 인터뷰 영상을 활용하고 있으며, 이는 (나)에 비해 정보를 현장감 있게 전달한다고 할 수 있으므로 적절하다.

*** 오답 해설**

① (가)는 수용자가 프로그램의 정보를 장면마다 순차적으로 파악하게 되므로, 한눈에 정보를 파악할 수 있는 (나)에 비해 전체 정보의 제공 속도가 느리다고 할 수 있다.

② (가)는 [장면4]에서 '3M' 이벤트에 따른 음료 제조 과정이 '커피 내리는 방법에서부터 각종 토핑까지 총 5단계'임을 밝히고 있는데, 이때 제조 과정은 처음과 마지막 단계 정도만을 밝히고 있다. 따라서 (가)가 특정 상품의 제조 과정 전체를 구체적으로 밝히고 있다고 보기는 어렵다.

③ (나)에서는 이벤트의 대상자를 '☆☆커피앱 주문, 결제 완료자'라고 명시하고 있으나, 이를 통해 정보의 신뢰도를 판단할 수 없으므로 적절하지 않다.

⑤ (나)는 한 면 안에 정보를 집약해서 제시하고는 있지만 이벤트에 관련된 정보만 제공하고 있으므로, (가)에 비해 다양한 측면의 정보를 제공하고 있다고 보기는 어렵다.

44. ③
*** 정답 해설**

③ ㉢은 '출시할 예정이라고 합니다.'라는 인용 표현을 통해 커피 업체에서 밝힌 이벤트 내용을 전달하고 있다. 이때 공정성이란 내용이나 주장이 편파적이지 않고 공평한가에 관한 것인데, 가장 인기 있는 조합이 실제 매장에서 정식 메뉴로 출시될 예정이라는 인용 표현을 통해 앞서 언급된 내용의 공정성을 높인다고 보기는 어렵다.

*** 오답 해설**

① ㉠은 '~고 있다'를 사용하여 유명 커피 전문점의 대응에 소비자들이 높은 호응을 보이고 있음을 드러내면서, 뉴스에서 주목한 상황이 현재 진행 중이라는 사실을 보여 주고 있다.

② ㉡은 '어떠할까요?'라는 의문형 어미를 통해, 이어질 뉴스의 내용이 소비자의 반응을 보여 줄 것임을 예고하고 있다.

④ ㉣은 '이'라는 지시 표현을 통해 앞서 소개된 신메뉴를 '고객 참여형-맞춤 상품'의 일종으로 연결하여 내용 간의 응집성을 높이고 있다.

⑤ ㉤의 '똑부러지는 선택'이라는 표현은 자기의 취향에 따른 제품 선택이라는 의미를 함축하고 있다. 즉, 소수의 취향도 반영하는 제품들이 많아질 수 있도록, 자신의 취향에 맞는 제품을 선택할 것을 기대함을 뉴스를 시청하는 시청자들에게 전달하고 있다.

45. ⑤
*** 정답 해설**

⑤ (나)는 '합니다', '입니다'로 문장을 종결하는 단정적 어조의 표현을 사용하고 있으며, '자료'는 '마시자'와 같은 청유형 어미를 사용하고 있다. 그러나 (나)와 '자료' 모두 수용자가 이벤트에 참여할 것을 유도하고 있을 뿐, '3M'을 접한 수용자가 대안을 제시하도록 유도하고 있다고 보기는

어렵다.

*** 오답 해설**

① (나)는 '☆☆커피앱' 내 '투표란'로 이동할 수 있는 QR 코드를 삽입함으로써, 인쇄 광고가 한 지면에 반영하기 어려운 정보를 수용자에게 부가적으로 제공하고 있다.

② '자료'는 문자, 시각 이미지, 영상 자료를 활용하여 광고 메시지를 복합 양식으로 구성하고 있다. 특히 영상 자료를 통해 '실제 주문 과정'과 같은 연관된 정보에 수용자가 쉽게 접근할 수 있도록 하고 있다.

③ (나)는 '3M' 이벤트를 통해 고객이 자신의 취향에 맞는 음료를 제조할 때 선택할 수 있는 단계들, 즉 '커피 내리는 방법', '원두 종류' 등의 5단계를 모두 제시하고 있다. 그러나 '자료'의 경우 우유 종류에 관한 선택지만을 수용자에게 보여 주고 있다. 따라서 (나)는 '자료'보다 전달하고자 하는 바를 세부적으로 제시함으로써 수용자의 이해를 돕고 있다고 볼 수 있다.

④ (나)와 '자료'는 모두 '3M'이라는 축약된 단어를 광고의 제목으로 활용하여, 각 매체를 접한 수용자의 주목을 집중시키고 있다.

언어와 매체 모의고사 11회 정답 및 해설

[언어와 매체]

35	③	36	⑤	37	④	38	③	39	④
40	②	41	②	42	③	43	⑤	44	⑤
45	④								

35. ③
*** 정답 해설**

③ 대명사 '나'와 '저'는 지시하는 대상이 같다는 점에서 유의 관계를 이룬다. 이때 '저'는 '나'의 낮춤말로, 화자가 높임의 대상과 대화하는 담화 상황에서 자신을 낮출 때 쓰는 표현이다. 즉, '저'에는 그것이 쓰이는 담화 상황에 따라 부여된 화용적 의미로서 낮춤의 의미가 반영되어 있다고 볼 수 있다.

*** 오답 해설**

① 1문단에 따르면 유의어 간에는 의미와 용법의 차이가 존재한다. 선지에 제시된 '능력'과 '실력'은 유의 관계로 볼 수 있는데, 두 말을 '과시하다'와 어울려 쓸 때 '능력을 과시하다.', '실력을 과시하다.'와 같이 모두 자연스러운 표현을 이룬다. 즉, '과시하다'라는 말과 어울려 쓰는 상황에서는 '능력'과 '실력'의 용법 차이를 확인하기 어렵다.

② '빠르다'와 '재빠르다'는 모두 어떤 대상의 속도를 나타내는 유의어이다. 이때 '빠르다'는 '철수는 빠르다.', '철수가 탄 기차는 빠르다.'와 같이 유정물, 무정물 등을 대상으로 하여 그 상태를 나타낼 수 있다. 반면, '재빠르다'는 '철수는 재빠르다.', '*철수가 탄 기차는 재빠르다.', '*철수의 달리기는 재빠르다.'와 같이 오직 유정물의 상태만을 나타낼 수 있다. 즉, '빠르다'와 '재빠르다'의 의미 차이는 [무정물]이라는 의미 성분의 대조를 통해 드러나며, [유정물]의 여부에 따라 두 유의어의 의미를 구별하기는 어렵다.

④ '입다'와 '신다'는 모두 무언가를 착용한다는 의미를 공유한다는 점에서 유의 관계를 이룬다. 그러나 둘의 차이를 변별하고자 대립 검증의 방법을 적용하기는 어려운데, 이는 '입다'와 '신다' 모두 대립어로 '벗다'를 취하기 때문이다.

⑤ '염화나트륨'과 '소금'은 지시 대상이 동일하다는 점에서 유의 관계를 이룬다. 이때 '염화나트륨'은 과학 분야와 같이 전문적인 영역에서 일상어인 '소금'을 대신해 쓰이는 유의어로 볼 수 있다. 즉, '염화나트륨'이 '소금'을 대신하여 일상적인 상황에 사용되는 것은 아니다.

36. ⑤
*** 정답 해설**

⑤ ⓔ의 '시원하다'와 '상쾌하다'는 모두 불편하지 않은 알맞은 상태를 표현할 때 사용한다는 점에서 유의 관계를 이룬다. 그런데 '시원하다'와 '상쾌하다'는 기온과 어울려 쓰이는 유의어를 배열할 때 그 차이가 드러난다. '시원하다'의 경우 '선선하다-시원하다-서늘하다-싸늘하다-쌀쌀하다-차갑다-춥다'와 같이 온도라는 기준에 따라 계열을 이루지만, 여기에 '상쾌하다'는 포함되기 어렵다. 따라서 '상쾌하다'는 기온이 높고 낮은 정도에 따라 일정한 계열을 이루는 단어라고 볼 수 없다.

*** 오답 해설**

① ⓐ의 '안'과 '속'은 모두 내부를 의미한다는 점에서 유의 관계를 이룬다. 두 단어의 의미를 변별하기 위해서 ㉠으로 대립 검증을 적용하면 '안'의 대립어인 '밖'과 '속'의 대립어인 '겉'을 비교할 수 있다. '밖'과 '겉'을 비교할 때, '밖'은 구분된 영역을 가리키는 데 반해, '겉'은 표면에 드러난 부분을 가리킴을 알 수 있다. 그리하여 '학교'나 '병원'과 같이 내부와 외부를 구분할 수 있는 큰 공간에 대해서는 '겉'보다 '밖'이 자연스럽게 어울린다. 이처럼 대립어 간의 차이를 바탕으로 '안'과 '속' 중 '안'이 '학교, 병원'과 더 잘 어울림을 알 수 있다.

② ⓑ의 '아마'와 '혹시'는 모두 화자의 추측을 나타내는 부사라는 점에서 유의 관계를 형성한다. 그런데 '*혹시 철수는 곧 도착할 거예요.'의 '~ㄹ 거예요'와 같이 미래의 일에 대해 어느 정도의 확신을 드러내는 표현과 '혹시'는 함께 쓰는 것이 자연스럽지 않다. 반면 '아마 철수는 곧 도착할 거예요.'에서 보이듯, '아마'는 확신을 드러내는 표현과 함께 쓰는 것이 자연스럽다. 이를 통해 '아마'는 [+확신]을, '혹시'는 [-확신]을 의미 성분으로 포함함을 알 수 있다.

③ ⓒ의 '많다'와 '수많다'는 모두 어떤 대상의 수량이 일정한 기준을 넘음을 나타낸다는 점에서 서로 유의 관계를 이룬다. 그런데 '많다'가 '사람이 너무 많다.'와 같이 문장의 서술어로 쓰일 수 있는 데 반해, '*사람이 너무 수많다.'와 같이 '수많다'가 문장의 서술어로 쓰인 문장은 비문이 된다. '수많다'는 '수많은 사람'과 같이 언제나 관형사형으로만 쓰인다는 문장 유형의 제약을 포함하므로, '많다'와 '수많다'는 의미 차이보다는 그것이 제약하는 문장 구조에서의 차이를 보인다고 할 수 있다.

④ ⓓ의 '오래되다'와 '케케묵다'는 '관습'과 어울려 쓰일 때는 모두 오래되어 시대에 뒤떨어졌다는 의미를 나타낸다는 점에서 유의 관계를 이룬다. 그런데 대상의 상태를 가치 중립적으로 나타내는 '오래되다'와 달리, '케케묵다'는 대상

의 상태와 함께 그 대상에 대한 화자의 부정적 평가를 나타내는 것처럼 보인다. 이처럼 '케케묵다'는 주체의 평가, 태도, 기분을 반영하므로, '오래되다'와 교체될 때 정서적 의미 차이가 발생할 수 있다.

37. ④
*** 정답 해설**

④ 〈보기〉에 따르면 형용사는 사물의 일정한 속성이나 상태를, 동사는 사물의 작용으로 인한 상태 변화를 나타낸다. '그는 내일 날이 밝는 대로 떠나겠다고 말했다.'에서 '밝다'는 '밤이 지나고 환해지며 새날이 오다.'라는 뜻을 나타내는데, 이때 '밤이 지나고 환해지'는 상태 변화를 가리킨다는 점에서 해당 문장의 '밝다'는 동사임을 알 수 있다. 한편, '새로 산 조명으로 바꾸었더니 방안이 전보다 밝다.'의 '밝다'는 상태 변화를 전제하지 않고 '방안이 밝'은 상태 자체를 나타내므로 형용사임을 알 수 있다.

*** 오답 해설**

① '빵이 딱딱하게 굳어 먹을 수가 없다.'의 '굳다'는 '무른 물질이 단단하게 되다.'의 뜻을 나타내는데, 이때 '무른 물질이 단단하게 되'는 상태 변화를 가리킨다는 점에서 해당 문장의 '굳다'는 동사임을 알 수 있다. 또한, '한번 습관이 굳어 버리면 고치기 어렵다.'의 '굳다'는 '몸에 배어 버릇이 되다.'의 뜻을 나타내는데, 이때 어떠한 습관이나 행동 따위가 '몸에 배'는 상태 변화를 가리킨다는 점에서 해당 문장의 '굳다' 역시 동사임을 알 수 있다.

② '그녀는 제 나이보다 훨씬 젊어 보였다.'의 '젊다'는 '보기에 나이가 제 나이보다 적은 듯하다.'의 뜻을 나타내는데, 이때 '제 나이보다 적은 듯'한 상태를 가리킨다는 점에서 해당 문장의 '젊다'는 형용사임을 알 수 있다. 또한, '시청 광장에는 젊은 사람들이 모여 있었다.'의 '젊다'는 '나이가 한창 때에 있다.'의 뜻을 나타내는데, 이때 '나이가 한창 때에 있'는 상태를 가리킨다는 점에서 해당 문장의 '젊다' 역시 형용사임을 알 수 있다.

③ '그는 늙으신 부모님을 모시고 살고 있다.'의 '늙다'는 '사람이나 동물, 식물 따위가 나이를 많이 먹다. 사람의 경우에는 흔히 중년이 지난 상태가 됨을 이른다.'의 뜻을 나타내는데, 이때 '나이를 많이 먹'어 '중년이 지난 상태'가 되는 상태 변화를 가리킨다는 점에서 해당 문장의 '늙다'는 동사임을 알 수 있다. 또한, '그 사건의 충격으로 그는 폭삭 늙어 버렸다.'에서 '늙다'는 '제 나이보다 더 들어 보이다.'의 뜻을 나타내는데, 이때 어떠한 일로 사람의 겉모습 따위가 '제 나이보다 더 들어 보이'는 상태 변화를 가리킨다는 점에서 해당 문장의 '늙다' 역시 동사임을 알 수 있다.

⑤ '아버지는 시골에서 커서 꽃 이름을 많이 안다.'의 '크다'는 '사람이 자라서 어른이 되다.'의 뜻을 나타내는데, 이때 '사람이 자라서 어른이 되'는 상태 변화를 가리킨다는 점에서 해당 문장의 '크다'는 동사임을 알 수 있다. 또한, '팽나무가 다 크면 키가 약 20미터에 이른다고 한다.'의 '크다'는 '동식물이 몸의 길이가 자라다.'의 뜻을 나타내는데, 이때 '크다'도 '몸의 길이가 자라'는 상태 변화를 가리킨다는 점에서 역시 동사임을 알 수 있다.

38. ③
*** 정답 해설**

③ '먹였다'는 '먹이었다'의 준말로, 어근 '먹-'에 사동 접사 '-이-'가 결합한 파생어이다. 이때 '먹다'라는 주동사가 사동 접사와 결합하여 '먹이다'라는 사동사로 문법적인 변화를 이뤘으므로, '먹였다'는 ㉠에 해당한다고 볼 수 있다.

*** 오답 해설**

① '낚시꾼'은 명사 어근 '낚시'에 접미사 '-꾼'이 결합한 파생어이다. 이때 '-꾼'은 '어떤 일을 전문적으로 하는 사람' 또는 '어떤 일을 잘하는 사람'의 뜻을 더하는 접사로, 어근에 결합하여 의미를 제한한다. 또한 '낚시'와 '낚시꾼'은 모두 명사이므로, 문법적인 변화가 일어나지 않음을 알 수 있다.

② '밀리다'은 '어떤 이유로 뒤처지게 되다.'라는 의미의 동사로 사동사나 피동사가 아니다. 기본형이 '밀리다'로, 접사가 결합된 것이 아니다. 참고로 피동사 '밀리다'는 '반대쪽으로 힘이 가해지다.'라는 의미로, 동사 '밀리다'와 의미 차이가 확연하게 있다.

④ '치솟다'는 동사 어근 '솟-'에 접두사 '치-'가 결합한 파생어이다. 이때 '치-'는 '위로 향하게', 또는 '위로 올려'의 뜻을 더하는 접사로, 어근에 결합하여 의미를 제한하고 있다. 또한 '솟다'와 '치솟다'는 모두 동사에 해당하므로, 문법적인 변화가 일어나지 않음을 알 수 있다.

⑤ '질리다'는 '몹시 놀라거나 무서워 얼굴빛이 변하다.'라는 의미의 동사로 기본형이 '질리다'이다. 따라서 접사가 결합된 것이 아니다.

39. ④
*** 정답 해설**

④ ㉣의 '내'는 '나+ㅣ'로 분석할 수 있는데, 이때 '내'는 현대어 풀이 '내 아들이'에 대응해 볼 때 후행 체언 '아들'을 꾸미는 관형어임을 알 수 있다. 즉 ㉣의 'ㅣ'는 모음으로 끝난 체언 뒤에 주격 조사 'ㅣ'가 결합한 것이 아니라, 체언 '나' 뒤에서 관형격 조사의 특수한 형태인 'ㅣ'가 결합한 것이다.

*** 오답 해설**

① ㉠의 '이르ᅌᅡ보리이다'는 '일-+-ᄋ-+-ᅌᅡ-+-오-+-리-+-이-+-다'로 분석할 수 있는데, 이때 '-이-'는 청자를 높이는 상대 높임 선어말 어미에 해당한다.

② ㉡의 '나랏'은 '나라+ㅅ'으로 분석할 수 있는데, 이때 '나랏'은 현대어 풀이 '나라의'에 대응해 볼 때 후행하는 무정물 체언 '말씀'을 꾸며 주는 관형어에 해당한다. 즉 'ㅅ'은

체언에 결합하여 관형어의 자격을 부여하는 관형격 조사임을 알 수 있다. 참고로, 중세 국어의 관형격 조사는 유정 명사와 결합하는 경우, 평칭의 유정 명사 뒤에서는 '-익/의'의 형태로, 존칭의 유정 명사 뒤에서는 'ㅅ'의 형태로 실현되었다. 그리고 무정 명사와 결합하는 경우, 존칭의 유정 명사 뒤에서와 마찬가지로 'ㅅ'의 형태로 실현되었다.

③ ㉢의 '듕귁에'는 '듕귁 + 에'로 분석할 수 있는데, 이때 '듕귁에'가 현대어 풀이 '중국과'에 대응함을 확인할 수 있다. 이때 '중국과 달라'에서 '과'는 다른 것과 비교하거나 기준으로 삼는 대상임을 나타내는 부사격 조사이므로, ㉢의 '에' 역시 '나랏 말씀'이 '듕귁'과 다르다는 비교의 의미를 나타내는 부사격 조사임을 알 수 있다.

⑤ ㉤의 '일케'는 '잃- + -게'로 분석할 수 있다. 이때 용언 어간 '잃-'에 어미 '-게'가 결합한 형태를 밝혀 '잃게'로 표기하지 않고, 용언 어간의 종성 'ㅎ'과 후행하는 어미의 초성 'ㄱ'이 축약하여 발음되는 '일케'로 표기하고 있다. 따라서 어간에 어미가 결합할 때 형태를 밝혀 적지 않고 소리 나는 대로 표기하고 있다는 선지의 내용은 적절하다.

40. ②
*** 정답 해설**
② '관련 기사(제목을 눌러 바로 가기)'를 통해 기사 내용과 관련된 다른 기사를 제공하고 있다. 이를 통해 특정 분야에 관련된 다각적인 정보를 획득할 수 있으므로 선지의 내용은 적절하다.

*** 오답 해설**
① 2022.12.19. 07:02:01 최초 작성 / 2022.12.20. 08:11:22 수정'과 같이 최초 작성 시각과 수정 시각을 명시하고 있다. 그러나 이를 통해 정보의 신뢰도를 검증할 수 있다고 보기는 어렵다.

③ '기사 내용을 자동으로 분석하여 관련 광고가 노출됩니다. 관련 없는 광고가 노출되었을 때는 여기를 눌러 신고할 수 있습니다.'를 통해 기사 내용과 관련이 없는 광고가 노출될 경우 수용자가 이를 신고할 수 있음을 알 수 있다. 그러나 이를 통해 수용자가 광고 분야를 직접 선택할 수 있다고 보기는 어렵다.

④ 기사에서는 문자와 이미지를 복합적으로 활용하고 있다. 그러나 수용자가 기사의 양식을 선호에 따라 고를 수 있다고 보기는 어렵다.

⑤ 댓글난에서는 '최신순✔ | 오래된순'과 같이 기사 댓글을 정렬하는 방법을 구분하고 있다. 그러나 이는 댓글의 작성 시각에만 관련된 것일 뿐, 댓글 내용에 대한 호감도 등을 기준으로 삼고 있는 것이 아니다. 따라서 이를 통해 기사에 관한 지배적 의견을 확인할 수 있다고 보기는 어렵다.

41. ②
*** 정답 해설**
② [A]의 왼쪽에 제시된 이미지는 도서 정가제 개정안이 시행된 후 대형 서점이 할인 행사를 시작하는 상황을 이미지로 나타낸 것이다. 그런데 [A]에서 웹 기반 콘텐츠의 성장에 대한 이미지 자료는 제시되고 있지 않다.

*** 오답 해설**
① "도서 정가제 시행 전과 마찬가지로 대형 서점이 출판 시장을 독과점하는 상황이 되면, 독립 서점들이 제공하는 다양한 종류의 책들은 시장에서 자취를 감추게 된다. 이른바 '책들의 죽음'이 초래되는 것이다."에서 사용된 '책들의 죽음'이라는 비유적 표현은 도서 정가제 개정안에 대한 비판적 견해를 부각하려는 의도가 담긴 것으로 볼 수 있다.

③ 도서 정가제 개정안의 실행으로 책들의 죽음이 초래될 것이라고 말하면서 개정안에 대한 비판적 관점을 보이고 있으며, 이러한 관점이 위태롭게 흔들리는 책들의 이미지를 통해 전달되고 있다고 볼 수 있다.

④ [A]의 오른쪽에 제시된 이미지 자료는 도서 정가제 개정안이 실시되기 전에 독립 서점의 수가 증가하던 추세를 나타낸 것이다. 기사에서는 이번 도서 정가제 개정안을 실시하게 되면, 대형 서점이 출판 시장을 독과점했던 도서 정가제 시행 전으로 돌아가는 꼴이 될 것이라고 비판하고 있다. 따라서 해당 이미지에서 사용된 화살표는 도서 정가제 개정안 전에 유지되었던 긍정적 상황을 강조하기 위한 것으로 볼 수 있다.

⑤ '이○○ 정책연구가는 "서점과 소비자가 '윈윈'하는 도서 정가제를 위해 불필요한 논쟁은 줄이고 현행 도서 정가제의 원활한 시행에 주목할 필요가 있다"라고 말했다.'에서 전문가의 말을 인용하고 있음을 알 수 있다. 기사에서는 도서 정가제 개정안의 실시가 도서 정가제의 이점을 없애는 결과를 초래할 것이라며 비판하고 있다. 전문가의 말은 해당 견해를 지지하는 내용에 해당하며, 표현의 의도를 살폈을 때 기사 작성자의 시선이 드러난다고 볼 수 있다.

42. ③
*** 정답 해설**
③ 장면 스케치 #3에서는 문화체육관광부가 발표한 도서 정가제 개정안의 내용을 항목화하여 제시하고 있다. 그러나 이를 개정안이 발표되기 전 도서 정가제의 내용과 비교하여 제시하고 있지는 않다.

*** 오답 해설**
① 장면 스케치 #1에 제시된 제목은 "도서 정가제 개정, '책들의 죽음' 예고"라는 기사의 제목을 활용한 것이며, 제목의 내용을 시각화한 이미지 아래에 영상의 제목을 나타내고 있다.

② 장면 스케치 #2는 도서 정가제의 내용('10% 이상 할인 ✕')과 그로 인해 기대되는 효과('건전한 거래 질서 확립

○')를 한 화면에 제시하고 있으며, 둘의 인과 관계를 화살표를 통해 나타내고 있다.

④ 장면 스케치 #4는 도서 정가제 개정안이 실시되기 전에 독립 서점이 잘 운영되던 상황과 도서 정가제 개정안 실시로 독립 서점이 폐점한 상황을 이미지를 통해 시각적으로, 배경 음악을 통해 청각적으로 대비하여 나타내고 있다.

⑤ 장면 스케치 #5는 기사의 댓글 중 작성자 '조아책'의 '웹툰이나 웹 소설은~이상한데요?'라는 견해를 활용하여 도서 정가제 개정안에 대한 긍정적인 견해도 존재함을 제시하고 있으므로 적절하다. 참고로, '조아책'의 견해는 '웹 소설과 같은 웹 기반 콘텐츠를 도서 정가제 대상에서 제외하는 내용을 포함'한 도서 정가제 개정안에 대한 우려와 반대되는 의견에 해당하므로, 도서 정가제 개정안에 대한 긍정적 견해라 볼 수 있다.

43. ⑤
*** 정답 해설**

⑤ 진행자는 "네, 말씀을 듣고 보니 학생과 교사 그리고 여러 교육 관계자 모두가 만족할 수 있는 교육이 이루어질 때 진정한 한국 교육의 발전이 이루어질 수 있다는 생각이 드네요."라고 말하면서 방송을 마무리하고 있다. 여기에 방송을 진행하며 느낀 진행자의 소감은 드러나 있지만, 방송 내용의 요약이 드러나 있다고 보기는 어렵다.

*** 오답 해설**

① 진행자는 □□ 신문 기사의 내용은 비교적 자세히 다루는 반면, "방송 시간이 충분하지 않으니 △△ 신문은 간단히 보겠습니다."라고 말하면서 △△ 신문 기사는 간단히 언급하고 있다. 이는 진행자가 제한적인 방송 시간을 효율적으로 활용하고 있음을 보여 준다.

② "최근 온라인 수업을 실시하는 학교가 많아지고 있습니다."에서 방송에서 다루는 주제가 시의성을 가진 최근의 사안임을 알 수 있다. 또한, 두 개의 신문 기사와 한 개의 인터뷰 영상을 통해 학생, 교사의 관점에서 사안에 대한 다각적인 정보를 전달하고 있다.

③ 진행자는 "□□ 신문에서는 학생들 간의 학력 격차도 심각한 문제로 지적하고 있는데, 실제로도 그런가요?", "여기선 온라인 수업 확대보다는 플랫폼 개선이 시급하다고 말하네요." 등과 같이 □□ 신문 기사와 △△ 신문 기사의 내용 중 일부를 선별하여 방송에서 언급하고 있다. 이때 언급된 내용들은 모두 온라인 수업 확대에 대한 비판적 입장에 해당한다.

④ 진행자는 "왜 이렇게 저조할까요?", "□□ 신문에서는 학생들 간의 학력 격차도 심각한 문제로 지적하고 있는데, 실제로도 그런가요?"라고 질문을 던지며 □□ 신문 기사에서 제시한 문제 상황에 대해 전문가에게 구체적으로 설명해 줄 것을 요구하고 있다.

44. ⑤
*** 정답 해설**

⑤ ⑩에서 전문가는 간접 인용 부사격 조사 '고'를 활용하고 있다. 그런데 "앞으로는 이를 보완하여 학생들의 학습 능력에 따라 개별적이면서도 능동적인 학습이 이루어질 수 있도록 하는 것이 필요하다"라는 것은 전문가 본인의 생각이므로, 타인의 말을 간접적으로 인용한 것은 아니다.

*** 오답 해설**

① ㉠에서는 '-고 있-'이라는 연결 어미와 보조 용언을 활용하여 온라인 수업을 진행하는 학교가 증가하는 현상이 현재 진행 중인 사건임을 알리고 있다.

② ㉡에서는 '-시-'라는 선어말 어미를 활용하여 '보다'라는 행위의 주체인 시청자를 높이고 있다.

③ ㉢에서는 '-는데'라는 연결 어미를 활용하여, 학생들을 대상으로 온라인 수업 만족도 조사를 실시한 것과 '만족한다'고 답한 학생이 절반도 되지 않는 조사 결과가 서로 연관된 사건임을 밝히고 있다.

④ ㉣에서는 '따라서'라는 접속 부사를 활용하여 앞 문장의 내용인 학교 현장의 변화가 ㉣의 내용인 다양한 교수·학습 방식 개발이 필요한 원인임을 밝히고 있다.

45. ④
*** 정답 해설**

④ 시청자 3은 □□ 신문 기사의 내용을 바탕으로, 온라인 수업에 대한 학생들의 불만족도가 높다는 설문 조사 내용과 관련하여 실제로 학생들이 그렇게 생각하는지 궁금증을 드러내고 있다. 한편, 시청자 4는 □□ 신문 기사에서 온라인 수업으로 인해 학력 격차가 심화하고 있다는 문제를 지적한 것과 관련하여, 자신이 다니는 학교의 선생님들도 그렇게 생각하는지 궁금하다고 언급하고 있다. 따라서 학생 3과 4가 □□ 신문 기사 내용과 관련하여, 온라인 수업을 경험한 대상인 학생들과 선생님들의 실제 반응에 대한 궁금증을 표하고 있는 것을 알 수 있다.

*** 오답 해설**

① 시청자 1은 방송이 교사, 학부모의 의견을 중점적으로 다루면서 학생의 의견은 별로 언급하지 않았음을 비판하고 있다. ○○ TV 인터뷰의 내용은 교사의 의견을 담고 있으므로 시청자 1이 비판하는 대상으로 적절하다. 그러나 시청자 2는 방송 내용이 자신에게 유용했다고 말하며 긍정적으로 평가하고 있을 뿐, 온라인 수업 확대에 대한 의견을 공평하게 다뤘는지 점검하고 있지 않다.

② 시청자 1은 방송이 학생의 의견은 별로 언급하지 않았음을 비판하고 있다. 이는 방송에서 언급하는 정보의 양이 충분하지 않음을 비판한 것으로 볼 수 있다. 그러나 시청자 4는 학력 격차에 대한 자신의 학교 선생님들의 실제 반응을 궁금해 하고 있을 뿐, 방송에서 제공하는 정보의 양이 충분한지 점검하고 있지 않다.

③ 시청자 2는 방송 내용이 '한국형 온라인 수업 플랫폼을 기다리던' 자신에게 유용했다고 평가하고 있으므로, '외국에서 만든 온라인 수업 플랫폼'을 '국내 교육 현장에서 그대로 활용'함에 따라 여러 문제를 겪고 있는 사람들에게 해당 플랫폼이 유용할 수 있음을 점검하였다고 볼 수 있다. 그러나 시청자 5는 자신이 '온라인 수업이 확대되어야 한다는 의견에 동의'해 왔으나, '그러한 주장의 근거는 잘 몰랐'는데, 방송을 통해 도움을 얻었다고 말하고 있다. 즉, 시청자 5가 한국형 온라인 수업 플랫폼이 어떤 사람에게 유용할지 평가하고 있다고 보기는 어렵다.

⑤ 시청자 3은 온라인 수업에 대한 학생의 불만족도를 보여 주는 자료에 의문을 제기하고 있다. 따라서 이는 온라인 수업 확대를 지지하는 견해의 근거가 타당한지 점검한 것이라고 볼 수 없다. 시청자 5 역시 온라인 수업 확대를 지지하는 견해의 근거가 타당한지 점검하고 있다고 보기 어렵다.

[언어와 매체]

35	②	36	③	37	⑤	38	②	39	⑤
40	④	41	②	42	③	43	⑤	44	①
45	⑤								

35. ②
*** 정답 해설**
② 'ㅂ'은 안울림 예사소리이고 'ㄴ'은 비음, 'ㅉ'은 된소리이다. 세 소리의 음운론적 강도는 1문단을 통해 확인할 수 있는데, 음운론적 강도가 가장 낮은 것은 비음 'ㄴ'이고 그 다음은 안울림 예사소리 'ㅂ', 음운론적 강도가 가장 높은 것은 된소리 'ㅉ'이다. 이를 음운론적 강도와 반비례 관계인 울림도에 적용하면, 울림도가 가장 큰 소리는 비음 'ㄴ'이고 그 다음은 안울림 예사소리 'ㅂ', 울림도가 가장 작은 것은 된소리 'ㅉ'이다. 이를 바탕으로 선지의 진술을 판단해 보면, 'ㅂ'은 'ㄴ'보다 음운론적 강도가 높은 음운이며, 'ㅉ'보다 울림도가 높은 음운이므로 선지의 내용은 적절하지 않다.

*** 오답 해설**
① '곰'이라는 음절은 자음 'ㄱ', 'ㅁ'과 모음 'ㅗ'로 이루어진다. 1문단에 따르면 모음 'ㅗ'는 음절의 중심으로서, 음절을 이루는 데 반드시 필요한 음운이다.
③ '값'은 모음 'ㅏ'가 중심이 되는 한 음절이다. 그리고 종성 위치에 'ㅂ'과 'ㅅ'의 두 개의 자음이 오고 있는데, 1문단에 따르면 이는 종성에 둘 이상의 자음이 올 수 없다는 음절 구조 제약을 위배하므로, 'ㅂ'과 'ㅅ' 중 하나가 탈락해야만 한다. 이를 볼 때, '값'이라는 음절 하나로는 자음 둘이 연달아 발음될 수 있는 조건을 만족하지 못한다. 1문단에 따르면 우리말에서 둘 이상의 자음이 이어서 발음되려면 앞 음절 종성과 뒤 음절 초성이 이어져야만 한다.
④ '몫도'의 앞 음절 '몫'을 보면, 종성 위치에 자음 'ㄱ', 'ㅅ'이 오고 있다. 1문단에 따르면, 이는 음절의 초성이나 종성 위치에 자음이 둘 이상 위치할 수 없다는 '음절 구조 제약'을 위배한 것이다. 따라서 제약을 위배하는 상황을 해소하기 위해 '몫'은 종성에서 'ㅅ'이 탈락하여 [목]으로 발음된다. 한편, 음절 경계에서는 '몫[목]'의 종성 'ㄱ'과 '도'의 초성 'ㄷ'이 연결되고 있는데, 이때 'ㄱ'과 'ㄷ'은 모두 안울림 예사소리로, 음운론적 강도가 동일하다. 따라서 '몫도'에서는 음절 연결 제약의 위배가 나타나지 않는다.
⑤ '강물'의 음절 간 경계에서는 자음 'ㅇ'과 'ㅁ'이 연결되는데, 두 음운 모두 비음이므로 음운론적 강도가 동일하다.

한편, '빈손'의 음절 간 경계에서는 자음 'ㄴ'과 'ㅅ'이 연결되는데, 'ㄴ'은 비음이고 'ㅅ'은 안울림 예사소리이므로, 뒤 음절 초성의 음운론적 강도가 더 높다. 1문단 마지막 문장에 따르면, 이처럼 앞 음절 종성보다 뒤 음절 초성의 음운론적 강도가 더 높은 것은 음절 초성의 강도를 높게 유지하여 음절 간 경계를 명확히 하려는 언중의 무의식적 노력에 따른 것이다. 즉, 이를 참고할 때 언중들은 앞 음절 종성과 뒤 음절 초성의 음운론적 강도가 같은 '강물'보다는 뒤 음절 초성의 음운론적 강도가 더 높은 '빈손'의 음절 간 경계가 더 명확하다고 여길 것이다.

36. ③
*** 정답 해설**
③ ⓒ의 '달님'은 앞 음절 종성에 유음 'ㄹ'이 오고 뒤 음절 초성에 비음 'ㄴ'이 오고 있으므로, 앞 음절 종성이 뒤 음절 초성보다 강도가 낮은 음절 연결 제약을 만족하고 있다. 따라서 음절 연결 제약의 위배를 해소하기 위한 음운 변동은 '달님'에서는 나타날 수 없다. 그러나 [A]에서 음절 연결 제약의 예외로 'ㄹ' 뒤에 'ㄴ'이 올 때 'ㄴ'이 'ㄹ'로 교체되거나 선행하는 'ㄹ'이 탈락하는 음운 연결 제약의 예가 제시되는데, '달님[달림]'은 이 음운 연결 제약의 예로 볼 수 있다. 즉, '달님'은 음절 연결 제약을 위배하지 않지만, 음운 연결 제약이 작용함에 따라 [달림]으로 실현되고 있으므로, 제시된 선지의 설명은 적절하다.

*** 오답 해설**
① ⓐ의 '섭리'는 앞 음절 종성에 안울림 예사소리 'ㅂ'이 오고 뒤 음절 초성에 유음 'ㄹ'이 와서 앞 음절 종성의 강도가 더 높은 음운 환경을 이룬다. 이때 앞 음절 종성 'ㅂ'의 강도가 낮아져서 'ㅁ'이 되는 음운 변동과 뒤 음절 초성 'ㄹ'의 강도가 높아져서 'ㄴ'이 되는 음운 변동이 일어나야만 '섭리'가 [섬니]로 실현될 수 있다. 즉, [A]의 설명에 따르면 '섭리 → [섬니]'는 첫째 유형과 둘째 유형의 음운 변동이 모두 일어난 셋째 유형에 해당한다. 그런데 ⓑ의 음운 변동은 앞 음절 종성 'ㄴ'의 강도가 낮아져 'ㄹ'이 되는 음운 변동으로서 첫째 유형에 해당하고, ⓔ의 음운 변동은 앞 음절 종성 'ㅂ'의 강도가 낮아져 'ㅁ'이 되는 음운 변동으로서 마찬가지로 첫째 유형에 해당한다. 따라서, ⓐ의 음운 변동은 ⓑ와 ⓔ 유형의 음운 변동이 일어난 것만으로는 설명할 수 없다.
② ⓑ의 '권력'은 앞 음절 종성 'ㄴ'이 강도가 더 낮은 'ㄹ'로 교체됨에 따라 [궐력]으로 실현되고 있다. 이를 볼 때 ⓑ의 '권력'에서 뒤 음절 초성 'ㄹ'의 강도는 변하지 않고 있다.

④ ⓓ의 '생산량'은 앞 음절 종성에 비음 'ㄴ'이 오고 뒤 음절 초성에 유음 'ㄹ'이 옴에 따라 앞 음절 종성의 강도가 뒤 음절 초성의 강도보다 더 높은 경우이므로, 음절 연결 제약을 위배한다.

⑤ '톱날'이 [톰날]로 실현되는 것을 보면, 앞 음절 종성 'ㅂ'이 'ㅁ'으로 교체되어 음운론적 강도가 낮아지고 있다. 그리고 앞 음절 종성과 뒤 음절 초성에 모두 비음이 오면서 두 소리의 음운론적 강도가 같아지고 있다.

37. ⑤
*** 정답 해설**

⑤ 〈보기 1〉에 따르면, '-아/어지다'가 타동사 어근에 결합하면 피동의 의미를, 형용사나 자동사에 결합하면 상태 변화의 의미를 나타낸다. ⓜ에서 '그리다'는 항상 목적어를 요구하는 타동사로, 타동사의 어근에 '-아/어지다'가 결합하여 피동의 의미를 나타내고 있다. 참고로, 형용사 어근에 '-어지다'가 결합하여 상태 변화를 나타내는 경우로 '학교가 달라지니 친구하고도 멀어지는구나.' 등의 예문을 들 수 있다.

*** 오답 해설**

① 〈보기 1〉에 따르면 중세 국어에서는 피동 요소가 결합하지 않고 타동사가 바로 피동의 의미를 나타내기도 한다. ㉠에서 '박거늘'의 '박다'는 목적어를 요구하는 타동사이다. 그런데 이때 ㉠ '뫼해 살이 박거늘'에서는 타동사가 목적어를 요구하지 않는 자동사로 쓰이고 있으며, 현대어 풀이 '화살이 박히거늘'을 보면 피동의 의미를 나타냄을 알 수 있다.

② 〈보기 1〉에 따르면 피동 표현은 타동사 어근에 피동 접사가 결합한 파생적 피동이나 '-아/어지다'가 결합한 통사적 피동으로 나뉜다. ㉡에서 '둪다'는 '덮다'의 옛말이다. '두피고'의 현대어 풀이는 '덮이고'인데, 이때 '덮다'는 목적어를 요구하는 타동사이다. 이를 통해 '두피고'의 '둪-'도 목적어를 요구하는 타동사에 해당함을 추론할 수 있다. 즉, ㉡에서 '두피고'는 타동사 어근 '둪-'에 피동 접사 '-이-'가 결합한 파생적 피동 표현에 해당함을 알 수 있다.

③ 〈보기 1〉에 따르면 피동문은 목적어가 없는 문장이지만, 특수하게 목적어를 요구하는 문장도 있다. ㉢에서 '앗이리니'의 현대어 풀이는 '빼앗길 것이니'인데, 이때 '빼앗다'는 목적어를 요구하는 타동사이다. 일반적으로 타동사에 피동 접사가 결합하면 목적어를 요구하지 않는 자동사가 되는데, '빼앗다'에 피동 접사가 결합한 '빼앗기다'는 특수한 경우로 항상 목적어를 요구한다. ㉢에서도 타동사 어간 '앗-'에 피동 접사 '-이-'가 결합한 '앗이리니'는 '나라ᄒᆞᆯ'과 같은 목적어를 필수적으로 요구하고 있다.

④ ㉣에서 '읽히다'는 어근 '읽-'에 피동 접사 '-히-'가 결합한 것으로, '읽다'가 목적어를 요구하던 것과 달리 '읽히다'는 목적어를 요구하지 않는 자동사이다. ㉣에도 목적어가 제시되어 있지 않으므로, '읽히다'는 어근에 피동 접사가 결합하여 목적어가 없는 자동사가 된 것임을 알 수 있다.

38. ②
*** 정답 해설**

② 〈보기〉에 따르면 과거 시제를 나타내기 위해 관형사형 전성 어미를 활용할 수 있다. '높은 목표를 세워야 성장할 수 있다.' 중 '높은'에 관형사형 전성 어미 '-(으)ㄴ', '성장할'에 관형사형 전성 어미 '-(으)ㄹ'이 쓰였는데, 두 관형사형 전성 어미는 각각 '목표'의 현재 상태와 미래의 가능성을 나타내며 과거 시제가 아니다.

*** 오답 해설**

① '가더라'에는 선어말 어미 '-더-'가 쓰여 화자가 과거에 경험한 사실을 나타냄으로써 과거 시제가 실현되고 있다.

③ '잠겼다'에는 선어말 어미 '-었-'이 쓰였는데, 이를 통해 과거 목이 잠긴 상태가 현재까지 이어지고 있음을 나타내고 있다.

④ '갔다'에는 선어말 어미 '-았-'이 쓰였는데, 이때 '-았-'은 문맥상 '비가 계속 내'리기 때문에 오늘 예정된 소풍이 제대로 진행되지 않을 것이라는 인식을 나타낸다. 즉, 과거 시제 선어말 어미 '-았/었-'이 과거가 아니라, 어떠한 일이 미래에 실현되리라는 인식을 나타낸다고 볼 수 있다.

⑤ '피었었다'에는 선어말 어미 '-었었-'이 쓰였다. 여기 울타리에 장미꽃이 피는 사태가 작년까지는 이어졌으나, 현재인 올해에는 이어지지 못하였음을 나타내기 위해 '-었었-'이 활용된 것으로 볼 수 있다.

39. ⑤
*** 정답 해설**

⑤ ㉤은 '내 말을 듣기'라는 명사절이 안긴문장으로 포함되어 있다. 이는 '내 말을 듣다.'라는 문장에 명사형 어미 '-기'가 결합하여 명사절을 형성한 것이다. 이때 '내 말을 듣기(가) 싫거든'에서 알 수 있듯이, 명사절이 주격 조사와 결합하지 않고 문장에서 주어 역할로 기능함을 알 수 있다. 따라서 ㉤의 안긴문장이 조사와 결합하지 않은 것은 적절하나, 부속 성분이 아닌 주성분으로 쓰였으므로 선지의 내용은 적절하지 않다.

*** 오답 해설**

① ㉠은 '어제 산'이 후행하는 명사 '꽃'을 수식하고 있으므로, 관형절임을 알 수 있다. 이는 '어제 (꽃을) 사다.'라는 문장에 관형사형 전성 어미 '-ㄴ'이 결합하여 관형절을 형성한 것이다.

② ㉡은 '그 일을 다 끝내라'라는 인용절이 안긴문장으로 포함되어 있다. 이는 '그 일을 다 끝내다.'라는 문장에 간접 인용을 나타내는 조사 '고'가 결합하여 인용절을 형성한 것이다.

③ ㉢은 '그녀가 그 사건의 진짜 범인임'이라는 명사절이 안긴문장으로 포함되어 있다. 이는 '그녀가 그 사건의 진짜 범인이다.'라는 문장에 명사형 전성 어미 '-(으)ㅁ'이 결합하여 명사절을 형성한 것이다. 한편, '그녀가 그 사건의 진

짜 범인임이 밝혀졌다.'에서 명사절이 주격 조사 '이'와 결합하여 문장에서 주어로 기능하고 있음을 알 수 있다.
④ ㄹ은 '발에 땀이 나도록'이라는 부사절이 안긴문장으로 포함되어 있다. 이는 '발에 땀이 나다.'라는 문장에 부사형 전성 어미 '-도록'이 결합하여 부사절을 형성한 것이다. 이때 부사절 '발에 땀이 나도록'은 문장에서 부사어로 기능하므로 부속 성분으로 쓰였음을 알 수 있다. 또한 안긴문장이 조사와 결합하고 있지 않으므로, 선지의 내용은 적절하다.

40. ④
＊ 정답 해설
④ ⓓ에서는 '당류의 과잉 섭취는 혈관성 치매, 후천성 당뇨병, 암의 위험 증가의 원인이 될 수 있습니다.'라는 자막을 활용하고 있다. 이를 통해 전문가의 발화를 요약하고 있을 뿐, 전문가의 발화 내용과 관련한 정보들을 새로 추가하여 인과 관계를 드러내고 있지는 않으므로 선지의 내용은 적절하지 않다.

＊ 오답 해설
① ⓐ의 하단에서는 '[생활 정보 콕콕!]이 끝나면 날씨 예보가 이어집니다.'라는 자막을 통해 이후의 방송 순서를 안내하고 있다. 이는 이후 방송에 대한 시청자의 관심을 유도하기 위한 것으로 볼 수 있다.
② ⓑ에서는 기자가 언급하지 않은 정보인 19~29세의 일일 칼로리 대비 평균 당류 섭취량을 제시하고 있다. 이는 기자의 발화에서 언급되지 않은 정보까지 제시하여 정보를 보다 구체적으로 나타낸 것으로 볼 수 있다.
③ ⓒ에서는 기자가 '탄산음료와 빙과류'라고만 발화한 것을 보완하여 탄산음료와 빙과류에 속하는 구체적인 음식을 이미지 자료로 제시하고 있다. 이는 해당 내용에 대한 시청자의 이해를 도울 수 있을 것이다.
⑤ ⓔ에서는 물을 나타낸 그림 위에 기호 'O'를, 탄산음료를 나타낸 그림 위에 기호 'X'를 겹치는 방식을 활용하였다. 이를 통해 탄산음료를 대신해 시원한 물을 선택하여 수분을 보충해야 한다는 권고 사항을 제시하고 있다.

41. ②
＊ 정답 해설
② ㄴ의 '는'은 어떤 대상이 다른 것과 대조됨을 나타내는 보조사이다. ㄴ에서 기자는 국민 전체의 일일 칼로리 대비 평균 당류 섭취량은 세계보건기구의 하루 권고 기준량에 미치지 못하지만, 유아와 청소년에서는 이 기준을 초과한다고 설명하고 있다. 여기서 '는'은 유아와 청소년의 당류 섭취량 수준이 국민 전체의 당류 섭취량 수준과 대비됨을 강조하기 위해 쓰인 것으로 볼 수 있다.

＊ 오답 해설
① ㄱ의 '-ㄴ다면서'는 연결 어미가 아니라 들어서 아는 사실을 확인하여 물을 때 쓰는 종결 어미이다. 또한 ㄱ에서

어떤 두 가지 행동이 동시에 일어나고 있음을 드러내고 있지는 않다.
③ ㄷ의 '특히'는 '보통과 다르게'라는 의미의 부사이다. ㄷ에서는 다른 계절에 비해 여름철에 탄산음료와 빙과류의 섭취량이 증가한다는 점을 강조하기 위해 '특히'라는 부사를 사용하고 있다. ㄷ에서는 오히려 여름철에 발생하는 식생활의 변화가 보편적임을 전제하고 있다.
④ ㄹ의 '-ㄹ까'는 질문을 위한 종결 어미이다. 그런데 기자는 ㄹ에서 당류를 과잉 섭취하지 않을 수 있는 방안에 대해 설명할 것임을 알리기 위해 질문의 형식을 사용하고 있을 뿐, 당류 섭취를 줄여야 하는 이유에 대한 시청자의 이해를 점검하고 있는 것은 아니다.
⑤ ㅁ의 '수'는 어떤 일을 할 만한 능력이나 어떤 일이 일어날 가능성을 나타내는 의존 명사이다. 그런데 기자는 ㅁ에서 당류 섭취량의 감소를 위해 제철 과일을 섭취해야 한다고 말하고 있을 뿐, 당류 섭취량의 감소로 인한 효과를 예측하고 있지는 않다.

42. ③
＊ 정답 해설
③ (가)에서는 "다음으로 여름철에는 빙과류보다는 비타민과 무기질이 풍부한 제철 과일을 섭취할 수 있어야 합니다."라고 설명하고 있다. 학생 3은 이에 주목하여 보도에서 언급하지 않은 내용에 대한 궁금증을 드러내고 있다. 그러나 학생 3이 보도 내용의 타당성에 대해 부정적으로 평가하고 있는 것은 아니다.

＊ 오답 해설
① (가)에서는 "특히 여름철에는 탄산음료와 빙과류의 섭취량이 늘어나므로, 다른 계절에 비해 당류 섭취량이 증가합니다."라고 설명하고 있다. 학생 1은 이에 주목하여 (가)의 보도가 여름에 접어드는 시점에 방영되었음을 언급하며 보도 내용의 시의성 측면을 긍정적으로 평가하고 있다.
② (가)에서는 당류 섭취량과 관련하여 "세계보건기구의 하루 권고 기준량"이 "10%"라고 설명하고 있다. 학생 2는 이에 주목하여 해당 내용이 일상생활에서 적용되기에 편리함을 언급하고 있으므로 선지의 내용은 적절하다.
④ (가)에서는 "음료를 고를 때에는 품질인증 마크가 있는 제품을 선택해야 합니다."라고 설명하며 화면으로 품질인증 마크의 이미지를 보여 주고 있다. 학생 4는 이에 대해 긍정적으로 평가하고 있다.
⑤ (가)에서는 "당류의 과잉 섭취는 기억력의 중추 역할을 하는 해마를 위축시켜 혈관성 치매 위험을 높입니다. 또한 후천성 당뇨병을 넘어 다양한 암의 위험도 높아질 수 있습니다."라고 설명하고 있다. 학생 5는 이에 주목하여 혈관성 치매와 당류 과잉 섭취의 연관성은 비교적 자세히 설명하면서도 암과 당류 과잉 섭취의 연관성은 자세하게 설명하지 않았음을 지적하고 있으므로 선지의 내용은 적절하다.

43. ⑤

*** 정답 해설**

⑤ (나)에서는 콜라 그림에는 손가락을 아래로 내린 그림을, 물에는 손가락을 위로 올린 그림을 덧붙여 탄산음료 대신 물을 마셔야 함을 강조하고 있다. 그러나 (나)에서 당류가 포함된 음식으로 제시된 것은 탄산음료뿐이며, 당류가 포함된 음식들이 병렬된 부분은 찾을 수 없다.

*** 오답 해설**

① (나)에서는 '우리나라 12~18세의 일일 섭취 칼로리 대비 당류 섭취량'이 '10.8%'임을 제시하고 있다. 이는 (가)에 제시된 자료에서 '△△고등학교 캠페인'에 걸맞은 수용자인 고등학생 나이에 해당하는 부분을 선별하여 제시한 것으로 볼 수 있다.

② (나)에서는 '△△고등학교 친구들아! 하루에 단 음식을 얼마나 먹니?'에서 수용자를 △△고등학교 학생으로 제한하고 있다. (가)는 텔레비전 보도라는 점에서 이는 수용자 범위가 축소된 것으로 볼 수 있다. 이렇게 수용자 범위를 축소하고 직접 호명한 것은 메시지에 대한 관심을 유도하기 위한 전략이다. 또한 (나)는 전체적으로 비격식체를 활용하여 수용자에게 친근감을 부여함으로써 메시지의 전달 효과를 높이고 있다.

③ (나)에서는 '청소년기의 습관은 평생 가니까!'를 학생이 말하는 이미지로 제시하고 있다. 이는 (가)에서 기자가 "어린 시절 형성된 당류 섭취 습관은 성인 시기까지 이어질 수 있어 유의해야 합니다."라고 말한 내용을 반영한 것이다.

④ (나)에서는 '탄산음료 대신 물을 마시자!'라는 문구를 통해 (가)에서 제시한 당류 섭취량을 줄이는 방안 중 하나를 선택해 표현하고 있다. (가)에서는 해당 방안을 "가장 일상적으로 쉽게 실천할 수 있는 방법"이라고 설명하고 있다.

44. ①

*** 정답 해설**

① 진행자는 "(그림을 보여 주며) 자, 이게 오늘 필요한 준비물입니다. 혹시 필요하신 분은 지금 이 화면을 카메라로 찍어서 저장해 두시면 좋을 것 같아요."에서 크루아상을 만들기 위해 필요한 준비물을 그림으로 제시하면서 해당 정보를 저장할 수 있는 방법으로 화면을 카메라로 찍을 것을 안내하고 있다. 이는 화면에 표시할 수 있는 정보의 양에 한계가 있는 실시간 인터넷 방송의 특성상 화면에 해당 정보를 계속 띄워둘 수 없기 때문이다.

*** 오답 해설**

② 진행자는 "(미리 준비한 반죽을 꺼내며) 짠! 시간 관계상 반죽은 미리 해 왔어요."에서 반죽을 미리 준비해 왔음을 밝히고 있다. 따라서 진행자가 반죽을 만드는 과정이 생략되었으므로 이를 최대한 자세히 보여 주었다는 선지의 내용은 적절하지 않다.

③ 진행자는 "혹시 크루아상이 무슨 뜻인지 아시나요? 정답을 맞히는 분께 제가 오늘 크루아상을 만드는 데 사용할 '□□버터'를 보내 드릴게요. 저에게만 보이게 비밀 댓글을 체크하고 보내 주세요."에서 퀴즈와 함께 사은품에 대해 안내하고 있다. 그러나 이는 방송 도입부에 이루어진 발화에 해당하므로, 방송 끝 부분에 사은품을 증정할 것임을 알려 준다고 할 수 없다.

④ 진행자는 "오늘 처음 오신 분들은 왼쪽 아래 구독을 누르시면 새로운 영상이 올라갈 때마다 알림을 받으실 수 있어요."에서 구독을 통해 방송에 대한 알림을 받을 수 있음을 설명하고 있다. 그러나 화면에는 접속자 수만 표시되고 있을 뿐, 계정의 구독자 수는 표시되고 있지 않다.

⑤ 진행자는 '□□버터 광고가 포함되어 있습니다.'라는 문구를 통해 방송에 광고가 포함되었음을 알리고 있으며 실제 방송에서도 □□버터에 대해 설명하고 있다. 그러나 제시된 화면에서 해당 제품을 구매할 수 있는 경로를 제시하고 있는 부분은 찾을 수 없다.

45. ⑤

*** 정답 해설**

⑤ [E]에서 진행자는 '빵덕후'의 긍정적 반응을 보고 "빵덕후 님, 감사합니다."라며 감사를 표하고 있다. 이는 진행자와 '빵덕후' 간의 일대일 소통이 이루어지고 있다고 볼 수 있으므로 선지의 내용은 적절하지 않다.

*** 오답 해설**

① [A]는 "저에게만 보이게 비밀 댓글을 체크하고 보내 주세요."라는 진행자의 요청에 맞게 '방송 진행자에게만 보이는 댓글'로 전송되었다. 이를 통해 수용자가 자신의 글이 노출되는 범위를 한정할 수 있음을 알 수 있다.

② [B]에서 '빵순이'는 진행자가 제시한 화면에 오타가 있음을 언급하고 있으며, 진행자는 이를 반영하여 정보를 수정할 것을 안내하고 있다. 이는 수용자의 직접적인 평가가 방송 내용에 반영되는 위 방송의 특성을 보여 주는 것으로 적절하다.

③ [C]에서 '비행기'가 방송의 진도를 따라가지 못하겠다고 말하자 진행자는 "방송이 끝나면 바로 제 계정에 오늘 방송이 그대로 올라가니까요. 잠깐 방송 멈추셨다가 반죽 완성되면 다시 방송 보면서 진행하시면 됩니다."라고 말하고 있다. 즉, 수용자는 꼭 실시간 방송에 참여하지 않더라도 언제든 해당 방송을 다시 시청할 수 있는 것이다. 따라서 해당 방송의 정보를 수용하는 데에 시공간적 제약은 존재하지 않는다.

④ [D]에서 진행자는 '똥손'의 댓글을 통해 버터가 많이 녹아 있는 상태임을 깨달은 후, "이럴 때는 버터를 냉장고에 넣어 좀 차갑게 해 주시면 됩니다."라는 정보를 추가하고 있다.

프리미엄 국어 콘텐츠
억대급 투자를 통한 질적 차이를 경험하라!

국어강사 전형태

메가스터디 강사
동국대 국어교육과